内蒙古师范大学学术著作出版基金资助
内蒙古师范大学文学院资助

# 现代汉语史视角下的“程度副词+动宾词组”研究

麻彩霞◎著

中国社会科学出版社

**图书在版编目(CIP)数据**

现代汉语史视角下的“程度副词+动宾词组”研究 / 麻彩霞著.
—北京：中国社会科学出版社，2017. 10
ISBN 978-7-5203-1165-6

Ⅰ. ①现…　Ⅱ. ①麻…　Ⅲ. ①汉语史-研究　Ⅳ. ①H1-09

中国版本图书馆 CIP 数据核字（2017）第 244743 号

出 版 人　赵剑英
责任编辑　任　明
责任校对　王佳玉
责任印制　李寡寡

出　　版　中国社会科学出版社
社　　址　北京鼓楼西大街甲 158 号
邮　　编　100720
网　　址　http：//www. csspw. cn
发 行 部　010-84083685
门 市 部　010-84029450
经　　销　新华书店及其他书店

印刷装订　北京市兴怀印刷厂
版　　次　2017 年 10 月第 1 版
印　　次　2017 年 10 月第 1 次印刷

开　　本　710×1000　1/16
印　　张　18. 25
插　　页　2
字　　数　299 千字
定　　价　80. 00 元

# 目　录

# 绪　　论

## 一　选题缘由

学界一般认为，程度副词经常修饰的是形容词和心理动词，甚至在很多语法书中都将能否被程度副词修饰作为区别动词与形容词的主要特征之一，如北京大学中文系现代汉语教研室主编的《现代汉语》在谈到动词和形容词的区别时说："形容词都能受表示程度的副词'很'修饰，如'很小、很圆、很红'；动词一般不能，我们不说'很喂、很洗、很整理'。"① 其实，程度副词不但可以修饰形容词和心理动词，还可以修饰某些非心理动词（或者说一般动词）和动词性词组。本书研究的"程度副词+动宾词组"格式就属于程度副词带动词性词组的情况，这一格式中的动词特指一般动词。

纵观已有的相关研究成果，虽然取得了一定的成绩，达到了较高的水平，但还存在一些问题。

首先，当前的研究还不够细致。已有成果基本上都是关于"程度副词+动词/动词性词组"的整体研究，或者是个别的程度副词修饰动词或动词性词组以及某一种固定格式的探讨，在我们搜集到的相关文献中，即使有些涉及了"程度副词+动宾词组"的内容，也都比较肤浅，往往是一带而过，因此，到目前为止，我们还没有看到专门系统地讨论某一些具体的"程度副词+动宾词组"的研究成果。本书正是选择了一些具体的程度副词带动宾词组的格式进行考察，以使研究对象更加集中，内容更加

---

① 北京大学中文系现代汉语教研室：《现代汉语》（重排本），商务印书馆 2007 年版，第 283 页。

细致。

其次，已有成果基本上都是对这一问题进行共时的静态研究，除了刁晏斌先生以外，很少有人进行历时的动态考察。刁先生从现代汉语史的角度出发，曾分阶段考察了“程度副词+动词性词组”的来源、历史以及发展变化，他提出：“以现代汉语史的观点和方法来考察‘程度副词+动词性词组’，我们认为这是一种非常有史的内涵的形式，因此值得深入仔细地研究。”① 本书正是从历时的角度考察一些具体的程度副词带动宾词组的发展演变，所以，应该能对当前的成果有所补充，同时也能使这一问题的研究更加全面和深入一些。

最后，定性研究比较多，定量考察还有待提高。当前的研究多是针对这种格式的性质、特点、成立的原因等问题进行探讨，而对进入这一格式的动词只满足于举例性地考察和说明，没能做穷尽性的研究。本书则是在较大的文本范围内对这种格式中的动词进行穷尽式考察，一定程度上可以弥补这一不足，同时也能揭示与不同程度副词搭配的动词的特点。其他方面存在的不足，我们在下边还要专门讨论。

除了这些不足以外，我们选择“程度副词+动宾词组”为研究对象还因为：程度副词修饰一般动词或动词性词组虽然都得到了一些学者的认可，但这两种格式相比，后者要更丰富、更复杂一些，因为动词性词组不止一种，像张谊生就探讨过受程度副词修饰的 8 类动词性词组，具体包括：能愿动词+VP（很肯干/更会说话了）、“有”+NP（很有礼貌/非常有钱）、感觉类 VP（最可怜了/很伤脑筋）、抽象类 VP（很开眼界/更加说明问题）、兼语类 VP（很令人不快/非常让人难过）、述补短语（很不值得/很靠不住）、很+数量 VP/VC（很买了几本书/很睡了一会儿）、略/稍微+一 V/VV/VC/VP（稍微一看/稍微走走/稍微认识一点/略微买几个）。受程度副词修饰的动词性词组类型虽然比较多，可是刁先生认为，如果从现代汉语史的角度去考察，最有内涵的主要有以下两种形式：一种是“程度副词+述宾词组”，一种是“程度副词+述补词组”，而前者又是最为多见的一类②，所以，我们没有选择程度副词修饰一般动词的形式，而是把程度副词带动宾词组格式作为研究对象。

① 刁晏斌：《“程度副词+动词性词组”论略》，《伊犁师范学院学报》2006 年第 1 期。

② 刁晏斌：《现代汉语史》，福建人民出版社 2006 年版，第 355 页。

基于以上这些情况，我们认为，从现代汉语史的角度出发，对某些程度副词带动宾词组的现象进行比较全面地历时考察，应该会有一些新的认识和收获。

## 二　相关研究述评

前文已经提到，到目前为止还没有见到专门探讨某些具体的“程度副词+动宾词组”的研究成果，人们只是在讨论程度副词修饰动词或动词性词组时或多或少地涉及一些相关内容，而且都不够全面深入，所以，对这一问题的研究历史和现状我们只能结合“程度副词+动词/动词性词组”方面的研究成果进行梳理和叙述。

### （一）相关研究概况

“程度副词+动词/动词性词组”的用例在古代汉语中就已经出现，只是还不多见。在现代汉语初期，即刁晏斌先生所指的“五四”前后到20世纪30年代，这种用法已经比较普遍。然而，语法学界真正认识到这一问题并且最早明确提出来的，是1956年人民教育出版社出版的《初级中学课本汉语第三册教学参考书》，书中在讨论形容词和动词的区别时说：“不同的特点还有形容词可以加程度副词，动词（除表示心理活动的一类）加程度副词必须有条件（如带数量词，‘很打了几场漂亮球，很看了几回好戏’等）。”[①] 张志公在此书的第九章副词部分又重申了这一观点：“表示程度的副词经常修饰形容词，一般不修饰动词。但是可以修饰表示心理活动的动词，如‘很想、最爱、更喜欢、非常盼望’等。修饰表示一般活动的动词，如‘稍微知道一点’，动词后边要有数量词。”[②] 问题提出以后，逐渐受到了语法学界的关注，随后研究“程度副词+动词/动词性词组”方面的成果也陆续出现，有的是论文，如饶继庭的《“很”+动词结构》、范继淹和饶长溶的《再谈动词结构前加程度副词》、林文金的《程度副词不可以修饰动词吗》、李春林和余立人的《程度副词修饰动词能不受限制吗》、陈群的《“很+VP”考察》、段永华的《“很+VP”式句法语义之我见》、郝琳的《动词受程度副词修饰的认知解释》、刁晏斌的

① 张志公：《初级中学课本汉语第三册教学参考书》，人民教育出版社1956年版，第56页。

② 同上书，第83页。

《“程度副词+动词性词组”论略》和《略论程度副词修饰动词性词语》等；有的是在专著中对这一问题进行专门探讨，具有代表性的如张谊生的《现代汉语副词探索》；有的学位论文也以此为题进行研究，如周丽萍的《程度副词对 VP 的选择性研究》、庞丽丽的《“程度副词+VP”研究》、林娟的《现代汉语程度副词修饰动词性成分研究》、吴立红的《现代汉语程度副词组合研究》、张丽的《“非常”类程度副词的语法化及组合功能》、刘冰的《现代汉语程度副词“很”的多角度研究》和李树的《现代汉语“很”+谓词性成分研究》等，但这些成果大多是借鉴前人的研究，没有更多的突破；还出现了对这方面的研究情况进行评述的成果，如杜晓萍的《“很 VP”结构研究述评》。纵观已有的相关研究，内容大致涉及以下几个方面：

1. *动词*

不少学者都对这一格式中的动词进行了分析，具有代表性的如陈群、张谊生、杜晓萍等。陈群（1998）认为，从词汇意义上看，这一格式中的动词多是表示喜爱、怨恨、认可、感知等心理活动的，其次是表示状态的，此外还有少量表示评价和行为的动词。张谊生（2004）认为，能受程度副词修饰的动词既有心理动词，也有非心理动词，它们都具有抽象的性状义特征。张文把心理动词分成及物心理动词和不及物心理动词，非心理动词按构词方式与语素特征分成语素感染类和语义隐含类两种，语素感染类还包括复合式形素感染类和加缀式形素感染类，语义隐含类按语义又分成态度义、消长义、背顺义和突显义 4 种。张谊生的观点得到了学界的普遍认可，后来很多研究成果都是运用他的观点进行解释。除此以外，也有专门对动词进行研究的，如杜晓萍（2007）。文章在吸收借鉴前人研究成果的基础上主要对进入“很 VP”结构的非心理动词进行考察，认为能够被“很”修饰的非心理动词主要有 3 种，即部分行为动词、能愿动词和少量的比拟动词，根据这些动词所蕴含形容词性的强弱，又分为两种：一种是形义凸显类，另一种是形义隐含类，形义隐含类按其所蕴含的语义又可以分成态度义、消长义、背顺义和突显义。文章提出，能够被“很”修饰的非心理动词对宾语的选择有很大的倾向性，不同的宾语在受同样义项的动词修饰时主要遵循的是生命度原则和抽象度原则。可见，学者们对这一格式中动词的认识比较一致。

2. *动词性词组*

有些成果侧重于对这一格式中的动词性词组进行研究，最早的是饶继庭（1961）。文章把能进入这一格式的动词性词组分为5种类型，具体为：动·宾结构、动·名·谓结构、动·数量·宾结构、动·动量结构和动·时量结构。范继淹、饶长溶（1964）后来又补充了两类动词性词组，分别是动·得/不·补结构和动·得/不·宾结构。到了20世纪90年代，王珏（1992）把这样的动词性词组分为以下7种：$VP_1 \rightarrow V_1$（能愿动词）+O（谓词性）；$VP_2 \rightarrow V_2$（情感心理动词）+O（谓、体词性）；$VP_3 \rightarrow V_3$（抽象动词）+O（体词性）；$VP_4 \rightarrow V_4$（引发动词）+体词+VP；$VP_5 \rightarrow V$（一般动词）+得/不+补语〔+O（体、谓词性）〕；$VP_6 \rightarrow V$+了/过+微量〔+O（体词性）〕；$VP_7 \rightarrow V$+微量〔+O（体词性）〕。陈群（1998）把VP分成动词、动宾短语、状心短语、动补短语、兼语短语和联合短语，在状心短语中提到了由部分介词短语用在动词或动词短语前充任状语，构成以动词为中心的状心短语，接受“很”修饰的类型，即“很+介+宾+动词/动词性词组”的形式，这一形式在前人的研究中基本没有出现。储泽祥（1999）也曾提到了6种可受“很”修饰的动词性结构，分别是：很+V（很合作/很愿意）、很+VO（很听话/很会说）、很+VM（很睡了一阵子）、很+VMO（很买了几本书）、很+不VP（很不愿意/很不走运）和很+$V_1O\ V_2$（很讨人喜欢）。储文的分类中增加了VP前带否定副词“不”的形式，这是前人没有提到的。郭振红（2003）根据能否直接受“很”修饰把VP分成两大类，一类包括表心理活动的动词、助动词、部分非动作动词，另一类则包括6种动词结构，即有+宾语、普通动词+宾语、兼语短语、表心理活动的动词+宾语、助动词+中心语、动作动词+宾语/补语和是+VP。文章把“有+宾语”和“是+VP”这样比较特殊的类型单列出来，使分类更加细致。总之，到了21世纪初，这一格式中动词性词组的结构类型已经研究得比较全面了，而且这方面的探索也不仅仅局限在分类研究上，还深入到了语义平面进行语义分析，如张谊生（2004）、刁晏斌（2007）等。张谊生提出了动词或动词性词组可受程度副词修饰的6条语义原则，具体包括：倾向性原则、模糊量原则、抽象度原则、生命度原则、相适度原则和情感度原则，这6条语义原则具有一定的开创性和理论意义，此后的同类成果基本上都是借鉴这些原则来进行分析的。

3. 程度副词

有些学者关注这一格式中的程度副词，如孟建安、彭利贞和唐善生等。孟建安指出，“程度副词‘很’修饰动词性成分时，在语义上分化为表性状的‘很$_1$’和强化数量的‘很$_2$’，而且‘很$_2$’以不确定量的数量词为存在的必有条件。‘很$_1$’句法和语义均指向其后的动词性成分，而‘很$_2$’句法上指向其后的动词性成分，语义上则指向其后动词性成分中所含有的数量词。”[①] 之前有些学者虽然提出过“很”在修饰动词性词组时有这样两种情况，但都没有进行专题研究，而孟建安对这一问题进行了专门探讨，一定程度上也是对前人研究成果的总结。彭利贞主要是对“很有 NP”中“很”的语义实现进行了比较具体的分析。他把“很有 NP”分成“很有 NP$_1$”和“很有 NP$_2$”两种，前者的 NP 是表示抽象事物的名词，后者的 NP 是名词性偏正短语，中心语是具体名词，表示具体的事物，修饰语是“一些”“几—”（如“几个”“几种”，“—”是物量词）。彭利贞认为，“很有 NP$_1$”中“有 NP$_1$”作为一个整体，进入句子后具有很强的描写性及主观评价性，“很”的作用就是加强这种性质的程度。“很有 NP$_2$”的情况不一样，“有 NP$_2$”不具有“有 NP$_1$”的语义特征，这里的“很”表示数量多，交际过程中，信息焦点是名词中心语前表示数量的修饰语。[②] 唐善生也是针对修饰“有+NP”的程度副词进行研究，他指出，“NP 本身的性质、‘有+NP’的褒贬性、比较项‘比 X’省略、量度词语的隐现、‘有’与‘了’组合、‘有+NP’所处的句法位置、否定等是影响‘有+NP’受程度副词修饰的主要制约因素。”[③] 以上这些学者能够选取“程度副词+动词性词组”格式中的某一种具体形式，对其中的程度副词进行分析，研究的角度很有新意。另外，这样的探讨也有利于加深对不同程度副词用法的认识。

4. 具体格式

一些学者是对“程度副词+动词/动词性词组”中的某一种具体格式进行讨论的，如“程度副词+有+名”格式和“程度副词+动词性词组”的否定式，像贺阳、芜崧、郭振红等。

贺阳探讨了“程度副词+有+名”的格式，他认为，“有+名”是否能受程度副词的修饰而构成“程度副词+有+名”结构，与“有”后名

① 孟建安：《修饰动词性成分的“很”》，《语文教学与研究》1997 年第 3 期。

② 彭利贞：《说“很有 NP”》，《语文研究》1995 年第 2 期。

③ 唐善生：《修饰“有+NP”结构的程度副词》，《信阳师范学院学报》2005 年第 1 期。

词的特点有很大关系。他考察了3000多个名词，发现能进入这一结构的名词都是抽象名词。从语义上看，“程度副词+有+名”表示的是对该结构中名词所指对象的一种评价，评价的内容是这些所指对象在大小、高下、强弱等方面所具有的性质以及这些性质所达到的程度，而且这种评价总是从积极的“大、高、强”等方面而不以消极的“小、下、弱”等方面去评价。① 芜崧对“很有……”这一格式进行了探讨，他认为，这是一种常见的含有模糊数量义的句式。他把该句式分为“很有N”“很有几X（一些）N”“很有几X（一些）N V”“很有几X（一些）N要（没）V”和“很有几X（一些）（$N_1$）是$N_2$”5个小类，分别考察了它们在句法、语义、语用等方面的特征，并总结出使用这种含有模糊数量义的“很有……”句式的5种情况。② 郭振红主要对“很+V（P）”的否定形式进行研究。作者认为，“很+V”的否定形式是在V前加“不”，“很+VP”的否定形式是在VP前加“不”或“没（有）”，由于“不”和“没（有）”所否定的对象不同，所以“很+V（P）”有两种否定形式。③ 以上这些成果能够着眼于“程度副词+动词性词组”的某一种具体格式进行专章探讨，研究的对象非常集中，同时也反映出研究者的视野更加开阔。

5. 认知解释

一部分成果是从语义认知的角度入手对“程度副词+动词/动词性词组”成立的原因进行解释，代表性的如陈群（1998）、储泽祥（1999）、郝琳（1999）、张谊生（2004）等。陈文认为，能进入这一格式中的动词多是一些语义蕴含着量度差别的动词，或者由于所处语境使它获得了某种量度。还有一些动词虽然它们的词义本身不存在量度，但以它们为中心的动词短语中含数量短语或量词，因此，动词间接地具有了某种量度，为了强调量度高，动词前可以加程度副词。储泽祥在文章中提出，可受“很”修饰的V、VO、不VP等有共同的特征，就是一般都表示性质和状态，虽然“很+VM”与“很+VMO”中，“很”后的成分所表示的意义并不是性状，而是事件，但在通比状态下，无论事物的性状、事件或活动，都可以

① 贺阳：《“程度副词+有+名”试析》，《汉语学习》1994年第2期。

② 芜崧：《“很有……”句式考察》，《长江大学学报》2006年第4期。

③ 郭振红：《“很+V（P）”及其否定式的句法与语义分析》，《浙江海洋学院学报》2003年第3期。

有程度的差别，都可能受程度副词的修饰。郝文借鉴认知语言学中“有界—无界”的对立理论对受程度副词修饰的动词进行了考察。文章指出，这些动词都属于无界动词，在词类功能的连续统中，它们就处于形容词与动词交接的部位，因而兼有某些形容词的特点，从而有力地解释了程度副词可以修饰一般动词或动词性词组的原因，这一观点也得到了一致的认可。从这方面进行研究的还有张谊生，他的观点比较成熟也比较有代表性。在《现代汉语副词探索》的第一编第一章中，张谊生曾经详细地探讨了“程度副词修饰 V 和 VP”的问题。他通过考察程度副词修饰动词性成分的语言事实，详尽细致地描写了受程度副词修饰的动词和动词性词组的类别和语义特征，并从语义认知的角度对它们可以接受程度副词修饰的原因做了解释。他认为，“在现代汉语中，有相当一部分动词和动词短语本身包含了一定的性状义，或者在一定的比较句式和篇章环境中获得了性状义，因此，这些具有性状义的动词和动词短语也都可以受程度副词的修饰”。[①] 比较而言，张谊生的研究是最全面的，他对动词和动词性词组可以接受程度副词修饰的原因阐释得也最透彻，对后来的研究产生了很大影响，此后很多成果都是借鉴的这些观点。

6. 历时考察

有的学者从历时的角度出发，分阶段讨论这一格式的发展变化，代表性的人物就是刁晏斌先生。刁先生主要对“程度副词+述宾词组”和“程度副词+述补词组”分阶段进行了考察，分析了它们在不同阶段的特点，并对这一格式成立的条件以及来源和历史进行了详细阐述。[②] 虽然已有的相关成果不少，但基本上都是共时的静态研究，还没有人从历时的角度对这一格式进行探讨，而刁先生独树一帜，从历时角度出发，首次把“史”的概念引入这一问题的研究中，角度非常新颖，在一定程度上也弥补了这一问题历时考察的不足，对今后的研究有很大的启发意义。

总之，从已有的相关成果来看，学者们关注的问题越来越具体，研究的角度越来越新，使用的理论方法也有进一步发展，得出的结论更有说服力。

---

① 张谊生：《现代汉语副词探索》，学林出版社 2004 年版，第 3 页。

② 刁晏斌：《“程度副词+动词性词组”论略》，《伊犁师范学院学报》2006 年第 1 版，第 92—94 页。

## （二）研究取得的成绩及存在的不足

1. 取得的成绩

经过几十年的发展，这一问题的研究已经取得了很大的进步，达到了较高的水平，主要表现在以下几个方面：

第一，积极吸收和借鉴一些新的语法理论和研究方法，从而使认识不断深化。

早期的研究成果很少，而且较多的是对这一格式从句法平面进行描写，使用的也是传统的归纳、比较等方法。近些年来，学者们在探讨这一问题时，不仅运用传统的理论和方法，而且借鉴了新的理论方法，如运用三个平面的语法理论从句法、语义和语用三个角度对这一格式进行深入挖掘，像王珏（1992）、贺阳（1994）、陈群（1998）、郭振红（2003）等；还有的是运用认知语言学的理论方法以及变换的方法去阐释，如张谊生（2004）等。新的理论和方法的运用，冲破了传统理论方法的束缚，使这一问题的研究不仅仅是停留在句法平面的简单描写，而是深入到语义和语用平面进行立体分析，从而做到了描写与解释相结合。

第二，随着研究对象的具体化，得出的结论更加科学。

从已有的相关成果来看，很多都是关于这一格式中某一个组成成分的研究或者是某一种具体格式的分析，这种探索使研究对象更加集中。随着研究对象的具体化，学界对其成立原因的认识也逐渐深化，同时还发现，它之所以成立不仅与其中的动词有关，还与动词性词组有关，它们自身的语义特点以及其中数量词语的隐现等因素都对这一格式的成立有制约作用。通过对其构成成分或者是某一种具体格式性质和特点的细致考察，能够为探究其成立的原因找到更强有力的证据，也能使研究的结论更加科学、更有解释力。

第三，通过对这一格式的深入探讨，客观上还促进了程度副词的研究。

学者们在讨论“程度副词+动词/动词性词组”这方面的问题时，往往用不同的程度副词通过替换来做比较，以此来说明这一格式的特点，如范继淹、饶长溶（1964）认为，“凡是能受程度副词‘很’修饰的动词结构，也都能受其他程度副词的修饰。例如，‘非常解决问题’，‘十分叫人为难’，‘最沉不住气’等等”。[①] 后面又说：“值得注意的是，在程度副

① 范继淹、饶长溶：《再谈动词结构前加程度副词》，《中国语文》1964年第2期。

词中间，‘更’字的情形与众不同。除了上述例子以外，‘更’还能修饰另外一些动词结构，而‘很’和‘非常、十分、太、最’等却不能……”① 用不同的程度副词做比较能够使我们进一步认清各个程度副词在用法等方面的差异，不但促进了程度副词的研究，而且也带动了对动词以及动词性词组的研究，对它们同样会产生一些新的认识，或者将补充原有的认识。

2. 存在的不足

学界对这一问题的探讨虽然已经取得了很大的进展，某些成果达到了一定的理论深度，但是，已有成果在很多方面还存在着明显的不足，主要表现在以下几个方面：

第一，除了借鉴三个平面和认知语言学的理论方法，在运用其他现代语言学理论方法方面没有更大的突破。从我们搜集到的相关文献来看，尤其是近几年，对属于“程度副词+动词/动词性词组”方面的研究基本上就是局限于这两种语法理论，运用新的前沿理论方法的成果很少。其实，我们的研究者应该放宽思路，大胆尝试一些新的理论和方法，比如可以运用配价语法理论分析这一格式中动词的价的问题，或者借鉴王希杰先生的潜显理论，探讨这一格式的发展变化情况等，这样能使对相关问题的探讨更有新意。

第二，过多强调对其内部结构的分析，而外部功能的考察、分析与说明相对薄弱。已有成果所讨论的问题多集中在动词的性质和类型、动词性词组的构成和分类等内部结构方面，大都忽略了这一格式的语用表达、信息传递等，因此，造成这方面的研究不够充分。所以，在今后的研究中，我们应该加强这一格式外部功能的考察，积极探索它的语用价值及其规律，从而使研究更加全面、立体。

第三，当前的成果往往是针对整类程度副词与动词或动词性词组组合的情况进行探讨，研究的内容还不够细致。我们知道，程度副词虽然是一类相对封闭的词，但它的数量也不少，像姜汇川等人编的《现代汉语副词分类实用词典》中就列出了 171 个程度副词。每个程度副词在用法上或多或少是有差异的，它们与动词或动词性词组组合时也会有不同的条件和特点，而已有的成果多是讨论整类程度副词与动词或动词性词组组合的

① 范继淹、饶长溶：《再谈动词结构前加程度副词》，《中国语文》1964 年第 2 期。

情况，往往关注普遍规律的探索，很少体现个体差异，所以造成研究结论比较笼统。即使有具体分析“程度副词+动词性词组”的，也不够细致。因为这一格式中的动词性词组包括好几种，如动宾词组、动补词组、偏正词组、兼语词组等，每一种动词性词组与程度副词组合的情况也会有差异，即使个别的动词性词组有些学者在成果中涉及了，但一般都是一带而过，不够细致，所以，到目前为止，我们还没有发现专门论述某一个程度副词修饰某一种动词性词组的文章。我们认为，以后的研究工作应该再集中一些，可以把考察对象落实到具体的点上，如专门探讨“很+动宾词组”“太+动补词组”等，或者是“更+动宾词组”“最+兼语词组”等问题，这样就会更加细致，也有可能更加深入一些。

第四，定性分析比较充分，定量研究有待加强。很多研究普遍存在的问题就是过多地注重研究对象性质、特点等问题的分析，而定量考察不够充分，“程度副词+动词/动词性词组”这方面的成果也存在同样的问题。在已有成果中我们经常会发现这样的表述，如“有些（一部分）动词或动词性词组能够受程度副词修饰”，“有些”或者“一部分”到底是哪些？很模糊，说明我们还缺乏一些定量统计。在今后的研究中，我们可以多侧重这方面的工作，使研究更加精细，比如在一个较大的文本范围内对某个具体的程度副词修饰某一种动词性词组格式中动词的数量做穷尽式考察，然后再进行语义分析等，这样得出的结论就更加准确，更加科学。

第五，共时研究比较成熟，历时考察有待提高。在共时平面内研究这一格式是最多的，也是最常见的，而对它进行历时考察的成果很少，我们看到的只有刁先生的《“程度副词+动词性词组”论略》和《现代汉语史》中的相关内容。我们认为，随着社会的发展，语言在不断地发生变化，“程度副词+动词/动词性词组”这一现象从产生到现在也应该经历了很多发展变化，所以，我们语言工作者不应该忽视这方面的问题，不要只局限在共时平面内分析这一格式的结构和功能，还应该用动态发展的眼光去考察它的发展变化及其规律，只有这样，才能使这一问题的探讨做到共时和历时相结合。

总之，“程度副词+动词/动词性词组”这方面的研究虽然有了较大的发展，但还存在许多需要探索和解决的问题，要求我们继续深入挖掘。本书试图尽量弥补当前研究成果中存在的问题与不足，通过动态历时的定量考察，努力做到静态和动态相结合、共时和历时相结合、描写和解释相结合，从而使这一问题的阐释更加精细、深入，更加全面、客观。

## 三　研究思路

### （一）研究对象的确定

1. 程度副词的界定

本书的研究对象是“程度副词+动宾词组”格式，首先，我们需要对这一格式中程度副词的范围进行界定。程度副词就是表示程度的副词，经常修饰形容词和心理动词。程度副词虽然是一个基本可以列举的副词小类，但各家认定的数量不同。如黎锦熙《新著国语文法》论述数量副词中关于程度的副词时共列出了59个；吕叔湘《中国文法要略》列举了35个；丁声树等《现代汉语语法讲话》共列举了16个；王力《中国现代语法》举出了17个；赵元任《汉语口语语法》列举了36个；朱德熙《语法讲义》列举了17个；刘月华等《实用现代汉语语法》中常用的程度副词列举了27个；夏齐富在《程度副词分类试探》里一共列举了65个；李泉在《副词和副词再分类》一文中列举了76个；杨荣祥在《现代汉语副词次类及其特征描写》一文中列出了61个；马真在《现代汉语虚词研究方法论》中列举了49个；张谊生在《现代汉语副词研究综述》一共统计了89个；蔺璜、郭姝慧在《程度副词的特点范围与分类》对张谊生所统计的89个程度副词有所增减后，认为有85个；姜汇川等人编的《现代汉语副词分类实用词典》中共列出了171个，等等。各家对程度副词的范围看法不同主要是由于对文言和方言程度副词的吸收限度与取舍标准不尽相同，而且对某些词是否归于程度副词，各家的意见也不一样。

对于程度副词的再分类各家的看法也有不同。王力先生早在1933年的《中国现代语法》中根据有无比较对象将程度副词分为绝对程度副词和相对程度副词，他认为“无所比较，但泛言程度者，叫做绝对程度副词”；“凡有所比较者，叫做相对程度副词”①；夏齐富（1996）从句法功能角度入手将程度副词分为既能修饰谓词又能修饰体词和只能修饰谓词两类；马真（1998）从程度义深浅角度将程度副词分为程度深和程度浅两类等。目前很多学者都采用王力先生的观点，并在此基础上根据程度副词的不同量级与特征又进行下位分类，如张谊生（2004）把相对程度副词又分成最高级、

① 王力：《中国现代语法》，商务印书馆1985年版，第245页。

较高级和较低级3类，绝对程度副词分成超量级、高量级和低量级3类；蔺璜、郭姝慧（2003）把相对程度副词分成极量、高量、中量和低量4类，把绝对程度副词也分成极量、高量、中量和低量4类，等等。

各家的范围和分类虽然存在分歧，但对一些常用程度副词的看法还是比较一致的。本书主要采用王力先生的分类，把程度副词分成相对和绝对两类，每一类的下位分类采用张谊生的观点。由于程度副词的数量至少有几十个，所以在研究过程中，我们只在每一个量级中选择了两个。本书选词的依据主要是：首先，选择使用频率最高的，用例最丰富的；其次，有一定史的内涵而且最好在语体色彩等方面与其他程度副词有所区别的。张谊生在讨论程度副词修饰V和VP时曾把“最、更、稍微、太、很、有点（儿）”这6个程度副词作为代表，他认为，“‘最’、‘更’、‘稍微’、‘太’、‘很’、‘有点（儿）’分别是相对与绝对量级当中使用频率最高的副词，其修饰动词性成分的用例最丰富，特征最典型，适用面也最广”①，所以，我们采用了张谊生的做法，把它们作为本书考察的对象。剩下6个有的是同一量级中使用频率相对较高且有一定史的内涵的，如“十分、过于、越发、有些”；还有的是语体色彩比较有特点的，如“略”“顶”。基于以上因素，我们最后确定本书要考察的程度副词的范围如表0-1所示：

**表0-1　　程度副词范围**

| | | |
|---|---|---|
| 相对程度副词 | 最高级 | “最”类：最、顶 |
| | 较高级 | “更”类：更、越发 |
| | 较低级 | “稍”类：稍微、略 |
| 绝对程度副词 | 超量级 | “太”类：太、过于 |
| | 高量级 | “很”类：很、十分 |
| | 低量级 | “有点（儿）”类：有点（儿）、有些 |

因为“程度副词各量级在语义、句法上的特征不尽相同，各量级副词还会相应选择一些各自适用的VP类型”②，所以，我们也想通过从6个量级中选择程度副词的做法，最后能揭示出各量级适用的动宾词组的

① 张谊生：《现代汉语副词探索》，学林出版社2004年版，第5页。

② 同上。

特点。

值得说明的是，在研究过程中我们有时也打破了相对程度副词和绝对程度副词的限制，更多的是关注程度副词所属的量级。因为，有的程度副词既可以做相对程度副词，也可以做绝对程度副词，如“略”，这时我们就不去作严格地区分了。

除此以外，由于近些年出现了一些新兴的程度副词。如“超、巨、狂、暴”，它们一般被称为“暴”类程度副词。含这类程度副词的相关现象反映了我们的研究对象在当代的最新发展变化，同时也是最富时代特征的现象，因此理应引起我们的关注，所以，我们也把这一类程度副词带动宾词组的情况纳入研究的范围。

2. 关于动宾词组的说明

我们还要对“程度副词+动宾词组”这一格式中的动宾词组进行说明。第一，本书的动宾词组是指由一般动词构成的，不包括心理动词在内。学界对于心理动词的界定和范围同样存在分歧，如周有斌、邵敬敏（1993）根据动词能否进入主（人）+（很+动词）+宾语，列出了73个心理动词；袁明军（2000）通过设置“S+心里/内心/从心底/打心眼里+[ ]”的鉴定框架去判断心理动词，得出的范围相对小一些；张谊生（2004）根据一般通行的做法，将具有［+述人］特征并与心理、心态意义相关的动词都作为心理动词，而能受程度副词修饰的心理动词包括感受和态度两大类，共有83个。本书心理动词的定义主要采用的是胡裕树和范晓的观点，即认为“表示的是情感、意向、认识、感觉、思维等方面的心理活动或心理状态的意义”①，同时借鉴各家的范围，最后确定了73个心理动词，它们是：

爱惜　抱歉　操心　担心　当心　发愁　放心　感动　感谢　关心　害怕
害羞　后悔　怀念　怀疑　忌妒　计较　讲究　理解　留神　留心　满足
迷信　明白　佩服　轻视　情愿　热爱　伤心　舍得　生气　失望　顺从
体谅　体贴　同情　同意　羡慕　相信　想念　小心　心疼　欣赏　拥护
赞成　着急　支持　重视　注意　抱怨　惦记　反对　忽视　埋怨　希望
盼望　期待　歧视　算计　讨厌　喜欢　信任　尊敬　尊重　气　信
嫌　恨　爱　怕　愁　懂　想

① 胡裕树、范晓：《动词研究》，河南大学出版社1995年版，第243页。

我们这里也只是一个大致的归类，因为人们对心理动词一直没有一个准确公认的界定，也没有划定一个明确的范围，而客观上也确实有两可的情况存在，所以，有的词很难确定是不是属于心理动词。本书在研究过程中排除了上面73个动词，即使有两可的情况出现，只要不属于上述范围的动词，我们一般都看作是非心理动词，如“忌讳、贪图、听从、孝敬、推崇”等。

我们把这些动词排除在外，主要是因为：第一，程度副词修饰心理动词或由心理动词构成的动词性词组都是“传统”的常见现象，也是人们都能接受和认同的现象，并且可能没有更多值得发掘的内涵。本书把它们排除在外能够进一步体现研究的新意，而且可以更集中地观察和讨论这一形式中可能更有内涵、更值得发掘的部分。

第二，本书的动宾词组一般不包括“状+动+宾”和“动+补+宾”的情况，即像“积极鼓励大家发言”“考验一下他的真才实学”这样的情况我们排除在外了。主要是因为：这样的形式结构比较复杂，它们都是复杂词组，而且有的第一层次也不是动宾关系；另外，把这样的情况排除在外，也能使研究更加集中和深入，否则涉及范围太大，由于篇幅有限，就会显得分散而肤浅。

3. 关于动词的说明

关于动词，这里做以下几点说明：第一，本书确定动词是以《现代汉语词典》（第5版）、林杏光等人的《现代汉语动词大词典》以及孟琮等编著的《汉语动词用法词典》为准。第二，关于动宾式离合词本书的做法一般是：当它们分离时，我们也看成是动宾词组，如“吃了一惊”“泄了自己的气”等。第三，本书在考察动词时依据的是词的义项，也就是说，就多义词而言，只要有一个义项能用于“程度副词+动宾词组”，我们就认为这个词可以进入这一格式。比如“长（zhǎng）”作为动词有3个义项，分别是“生”“成长”和“增加”。前两个义项的“长”都不能用于“程度副词+动宾词组”，但第三个义项可以，如“很长见识”，所以，我们就认为“长”可以用于这一形式。

**（二）研究思路**

本书是从现代汉语史的角度出发研究“程度副词+动宾词组”的历史发展演变。我们采用刁晏斌先生（2006年）对现代汉语史的分期，把现代汉语划分为三个阶段，即1919年“五四”运动到1949年中华人民共和国成立，我们称为第一阶段；1949 年到 1978 年“文化大革命”结束，我们称为第二阶段；1978 年改革开放至今，我们称为第三阶段。然后，分阶段考察 12 种“程度副词+动宾词组”的情况，描写它们在各阶段的发展变化，并分析这一格式成立的条件和发展变化的原因，最后总结发展变化的规律。

## 四　理论方法和语料来源

### （一）研究采用的理论方法

本书从现代汉语史的角度出发去探究“程度副词+动宾词组”的发展演变，所以，在研究过程中我们以刁先生的现代汉语史理论为主，兼采结构主义语法理论、语法化理论以及语言发展的相关理论。主要使用刁先生提出过的一些现代汉语史的研究方法，包括传统的汉语史方法，现代语言学的方法和具有现代汉语史特色的方法，具体如归纳、比较、统计、实证、探源、转换、语义分析和网络调查等方法。

### （二）语料来源

本书的语料主要来自各阶段自建语料库、《人民日报》（全文数据库）、国家语委现代汉语通用平衡语料库以及北京大学 CCL 语料库，并适当补充了一些网络资源。语料的构成以书面语为主，文体大致涵盖了文学、新闻、政论、应用等几种，尽量做到全面性、均衡性和代表性。以下是各阶段自建语料库的目录：

**第一阶段**

《冰心全集》第一卷（1919—1922 年）

《冰心全集》第二卷（1923—1931 年）

胡适《说儒》《我的母亲》《略谈人生观》《再谈“五四”运动》《九年的家乡教育》

萧红《生死场》等

朱自清《荷塘月色》《匆匆》《桨声灯影里的秦淮河》《我所见的叶圣陶》《给亡妇》《莱茵河》《背影》

柔石《为奴隶的母亲》

张恨水《啼笑姻缘》（前 10 回）

沈从文《边城》等

老舍《骆驼祥子》《月牙儿》《四世同堂》等

巴金《家》(前 22 章)

茅盾《林家铺子》《春蚕》《子夜》

鲁迅《朝花夕拾》《呐喊》《野草》《彷徨》《故事新编》《坟》《南腔北调集》《且介亭杂文》等

钱锺书《围城》

梁实秋《骂人的艺术》《脸谱》

郭沫若《漂流三部曲》《凤凰涅槃》《月蚀》《残春》

林语堂《京华烟云》《苏东坡传》《冬至之晨杀人记》《鲁迅之死》《论政治病》《秋天的况味》《说避暑之益》《粘指民族》等

陶行知《中国的人命》《佛罗棱萨的教授》《关于德育》《教师修养》《生活教育》《创造教育》《师范教育》

俞平伯《人生不过如此》《打桔子》

郁达夫《沉沦》《春风沉醉的晚上》《过去》《瓢儿和尚》《青烟》《迷羊》《离散之前》《银灰色的死》《人妖》《南迁》《微雪的早晨》《故都的秋》《马缨花开的时候》《日本的娼妇与文士》等

《毛泽东选集》(第一至四卷)

丁玲《莎菲女士的日记》《太阳照在桑干河上》

张爱玲《银宫就学记》《金锁记》《红玫瑰与白玫瑰》等

吴伯箫《夜谈》《岛上的季节》

何其芳《迟暮的花》

庐隐《秋光中的西湖》《归途》

孙福熙《不死》

艾芜《山峡中》

许地山《愿》《落花生》

萧乾《血红的九月》《矛盾交响乐》

约 335 万字

## 第二阶段

创作组编《大寨人的故事》

冯德英《迎春花》

维思等执笔《广大的战线》

钱学祥《主人》

朱彤《红星闪闪》

李景象《决裂》

李喜信《根深叶茂》《战士新传》

傅业全《障碍场上》

陈波国《夜走银杏岭》

侯真曦《逆浪行》

刘增新《雷玲玲》

杨兴旺《万泉河畔》

金岭《成熟》

江宛柳《新任编辑》《李昕昕》

晓曙《安全员》

洪路《火焰》

刘成浩《强霞》

王东汉《球场上的谜》

雷小兵《迎春曲》

张宗宽《红色药箱》

老舍《正红旗下》《茶馆》《方珍珠》《女店员》《无名高地有了名》《春华秋实》

文革政论《为错误路线树碑立传的反动作品——评欧阳山的〈一代风流〉及其“来龙去脉”》《丑化贫下中农就是为机会主义路线翻案——评欧阳山捏造的“贫农形象”胡源》等

曲波《林海雪原》(节选)

吴强《红日》

李英儒《野火春风斗古城》

知侠《铁道游击队》

罗广斌《红岩》(节选)

赵树理《三里湾》(节选)

邓友梅《别了，濑户内海!》

约335万字

**第三阶段**

海岩《玉观音》

苏童《妻妾成群》《刺青时代》《吹手向西》

张承志《北方的河》《黑骏马》

毕淑敏《不宜重逢》《电脑时代的灰色诱惑》《提醒幸福》《梦幻小屋和蓝手镯》等

路遥《平凡的世界》（前3卷）

王朔《过把瘾就死》《玩的就是心跳》《顽主》等

王维铭《游戏的城市》《新人群批评：你真的了解他们吗》《让我们选择甲A》等

卫慧《上海宝贝》

包铭新《时髦辞典》

周洁茹《西边》《长袖善舞》《小林和小林的房子》《做伴》《梅兰梅兰我爱你》

刘震云《官场》《一地鸡毛》

方方《埋伏》

铁凝《大浴女》等

梁晓声《钳工王》《表弟》

阴法鲁《中国古代文化史》

《中国儿童百科全书》（节选）

霍达《穆斯林的葬礼》（节选）

陈忠实《白鹿原》（节选）

张贤亮《绿化树》

《邓小平文选》（节选）

刘郎《替父征婚和为媳作媒》

《报刊精选》（部分）和《经济观察报》《市场报》等部分报纸。

约335万字

以上共计约1000万字。

## 五　研究意义

本书的研究意义主要体现在以下几个方面：

### （一）共时本体研究方面的意义

首先，很多语法著作和教材都认为程度副词主要用来修饰形容词和心理动词，不能修饰一般动词和一般动词构成的动词性词组。我们通过对

“程度副词+动宾词组”格式进行历时考察，能够为这一现象的研究提供大量的事实支持，充分说明它的客观存在，帮助人们正确认识这一现象，改变人们对程度副词句法功能的片面认识。其次，通过对这一格式的考察，客观上还能促进对程度副词个体的研究。不同量级的程度副词与动宾词组的组合能力可能是不同的，同一量级的程度副词与动宾词组的组合能力也可能是不同的，对不同程度副词带动宾词组进行比较，能够让我们进一步认识不同程度副词在语义、用法方面的差异，从而促进对程度副词个体的研究。最后，对这一现象的历时考察能补充和完善当前共时研究的不足。史的考察和分析是这种现象的整体研究的重要方面，同时也与传统的共时静态的研究相区别，从现代汉语史的角度考察这一现象能够让我们认清它的来源以及发展变化的过程和规律，弥补当前研究的不足，这对于全面、立体地认识这一问题有很大的帮助。

**（二）语言教学方面的意义**

本书的研究对于现代汉语教学同样具有一定的意义和价值。在现代汉语研究中人们一般都认为要共时与历时相结合，但在现代汉语教学中，体现更多的是共时的研究成果，历时的基本看不到，我们认为，这对于全面认识某种语言事实是一种欠缺。本书的探索某种程度上能够弥补“程度副词+动词/动词性词组”这一知识体系中历时平面的不足，不仅丰富了教学内容，也使教学内容更加接近语言实际，同时也能启发教师在教学中建立历时的观念，用动态发展的眼光来看待现代汉语，从而进一步提高教学水平。

**（三）现代汉语史方面的意义**

“现代汉语史”是刁晏斌先生在 1992 年正式提出的，作为一个新的分支学科，它为其他相关学科的研究提供了新的视角和方法，对其他相关学科的研究和实践产生了积极影响。作为一个新的研究领域，现代汉语史的理论已经比较成熟和完善，不过个别问题的探讨还没有深入和展开，有待我们继续探索和挖掘。本书的选题正是受到刁先生的启发，他曾经在《现代汉语史》和《“程度副词+动词性词组”论略》中指出，“程度副词+动词性词组”是最有史的内涵的，值得深入研究。问题提出以后，也进行了一些很有价值的考察。但我们认为，当前这一问题史的研究还不够细致，主要是讨论整类程度副词与动宾词组或动补词组的搭配，因此，本书通过对不同量级的具体程度副词带动宾词组的考察，可以使现代汉语史中这方面的研究更加深入、精细。

另外，本项研究可能对现代汉语史的理论有所补充。刁先生曾经在《现代汉语史概论》中提出了现代汉语史的发展路向，即螺旋上升型的。他认为，很多形式和用法都经历了“简—繁—简”或者是“繁—简—繁”的过程，刁先生还总结了现代汉语史各个阶段的特点。本书从现代汉语史的角度考察和分析“程度副词+动宾词组”格式，希望能够发现新的认识，从而对现有的认识有所补益。

综上所述，在研究过程中，我们尽量做到观察的充分和描写的充分，在此基础上再寻求解释的充分。本书这种基于较大规模真实文本语料库的穷尽性研究基本体现了邢先生三个充分①的学术旨趣和追求，以及刁先生倡导“语法研究应当走精细化的道路”的主张②。

通过本书的考察，以期使“程度副词+动宾词组”问题的探讨更加全面、立体，并希望对当前的研究和教学有一定的启发和帮助。

① 邢福义：《现代汉语语法研究的三个“充分”》，《湖北大学学报》1991年第6期。

② 刁晏斌：《试论不与动态助词共现的动词》，《语言科学》2009年第6期。

# 第一章

# “最”类程度副词+动宾词组的发展演变

本书探讨的“最”类程度副词包括“最”和“顶”，它们都是表示最高量级的程度副词。根据我们的考察，“最”和“顶”不但在古代汉语或者近代汉语中可以带动宾词组（如“羊欣早随子敬，最得王体”“顶有钱”），现代汉语各个阶段也有用例（如“最缺乏活力”“顶听使唤”等）。我们主要以现代汉语中的用例为考察对象，从历时的角度探究这两种格式的发展变化情况。

## 第一节 “最”+动宾词组

### 一 “最”简介及这一格式的历史考察

《古代汉语虚词词典》对“最”的解释是：“虚词‘最’与本义无关，而是‘冣’的误字。《说文》：‘冣，积也。’”“‘最’的虚词义即由‘冣’的‘积’义引申而来。积聚必由低而高、由少而多，故可引申为程度之高或次数、时间、人事等的总和。”① 程度副词“最”表示某种属性超过所有同类的人或事物，程度达到极点。它在先秦已经产生，一直沿用至现代汉语中，其使用频率自汉代以来一直很高，据《现代汉语频率词典》统计，“最”的使用频率是 11754 次，仅次于使用频率最高的程度副词“很”。在意义组合能力上，“最”主要修饰具有积极意义的成分，在适用的句式上，它主要出现于肯定句中。

---

① 中国社会科学院语言研究所古代汉语研究室：《古代汉语虚词词典》，商务印书馆 1999 年版，第 882 页。

“最+动宾词组”格式在古代汉语[①]中就出现了，主要类型有：

1. 名词性词语做宾语

这里的名词性词语主要是名词，也有以名词为中心的偏正结构，例如：

(1) 及三晋分知氏，赵襄子最怨知伯，而将其头以为饮器。(西汉《战国策》)

(2) 君上事天，地亦事天，天事其上，故与地同气，故乐与孝最顺天地也。(东汉《太平经》)

(3) 如以骨体毛色比，则王莽，虞舜；而张仪，晋文也。有若在鲁，最似孔子。(东汉《论衡》)

(4) 袛诸子中，湛最有德誉，而承亦自为名士，述及坦之并显重于世，为时盛门云。(六朝《三国志裴注》)

这种类型在古代汉语中用例最多，在现代汉语阶段的数量也是最多的。

2. 动词或动词性词组做宾语

这种类型比前一种要少一些，主要做定语和谓语，例如：

(5) 传曰：长狄也。兄弟三人，佚宕中国，瓦石不能害。叔孙得臣，最善射者也。射其目，身横九亩，断其首而载之，眉见于轼。然则何为不言获也？(战国《谷梁传》)

(6) 唯最老旧者，最多门徒者，此二种人，最宜先问。(六朝《全梁文》)

在我们考察的语料范围内没有发现形容词性词语做宾语的情况。

近代汉语中仍然能见到“最+动宾词组”的用例，到明清时期，这种现象就更常见了，这一时期的主要类型有：

---

① 本文古代汉语阶段指唐五代以前，包括春秋、战国、秦、汉、六朝和隋。蒋绍愚、曹广顺：《近代汉语语法史研究综述》，商务印书馆 2005 年版，第 2 页。

1. 名词性词语做宾语

(7) 鲜妍脂粉薄，暗澹衣裳故。最似红牡丹，雨来春欲暮。(唐《全唐诗》)

(8) 禄山持刃尽去其势，血流数升，欲死，禄山以灰火傅之，尽日而苏，因为阉人。禄山颇宠之，最见信用。(五代后晋《旧唐书》)

(9) 诗曰：“见说伤情为见春，想封蝉锦绿蛾颦。叩头为报烟卿道。第一风流最损人。”(北宋《太平广记》)

(10) 宫妓永新者善歌，最受明皇宠爱。每对御奏歌，则丝竹之声莫能遏。帝尝谓左右曰：“此女歌直千金。”(五代《开元天宝遗事》)

(11) 剑客说道：“这个我不敢保。我与胜英是弟兄，我最知道他，山河容易改，秉性最难移。总辖寨主乃是正人君子，非礼勿视，我师弟胜英焉能再打莲花湖呢？寨主朋友甚众，若有不肖之徒，抢男霸女，我师弟就许打抱不平。那时我管不着。”(清《三侠剑》)

2. 动词或动词性词组做宾语

(12) 鱼透碧波堪赏玩，无忧花色最宜观。(五代《敦煌变文集新书》)

(13) 太上立德，其次立功，其次立言，功名乃太上所与，何谓害？夫功名有分，天地最忌多取。(明《练兵实纪》)

(14) 时胥童巧佞便给，最得宠幸，厉公欲用为卿，奈卿无缺。(清《东周列国志》)

(15) 这秦琼长大，生得身长一丈，腰大十围，河目海口，燕颔虎头；最懒读书，只好轮枪弄棍，厮打使拳。(清《隋唐演义》)

(16) 弟弟年纪比较轻，精力比我强，这个时候最适合全力以赴，日夜整顿洗刷自己。(清《曾国藩家书》)

3. 形容词性词语做宾语

这种情况的用例比较少，例如：

（17）所以古人云：颦有为颦，笑有为笑。颦笑之间，最宜谨慎。（明《醒世恒言》）

这一格式的主要功能是做谓语，但偶有“最+动宾词组”与“的”组合，构成“的”字词组做主语，如：

（18）天下最荼毒百姓的，是土木之工，兵革之事；剥了他的财，却又疲他的力，以至骨肉异乡，孤人之儿，寡人之妇，说来伤心，闻之酸鼻。（清《隋唐演义》）

这样的用例在清代才出现，之前并没有发现。

可见，到了近代，“最+动宾词组”的类型逐渐丰富，句法功能也在不断发展。

现代汉语阶段“最+动宾词组”应该是对古代汉语中这一格式的继承，而且一直沿用至今，并且运用得越来越广泛。本节通过对其来源和历史进行探索以及对现代汉语各阶段的情况考察，希望对它的发展演变能有一个比较全面的了解。

## 二 现代汉语各阶段考察

### （一）第一阶段

1. 动词方面

①动词的数量

在第一阶段的语料范围内，我们考察到用于“最+动宾词组”的动词共有67个，它们是：

表现 逼近 称赏 成 长于 得 动 带 发 富 费 负 妨碍 感 获 含
含有 合 觉得 见 讲 接近 具 急需 靠 流行 了解 乐于 配 缺少
切 缺乏 清楚 缺 起 强调 认识 是 受 适宜 善于 擅长 说明 盛行
赏识 省 适合 提倡 挑动 通 通晓 脱离 违背 像 享有 需 需要
晓得 有 以为 宜 引起 依靠 主张 注重 值得 知道

其中单音节动词28个，约占总数的41%，双音节动词39个，约占59%。此阶段单音节动词所占的比重比其他时期大，主要是因为此期是文言与白话的最后交替时期，仍有一部分文言词保留下来，而文言词中单音节词占优势，所以，第一阶段单音节动词比其他时期所占的比重都大。

②动词的划分标准

“最+动宾词组”可以分成两种结构层次，一种是“（最+动）+宾”，即“最”修饰的是动词，如果去掉宾语，这些动词一般也能与程度副词搭配，我们把能进入这种结构的动词称为A类动词（以下各章我们把直接受程度副词修饰的动词都称作A类动词），例如：

（1）那时候夏天最流行银灰色市布大衫，而翠姨的穿起来最好，因为她有好几件，穿过两次不新鲜就不要了，就只在家里穿，而出门就又去做一件新的。（萧红《生死场》）

（2）他觉得自己是在国家最需要他的时候，作出最对不起国家的事！（老舍《四世同堂》）

例（1）和例（2）中“最+动宾词组”格式如果去掉宾语也能说，程度副词“最”修饰的是动词“流行”和“需要”。

另外一种是“最+（动+宾）”，即“最”修饰的是整个动宾词组，而动词与“最”没有直接的组合关系，我们把能进入这种结构的动词称为B类动词（以下各章我们把不直接受程度副词修饰的动词都称作B类动词），例如：

（3）女人的心是金子作的，所以她们最认识金子。（老舍《残雾》）

（4）我在那一方哩面积的银行区（英镑的堡垒）窄巷里徘徊，英格兰银行门前是一个丑陋的大洞，最带讽刺意味的莫如保险公司的脸门儿也为昨夜飞溅的钢铁穿个透天，斑痕满目的墙上，“火险”“寿险”的匾额还残留着。（萧乾《血红的九月》）

例（3）和例（4）都是程度副词“最”修饰后面的动宾词组“认识金子”和“带讽刺意味”，这两例中的动词脱离这个结构或语境就不能受“最”的修饰，如不能说“最认识”“最带”。“最”之所以只能与“认识金子”等整体组合而不能单独与“认识”组合，这当然是有原因的，关于这一原因，下面将详细讨论。

这一结构类型中的动词不带宾语时都不能受程度副词的修饰，如不能说“最感”“最脱离”。当它们组成动宾词组后才可能受程度副词的修饰，而且并不是由它们组成的所有的动宾词组都可以用于这种格式，只有整个动宾词组表示抽象、融合的性状义时，才能进入①，如动词“讲”是不能受“最”修饰而说成“最讲”的，但也不是由“讲”构成的所有动宾词组都可以受“最”修饰，如“讲故事”“讲坏话”就不能受“最”修饰，而“讲卫生”“讲文明”却可以。这是因为前者中的“讲”表示“说”的意思，“讲故事”“讲坏话”都是表示很具体的动作，但后者的“讲”表示“讲求”的意思，“讲卫生”“讲文明”的意义融合，具有性状义，所以可以受“最”修饰。正是因为很多动词不带宾语时往往表示的是具体的动作行为，不具有抽象融合的意义，没有性状义，而组成动宾词组以后就可能具有了这种语义特征，能受程度副词的修饰，因此，也可以解释为什么能受程度副词修饰的多是动宾词组，而单独的动词数量较少。

结合以上分析，我们大致可以确定区分 A 类动词和 B 类动词的标准，概括来讲，就是看动词是否具有“度量义”和“独立性”，具体情况是：

第一，看动词是否具有“度量义”。“量”是客观物质世界的重要属性之一，它有两种：一是指为人类主要感官直接感知的名物、动作、性状的量，如多少、大小、长短、厚薄、方圆、宽窄、深浅、快慢、软硬等，这种量一般可以借助专门的测量工具获得相对准确的数值。当然还有一种是很难用测量工具测量的，无法凭借感官直接感知的属于心智领域的与名物、动作、性状相关的量，如好坏、善恶、难易、好恶、喜忧等。② 具有“量”的意义我们称为“度量义”。具有这种意义的动词就是 A 类动词，反之就是 B 类动词。具有“度量义”的动词主要是两种：一种是动词中

---

① 张谊生先生曾经比较明确地区别了这种动宾词组和表示具体动宾关系的动宾词组。他指出，程度副词所修饰的动宾词组意义融合，结构稳固，具有性状义，动词的时间性和宾语的空间性都比较弱，动作和宾语不能随意分离；表示具体动宾关系的动宾词组则表示一个具体动作，无性状义，动词的时间性和宾语的空间性较强，动词后可以跟时态助词，可从中分解出明确的动作与宾语。张谊生：《现代汉语副词探索》，学林出版社 2004 年版，第 17 页。

② 陈光：《现代汉语量级范畴研究》，上海人民出版社 2010 年版，第 2 页。

含有形容词性语素，它的度量义主要由形素负载，如“接近”“强调”“擅长”“破坏”“热衷”“远离”“减少”“勇于”“乐于”等。因为形容词性语素含有形容词的部分性状，所以，带有这样语素的动词一般都能受程度副词修饰，属于A类动词；另一种是动词本身不带形容词性语素，但语义中带有度量义，而且具有一定的伸缩性，如“擅长”和“值得”。我们可以说“最擅长”“很擅长”“比较擅长”，或者是“最值得”“很值得”“比较值得”，像这样的动词就是语义中含有度量义，属于A类动词；而“表现”“说明”“受”等语义中没有度量义，不能说“最受”“比较受”，而只有当它们和宾语组成动宾词组之后才带有这样的意义，如可以说“最受欢迎”“很受欢迎”“比较受欢迎”，所以这样的动词属于B类。

第二，看动词是否具有“独立性”。所谓“独立性”就是指动词的组配能力不完全受宾语限制的一种性质，即动词带宾语后即使改变了宾语的位置也可以成立，或脱离了宾语也能受程度副词修饰。凡是具有独立性的动词属于A类动词，不具有独立性的属于B类。是否具有独立性可以通过两种方式来判断：一是看宾语去掉以后还能否受程度副词修饰，如果可以，就认为动词有独立性，一般是A类动词，不能说的一般是B类，例如：

A类动词：

最接近真相→最接近

最符合要求→最符合

B类动词：

最感兴趣→ ＊最感

最脱离群众→ ＊最脱离

一种是看是否可以把宾语提前或者用介词把宾语提前，可以提前的就认为动词有独立性，是A类动词，反之就是B类，例如：

A类动词：

浪费时间→时间浪费（了）/把时间浪费（了）

了解我→对我了解

B 类动词：

具有权威性→ ＊权威性具有/对（把）权威性具有

体现独立的存在价值→ ＊独立的存在价值体现/对（把）独立的存在价值体现

我们认为，动词和宾语容易分离的，说明二者的紧密程度低一些，动词不是通过宾语才获得了度量义，而是自身就带有这样的语义特征，所以，即使脱离了宾语也能受程度副词修饰，这样的就是 A 类动词；动词和宾语不容易分离的，说明二者的紧密程度比较高，动词和宾语结合后整个组合临时具有了度量义，而这一结构一旦被拆散，动词自然也就恢复本来的面目，所以，离开宾语，它就不能受程度副词修饰了，这样的就是 B 类动词。

③动词的分类

根据以上这些标准基本上可以把这两类动词区别开来，这样，第一阶段用于“最+动宾词组”的动词分类情况如表 1-1：

**表 1-1　　第一阶段“最+动宾词组”格式的动词分类**

| 种类 | 数量 | 举例 |
|---|---|---|
| A 类 | 30 | 逼近　长于　流行　乐于　接近　强调　缺乏　需要　像　适合 |
| B 类 | 37 | 表现　成　讲　违背　有　说明　受　带　脱离　引起 |

张谊生（2004）曾经按照构词方式与语素特征，把能受程度副词修饰的动词分成两类，含有形容词性语素的，是语素感染类，不含形容词性语素的，是语义隐含类。语素感染类又分成复合式形素感染类①和加缀式形素感染类②；语义隐含类按照语义又可以分成态度义、消长义、背顺义和突显义 4 种③。我们借鉴了张谊生的做法，这样，第一阶段“最+动宾词组”中 A 类动词的具体分类见表 1-2：

---

① 复合式形素感染类指两个语素中有一个是由形容词性语素构成的动词。

② 加缀式形素感染类指一些由形容词性语素构成的“～于”等形式的动词。张谊生：《现代汉语副词探索》，学林出版社 2004 年版，第 13 页。

③ 态度义指语义中含有对事物的看法或采取的行动的特征。消长义指能体现增减或损益的语义特征。背顺义表示相对于某适中界限而体现的或背离或依顺的趋势。突显义指具有突出、显现的语义特征。

**表 1-2　第一阶段 A 类动词分类**

| 分类 | | 举例 |
|---|---|---|
| 语素感染类 | 加缀式形素感染类 | 善于 乐于 |
| | 复合式形素感染类 | 接近 强调 |
| 语义隐含类 | 态度义 | 赏识 提倡 |
| | 背顺义 | 适合 配 |
| | 消长义 | 缺乏 费 |
| | 突显义 | 盛行 流行 |

2. 动宾词组和宾语方面①

这些受“最”修饰的动宾词组可以按照不同的性状语义特征来分类，具体情况如下：

1）［+知晓］义

觉得有兴味　认识金子　通灵性　知道认命　晓得节省人力

2）［+态度］义

讲礼让　主张尊孔

3）［+背顺］义

违背新生活运动　脱离群众　切实际

4）［+具有］义

有谋略　富正义感　含有诗意　具代表性　带中国味

① 此处的动宾词组特指受程度副词修饰的，以后各章此类标题中的动宾词组都是这样的意思。此处的宾语指“程度副词+动宾词组”格式中的宾语，以后各章此类标题中都是这样的意思。

5）［+突显］义

起决定作用　　见效果　　表现作者的人格

此期我们见到了一些由“是”和“成”构成的比较特殊的动宾词组，如：

（5）当那空处，最是奇迹。白光嬗为飞烟，已是影子；有时却连影子也不见。（朱自清《温州的踪迹》）

（6）最成问题的是郭巨埋儿掘得黄金一釜，这件事古今有人怀疑。（周作人《家之上下四旁》）

（7）读的书多起来，画的画也多起来；书没有读成，画的成绩却不少了，最成片断的是《荡寇志》和《西游记》的绣像，都有一大本。（鲁迅《从百草园到三味书屋》）

我们认为，例（5）“最是奇迹”属于“最”的显性修饰关系与隐性修饰关系不一致的情况，此例实际为“是最神奇的迹象”，“奇迹”在此应该是一个词组。通过在 CCL 语料库古代汉语阶段的检索，我们发现，“奇迹”在六朝时期就出现了，如“数月之间，奇迹云萃”，这里的“奇迹”应该是两个词，例（5）带有一定的文言色彩，所以，我们认为，这里的“奇迹”应该是一个词组，而“最”修饰的是其中的形容词成分。现代汉语初期出现“最是……”主要是继承了古汉语的用法，这一格式在古代汉语中比较多，我们对 CCL 语料库古代汉语阶段的“最是”进行检索时发现，它的用例数达到了 1005 条，尤其在近代汉语中比较常见，如：

（8）曰：“格物最是难事，如何尽格得？”（宋《朱子语类》）

（9）那瞎子最是伶俐，料得是素姐与他打倒，站住了不肯进。（明《醒世姻缘传》）

当然这里面不一定都是“最+是+宾”格式。对现代汉语阶段进行检索时，用例数仅是 257 条，而且多数是我们比较常见的带有习语性质的

“最是时候”“最是地方”等。这里的“是”含有“适合”的意思[①]，也带有评价义，“表示对事件发生的时间、地点、场合的适宜程度作出评价”[②]。现代汉语阶段“最是……”变少可能有两个原因：其一，是一部分“最是”中无义的“是”脱落，如例（9），“是”脱落以后，变成“最伶俐”，所以造成“最是”减少；其二，是“最”的显性修饰关系和隐性修饰关系背离的情况减少了。有的“最是……”存在“最”的显性修饰关系和隐性修饰关系不一致的现象，如例（8），“最”本来并非修饰“是”，此例调整语序可以变成“是最难（的）事”。而当下汉语中，这样的形式趋于减少，就因为有一些不一致的情况变为一致了。

再来说说“最+成+宾”格式。上面例句中的“成”有两种，一种是表示“达到一个单位（强调数量多或时间长）”，如“成批、成千上万、成年累月”中的“成”[③]，例（7）“最成片段”中的“成”就是这种含义；另外一种是“成为、变为”的意思，如“百炼成钢、雪化成水”中的“成”[④]，例（6）“成问题”的“成”是第二种意思。像“最成问题”这样的组合有评价义，所以能成立，因此到第三阶段我们仍然能见到，而表示第一种意思的只在第一阶段见到了一例，其他阶段都没有出现。我们认为，这种情况属于特殊的用例，不具有普遍性，因此不属于我们研究的对象。那为什么第一种意思的“成”不能用于“最+成+宾”格式呢？因为从语义上来看，表示“达到一个单位”的“成”没有程度义，而且它本身就有“强调数量多或时间长”的意思，如果再加上“最”，语义就重复了，所以这样的“成”不能用于这一格式。

此期这一格式中名词性词语充当宾语的情况比较多，如：

（10）这一回我们看了我们的一位少年同学（沈局长今年只有三十一岁）在最短时期中把一条腐败的铁路变换成一条最有成绩的铁路，可见一二人的心力真可使山河变色，牛曼的格言是不难做到的。

---

① 中国社会科学院语言研究所词典编辑室：《现代汉语词典》（第5版），商务印书馆2005年版，第1249页。

② 张谊生：《现代汉语副词探索》，学林出版社2004年版，第19页。

③ 中国社会科学院语言研究所词典编辑室：《现代汉语词典》（第5版），商务印书馆2005年版，第171页。

④ 同上。

（胡适《平绥路旅行小记》）——名词

（11）关于这病院的内幕消息里面，有一件最挑动逸群的兴味的，是山顶最高处的那间妇女肺病疗养处清气院的创立事件。（郁达夫《蜃楼》）——定中词组

这些名词性宾语主要是对象宾语，如“最了解她”“最配胃口”“最提倡科学”“最缺劳力”“最脱离群众”等，此外还有处所宾语，如“最靠西部”“最接近花园的后面”。

其次，是由动词和动宾词组做宾语，如：

（12）在他们的心里，都知道这是件最值得谈的事，因为孟石仲石都已死去，而钱老先生是生死不明；他们希望老人还活着，还能恢复自由，好使这一家人有个办法。（老舍《四世同堂》）——动词

（13）“佛”字古喜读 but，译音最近原音；况且“佛”字可单用，因为佛字已成有音无义之字，最适宜做一个新教之名；而“浮”“复”等字皆有通行之本义，皆不可单行，“浮家”“浮道”亦不免混淆。故精译名之中，佛陀最合于“适者生存”的条件，其战胜！（胡适《〈四十二章经〉考》）——动宾词组

还有由形容词、状中词组和主谓词组做宾语的用例，但这样的就比较少了，例如：

（14）一九二九年五月末，我最以为侥幸的是自己到西山病院去，和素园谈了天。（鲁迅《忆韦素园君》）——形容词

（15）他最擅长用外国话演说，响亮流利的美国话像天心里转滚的雷，擦了油，打上蜡，一滑就是半个上空。（钱锺书《围城》）——状中词组

（16）他对国家的现状有了认识，懂得祖国最需要他去做什么。（老舍《四世同堂》）——主谓词组

宾语的构成成分不同主要与动词有关。这里的动词按照所带宾语的不同主要是三种：一种只能带名词性宾语，如“脱离”（脱离实际）；一种

只能带动词性宾语，如“以为”（以为是他/以为很好）；还有一种是既能带名词性宾语也能带动词性宾语的，如“了解”（了解情况/了解他是怎样成功的）。由于动词的类型不同所以造成宾语的情况也会有所不同。

总的来看，此期这一格式中宾语的构成还是比较丰富的。

3. 句法功能及其他方面

第一阶段“最+动宾词组”可以充当多种句法成分，但多数是做谓语，如：

（17）毕业生所受的教育既不能应济乡村的特别需要，而他们饱尝都市幸福的滋味，熏染都市生活的习气，非到必不得已时，决不愿到乡下去服务；于是乡村学校的师资最感缺乏了。（陶行知《新学制与师范教育》）

（18）这最违背新生活运动，所以咱们当学生的面，绝不许抽烟，最好压根儿戒烟——可是他自己并没有戒烟。（钱锺书《围城》）

还有做宾语、定语和补语的用例，如：

（19）日本人自以为最通晓中国的事，瑞宣想，那么他们就该知道北平人并不吃高粱。（老舍《四世同堂》）——宾语

（20）中国是世界上最提倡科学的国家，没有旁的国度肯这样给科学家大官做的。（钱锺书《围城》）——定语

（21）在这变种的时候，他自己是比任何人都更有把握的得风气之先，先变得最象日本人，也就得到最多的金钱与势力。（老舍《四世同堂》）——补语

不过做宾语和补语的用例很少。此外这一格式还能与“的”组合，构成“的”字词组做主语，如：

（22）最引起群众愤怒的，是警官发“开枪射杀”命令（这在警察的口供中也供出过），而示威者正在逃跑时，枪是从背后发射的。（林语堂《京华烟云》）

(23) 最有妨碍的是这些“文艺”的主持者，乃是一位上海市的政府委员和一位警备司令部的侦缉队长，他们的善于“解放”的名誉，都比“创作”要大得多。(鲁迅《黑暗中国的文艺界的现状》)

这种情况下，“最+动宾词组+的”通常是做判断句的主语。“最+动宾词组”做状语和补语的用例在此期的语料范围内还没有发现。

除了能够充当各种句法成分以外，“最+动宾词组”在本阶段的特点还表现在以下几个方面：

首先，出现了程度副词“最”的显性修饰关系与隐性修饰关系不一致的情况。关于这一问题刁晏斌先生曾经进行过探讨，他认为，像“‘很呈一种惊诧的气色’，表面上看‘很’修饰的是动词‘呈’，这是显性的修饰关系，但是，由表义来说，‘很呈’显然‘不辞’。实际上，‘很’的语义指向是‘惊诧’，即实际上是修饰‘惊诧’的，这是隐性的修饰关系，也是真正的语义关系。因此，‘很呈一种惊诧的气色’也就是‘呈一种很惊诧的气色’”。[①] 此期“最+动宾词组”格式也有这样的现象，例如：

(24) 有时他们也和几个姨娘一处打牌，但是他们所最以为快乐的事情，便是和姊姊颖贞，三人在一块儿，谈话解闷。(《冰心全集第一卷》)

(25) 但于我最觉得有兴味的，是上节所引的梁先生的文字里，有两处都用着一个“我们”，颇有些“多数”和“集团”气味了。(鲁迅《“硬译”与“文学的阶级性”》)

上两例中“最以为快乐的事情”和“最觉得有兴味”就是“最”的显性修饰关系与隐性修饰关系不一致。表面上看“最”修饰的是动词“以为”和“觉得”，实际上修饰的是“快乐”和“有兴味”，这两例可以变换成“以为最快乐的事情”和“觉得最有兴味”，所以是显性修饰关系与隐性修饰关系相背离，这是此期表现得比较独特的地方。

其次，第一阶段“最+动宾词组”还经常出现在“是……的”结构

① 刁晏斌：《初期现代汉语语法研究》，辽海出版社2007年版，第59页。

中，例如：

（26）桂林的城隍庙是最得人民崇信的。（胡适《南游杂忆》）

（27）不过诗歌是最表现作者的人格的，有的诗虽无教训之名，而有教训之实，那是因著作者的最高最浓挚的感情，在他不自觉中，无意中，感动了读者，如：临行密密缝，意恐迟迟归，谁言寸草心，报得三春晖！（《冰心全集第二卷》）

（28）一九一七年苏联十月革命之后，为了巩固苏维埃政权，需要走出战争状态，因为当时和德国打下去是最妨碍苏维埃政权的巩固事业的。（《人民日报》1948. 02. 23）

这里“是……的”主要是用来表示强调的语气，即使去掉它们，句子仍然成立，例如：

桂林的城隍庙是最得人民崇信的 → 桂林的城隍庙最得人民崇信

不过诗歌是最表现作者的人格的→ 不过诗歌最表现作者的人格

因为当时和德国打下去是最妨碍苏维埃政权的巩固事业的 → 因为当时和德国打下去最妨碍苏维埃政权的巩固事业

再次，这一阶段“最+动宾词组”中没有出现动词后带时态助词的用例。在第一阶段的语料范围内，我们没有考察到这一格式中动词后带时态助词的，可见，时态助词很少能进入这样的形式。我们认为原因主要是：时态助词的语法意义是表示动作已经完成或者正在进行，前者含有“已然”的意思，后者表示“未然”。“最”“表示的是被叙述的对象超过所有的同类，占第一位，也指被叙述的对象所发出的动作行为或性状达到了最高度”①，也就是说，语义中就已经蕴含了“已然”，如果再与时态助词搭配，语义上要么重复，要么相矛盾了，所以我们很少见到这样的情况出现。

最后，此期部分用例出现在带有文言色彩的句子中，如：

---

① 中国社会科学院语言研究所古代汉语研究室：《古代汉语虚词词典》，商务印书馆 1999 年版，第 883 页。

(29) 此是方法论的紧要问题，我知道先生最注重此种方法问题，故敢质直奉告，非是有意强辩，千万请先生原谅。(胡适《〈四十二章经〉考》)

原因主要是：作为汉语书面语形式的文言文一直沿用了几千年，“中国的一般读书人，日积月累，耳濡目染，都能较好地掌握文言之法”，而到“五四”时期提倡废弃文言，推广白话，“但是，新的白话应当是什么样子，在当时并没有一定的标准或模式”，“这些倡导者们本身的意见就不一致，而在写作实践中，往往也是各按自己的主张，于是真的造就了一些‘四不象的白话’”。①

**(二) 第二阶段**

1. *动词方面*

此期在我们考察的语料范围内用于“最+动宾词组”格式的动词有112个。其中单音节的32个，约占总数的28%，双音节的80个，约占72%，单音节的比重与第一阶段相比下降了13%，双音节的比重上升了13%。可见，到第二阶段双音节动词所占的比重明显增多。本阶段不同于第一阶段的动词有65个，它们是：

充满 懂得 耽误 打动 代表 锻炼 对 富有 符合 服从 耗费
轰动 感激 感到 鼓舞 坚持 解 精通 结合 解决 尽 具备
靠近 利于 浪费 联系 耐 启发 欠 守 适合 伤 伤害 听
丧失 熟悉 深入 适应 推崇 贴近 投 威胁 维护 侮辱 误
危害 违反 孝敬 吸引 享受 习惯 消耗 要求 影响 勇于
依赖忠于 掌握 养 照顾 遵守 阻碍 遵循

这些动词里有一些加缀式形素感染类动词，如“利于”“勇于”“忠于”。另外，有些还是同义词，如“贴近”和“靠近”，“遵守”和“遵循”，“耽误”和“误”，“符合”和“适合”等，这说明意义相同或相近的词往往有相同的用法。

这一阶段的动词按照是否受“最”修饰仍然可以分成A类和B类，具体见表1-3：

① 刁晏斌：《现代汉语史概论》，北京大学出版社2006年版，第19页。

**表 1-3　第二阶段“最+动宾词组”格式的动词分类**

| 种类 | 数量 | 举例 |
|---|---|---|
| A 类 | 49 | 靠近 熟悉 利于 乐于 深入 孝敬 习惯 照顾 符合 |
| B 类 | 63 | 打动 代表 锻炼 鼓舞 结合 解决 具备 危害 阻碍 |

A 类动词又可以分成语素感染类和语义隐含类，第二阶段语义隐含类中没有出现表示［+突显］义的动词，较多的是表示［+态度］义（如“感激”“孝敬”）、［+背顺］义（如“符合”“配”）和［+消长］义（如“浪费”“需要”）的动词。

2. *动宾词组和宾语*

此期动宾词组的语义类型主要有 7 种，比前一阶段多了两种，具体分类情况见表 1-4：

**表 1-4　第二阶段动宾词组语义类型**

| 语义类型 | 举例 |
|---|---|
| 背顺义 | 切实际 / 违反人道原则 / 遵守实事求是的原则 / 依靠我们工人阶级 / 遵循毛主席的教导 / 听党的话 / 投她的心意 |
| 具有义 | 有生产经验 /富有生活趣味 / 具才华 / 带国际性 / 具备条件 |
| 突显义 | 起决定作用 / 见思想火花 / 表现了人民情绪 |
| 态度义 | 守规矩 /尽责任 / 维护工人阶级的利益 |
| 知晓义 | 掌握马列主义 / 知道太阳的温暖 / 觉得遗憾 / 懂得革命和生产的关系 / 感到满意 |
| 消长义 | 消耗粮食 / 丧失威信 / 锻炼人 / 耗费劳动 / 解决问题 / 欠发达 |
| 损害义 | 误大事 / 伤害作者 / 侮辱工人 / 危害人民生命 / 威胁人类 / 影响团结和生产 |

与第一阶段相比，除了表示［+知晓］义、［+背顺］义、［+具有］义和［+突显］义的动宾词组，此期的语义类型还出现了［+损害］义和［+消长］义。

第二阶段的宾语也可以由多种词语来充当，较多的仍然是名词和名词性词组，这些宾语中多数还是对象宾语，如“最需要雨水”“最孝敬我”“最感激那个小厂的会计”“最忠于毛主席”。也有处所宾语，如“最接近孟良崮最高峰”“最接近战场”“最靠近日本”，以及致使宾语，如“最丧失威信”。除此以外，动词、形容词、动宾词组、主谓词组和状中词组做宾语的情况也存在，但我们没有发现定中词组做宾语的用例。

此期有些宾语比第一阶段结构更加复杂，形式更长，表意也更加严谨周密，如：

(30) 我以激动的心情对中国政府和最具备中国这个友好国家的公民美德和爱国热忱的北京市民表示感谢，感谢他们今天上午给予柬埔寨王国国家元首和代表团以无可比拟的盛大欢迎。(《人民日报》1965. 09. 29)

(31) 中国共产党不仅是最忠实于东方殖民地半殖民地十亿人民的解放事业和世界人民保卫和平的事业的党，而且是最勇于为东方殖民地半殖民地十亿人民的解放事业和世界人民保卫和平的事业而不屈不挠地斗争的党。(《人民日报》1951. 07. 01)

虽然这种情况与文体有关，但从另一个侧面也反映了第二阶段这种格式的特点。

3. 句法功能及其他

本阶段“最+动宾词组”在句中也是主要做谓语和定语，也有与助词“的”构成的“的”字词组做主语，但较大的变化是出现了做补语的情况，不过很少，如：

(32) 每次开学习毛主席著作讲用会时，五十九岁的老贫农赵宪斌准来得最早；读毛主席语录，他坐得最靠前；讲白求恩、张思德的故事，他听得最入迷。(《人民日报》1966. 12. 26)

在考察的语料范围中我们没有发现这一格式做宾语和状语的用例。

第二阶段其他的发展变化还表现在以下几个方面：

第一，这一格式最突出的特点就是经常出现在多个“最”共现的句子中，往往构成排比句，如：

(33) 广大工农群众最懂得阶级和阶级斗争，最懂得剥削和压迫。他们的阶级观点最明确，阶级立场最坚定，他们爱憎最分明，他们最懂得革命，最勇于革命。(《人民日报》1968. 03. 15)

(34) 这个特大喜讯，表明了毛主席最深入群众，最相信群众，最依靠群众，最善于集中群众的智慧，始终和革命群众同呼吸，共命运，永远同群众心连心，为全国人民和全世界革命人民树立了极其光辉的典范！（《人民日报》1967.09.26）

（35）我们感到党最看得起我们，最相信我们，我们党的领导是最深入实际最联系群众的。（《人民日报》1966.05.19）

（36）林副主席指示我们，要做好反对侵略战争的准备，准备工作有多种多样，但是最普遍、最大量、最起决定作用的是把连队搞好。（《人民日报》1969.12.13）

（37）我们的时代，是毛泽东思想深入人心，“老三篇”在工农兵思想中大放光彩的时代。到处都有伟大毛泽东思想哺育出来的最高尚、最纯粹、最有道德、最脱离低级趣味、最有益于人民的工农兵英雄。（《人民日报》1967.05.24）

这样的现象主要出现在“文化大革命”时期（1966—1978年）的语料中，“众所周知，文革在当时被认为是一场‘两个阶级’、‘两条路线’的‘生死大搏斗’，所以，‘拿起笔来做刀枪’的‘口诛笔伐’几乎成了‘广大革命群众’的日常功课。在这种形式和心态下，在语言的运用和表达中，往往就会‘无所不用其极’，趋向于和乐于选用那些极端词语”①，再加上当时说话、办事都走极端的社会风气对语言的影响，因此，程度副词“最”超量使用的现象大量出现。此期这种情况多数是用来歌颂，表达强烈的热爱之情，鲜明地体现了这一时期语言的时代特色。

第二，这一阶段还出现了“最+动宾词组”格式中动词带时态助词的用例，如：

（38）一个孩子长到十岁，正是最充满着活力的时候。（《人民日报》1959.04.18）

（39）他们是最熟悉愤怒与仇恨的人，可也是最享受着胜利与自由的快乐与幸福的人。（《人民日报》1950.10.01）

（40）但最表现了人民情绪的，却要推谢廖伯《南岳草堂稿》中

① 刁晏斌：《“文革”时期语言研究》，韩国岭南大学校出版部2011年版，第353页。

的《庚午有感》……（《人民日报》1960.11.05）

这些时态助词一般都可以去掉，句子仍然成立。由第一阶段的考察我们得知，“最+动宾词组”格式中动词一般很少带时态助词，虽然此期出现了，不过很少，绝大多数还是不带时态助词的。

第三，本阶段“最+动宾词组……之一”的形式比较常见，例如：

（41）毫无疑问，中国是这次大会中最受重视最受尊崇的国家之一，因而中国代表团也就是最受注意和爱敬的代表团之一。（《人民日报》1949.06.04）

（42）河泥是浙江等地水网地区农民最习惯使用的土肥之一。（《人民日报》1958.01.16）

（43）蓬皮杜说：“我们（法国）是最依赖石油的国家之一。我们的资源是不很多的，而核（能）的发展也只能慢慢来。”（《人民日报》1974.01.29）

邢福义（2000）认为“最……之一”是显示“最”义级层多个体涵量的典型格式，他还指出，一旦出现“之一”，“最”义级层的多个体涵量便显性化了。[①] 上面三个例子就是这样的格式，它们表达的意思是：“最受重视最受尊崇的国家”“最受注意和爱敬的代表团”“最习惯使用的土肥”和“最依赖石油的国家”都不止一个，而“中国”“河泥”和“法国”分别是其中的一个。采用“最……之一”这一说法都是为了极力强调所说的人或事物应属“最”级层次。“最……之一”在形式上与一般的“最+动宾词组”没有很大的不同，但在表意上却有差异，如例（43），如果去掉“之一”就变成了“我们（法国）是最依赖石油的国家”，意为“虽然有很多国家依赖石油，但最依赖的只有法国一个”，是单个体的，加上“之一”则表示“最依赖石油的国家”不止一个，是多个体的。我们认为，能进入“最……之一”格式的一般是偏正词组，其中的修饰语是由动宾词组或形容词来充当，中心语是名词性词语，如“值得学习

① “最”义级层多个体涵量指“最”义级层的涵量，对于所涵容的事物来说，并非僵固不变：可以是单个体的，也可以是多个体的。邢福义：《“最”义级层的多个体涵量》，《中国语文》2000年第1期。

的地方”“守纪律的人”“感兴趣的问题”“伤脑筋的课程”“顽强的敌人”“热情的观众”等。其他结构类型的词组一般就不能进入这一格式了，如动宾词组“鼓舞人心”“勇于实践”，主谓词组“身体健康”“阳光灿烂”等都不能进入这一格式。因为这一句式的主语往往表示的是一种事物，谓语动词由判断动词“是”充当，因此宾语部分一般只能是名词性成分，能与主语构成从属关系，否则与主语就不能搭配了。

### （三）第三阶段

1. 动词

在这一阶段我们考察到198个动词用于“最+动宾词组”格式，数量远远超过第一、第二阶段。此期动词大量增加，我们认为，主要的原因是类推作用。所谓“类推”，就是“比照某一事物的道理推出跟它类似的其他事物的道理”。[①] 本书的“类推”指如果一个词能够进入“程度副词+动宾词组”格式，那么与它意义相同或相近的词往往也能进入这一格式。通过分析我们发现，此期的很多动词都与前面出现的某些词意义相同或相近，如“触动”和前面出现的“震动”，“具有”和前面的“具备”“具”，“节约”“节省”和前面的“省”等。此期有些动词也是同义词，如“鼓舞”“鼓动”“鼓励”，“花”“耗费”等。这说明，类推是促使动词数量增加的重要因素。

本阶段动词中单音节的有43个，约占总数的22%，双音节的155个，约占78%，双音节动词仍然占绝对优势。与前两个阶段不同的动词有89个，它们是：

保养 暴露 逼视 表示 拨动 败坏 出 成 触动 触犯 刺激
摧残 打击 抵制 得罪 调动 动摇 锻炼 扼杀 富有 负 放
附和 反映 感染 鼓舞 鼓动 鼓励 花 忽略 具有 节约 节省
加强 减少 接受 践踏 解放 看好 看重 考验 来 领教 难为
排斥 赔 配合 偏向 破坏 牵动 迁就 切合 切入 切近 欺负
欺骗 热衷 认同 认 扰乱 损害 深入 上 束缚 体现 挑剔
挑逗 显 牺牲 泄露 兴 限制 压抑 倚重 引诱 远离 赢得 折腾
折磨 糟蹋 增进 增长 占据 振奋 震动 震惊 征服 指望 追求

① 中国社会科学院语言研究所词典编辑室：《现代汉语词典》（第5版），商务印书馆2005年版，第827页。

第三阶段用于“最+动宾词组”的动词仍然可以分成A类和B类，具体情况见表1-5：

**表1-5　　第三阶段“最+动宾词组”格式的动词分类**

| 种类 | 数量 | 举　例 |
| --- | --- | --- |
| A类 | 72 | 加强 远离 盛行 扰乱 忠于 偏向 配合 震惊 看好 败坏 |
| B类 | 126 | 保养 抵制 触犯 摧残 打击 调动 动摇 反映 牺牲 限制 |

A类动词既有语素感染类，也有语义隐含类动词，列举如下（见表1-6）：

**表1-6　　第三阶段A类动词分类**

<table>
<tr><td rowspan="2">语素感染类</td><td>复合式形素感染类</td><td>加强 减少 接近 靠近 深入 偏向 强调 热衷 败坏</td></tr>
<tr><td>加缀式形素感染类</td><td>利于 善于 乐于 勇于</td></tr>
<tr><td rowspan="5">语义隐含类</td><td>态度义</td><td>挑剔 照顾</td></tr>
<tr><td>背顺义</td><td>适应 配 符合 服从 切合</td></tr>
<tr><td>消长义</td><td>节省 费 节约 浪费</td></tr>
<tr><td>突显义</td><td>盛行 流行</td></tr>
<tr><td>知晓义</td><td>了解 通晓</td></tr>
</table>

此期语义隐含类动词中表示［+态度］义和［+背顺］义的动词稍多一些，又出现了［+突显］义动词，还增加了［+知晓］义动词。

2. 动宾词组和宾语

第三阶段动宾词组的语义类型与前一阶段基本相同，没有太明显的变化，不过个别语义类型的数量有了明显增加，如［+消长］义动宾词组就是这样，此期新出现的用例，如：

（44）王旗威：基层苦，最锻炼人；基层累，最增长才干。（《人民日报》2009.11.26）

（45）我不仅想到由于詹姆斯·沃森［James Watson］和弗朗西斯·克里克［Francis Crick］的理论而在遗传学中发生的无与伦比的突破，这种理论导致了大量最重要、最增进知识的新结果。（国家语

委现代汉语语料库）

另外，这一阶段有些动宾词组是带有习语性质的，如“要面子”“出风头”“动感情”“起作用”“折磨人”“说明问题”等。

第三阶段的宾语可以由名词性词语、动词、形容词、动宾词组、主谓词组和状中词组构成。名词性词语充当宾语的用例中，多数仍然是对象宾语，如“（最依靠）咱工人阶级”“（最糟蹋）音乐”“（最得罪）选民”“（最锻炼）干部”等。还有一些受事宾语，如“（最损害）中国形象”“（最消耗）体力”“（最泄露）人心底的秘密”等。与前两阶段相比，此期表示抽象事物的宾语越来越多，如“（最缺乏）活力”“（最出）经济效益”“（最具）性价比”“（最体现）你的独立存在价值”“（最精通）成本效益”“（最充满）争议”“（最压抑）人性和情感”等。

我们还发现，有的宾语是由一些新词语来充当的，这是前两个阶段没有的情况，体现了鲜明的时代感，如：

（46）当然，要实现这一目标，我们需要在经济生活中，及时捕捉最有亮点、最有增长潜力的企业。（《经济观察报》2009. 12. 31）

（47）因为即使是新人类中的佼佼者，这个人群中那些最具张力的人们，当她们在参与“形象竞争”时，都只具有一种姿态（这个社会所要求的妩媚姿态），都只会以一种视角去思考问题（永不置疑、一个向度的视角），……（王维铭《游戏的城市》）

（48）由于他们将生命理解成是一种持久的外倾叙述，而将人生看成是一出需要不断张扬的大剧，因此，即使是最富私密性和家族色彩的传统婚礼在二十世纪最后这些时刻也被彻底解构，原本是单体生命的密码交流变成一次面向世界的莫里哀式喜剧大会演，变成是一次密斯·凡·德·罗式的自我表现。（王维铭《游戏的城市》）

3. 句法功能及其他

第三阶段这一格式在句中也可以充当多种成分，但最多的还是做谓语和定语，也常和助词“的”构成“的”字词组做主语。此期“最+动宾词组”也常出现在“是……的”的句子中，表示强调的语气，还能出现在“最……之一”的句子中，有动词后带时态助词的用例出现，但仍然很少。

本阶段比较明显的特点是“最+动宾词组”还经常与一个或几个“最X”结构连用，其中“X”常常是形容词或者是动宾词组，例如：

(49) 作为中国规模最大、最具权威性和官方色彩的中国国际服装服饰博览会，也取名 chic，1997 年的这个博览会就叫 '97 chic，1998 年的就称 98 chic。(包铭新《时髦辞典》)

(50) 尽管官兵享有逮着凶手后严刑拷打的权力，但所有人都争当凶手，因为凶手在逃跑时可以捉弄大家，被俘后又有表演的权利，尽可不屈不挠是游戏中最出风头最有创造性的人物。(王朔《玩的就是心跳》)

(51) 她准是看见了一种最实在，最鼓舞她的美景，才滋生了如此蓬勃的精神。(张承志《黑骏马》)

(52) 十年前王蒙写了一篇《难忘冯牧》，对冯牧在中国文学界的作用有精到的评价：“长时期以来，他是中国作协的一个虽然从行政职务上并非最高，却是读作品最多，联系作家最广，关心文学事业的发展最热烈专注，陷入各种矛盾最多，被致敬与被骂差不多也是最多，对于文学事业的责任心最强，发表意见最多，或者可以从某种意义上说，他是最专职、最恪守岗位、最受罪也最风光、最尽作家的朋友与领导责任、最容易兴奋也容易紧张的评论家——组织家——领导人。”(《人民日报》2005. 10. 08)

这样的情况在句子中主要是做定语，修饰后面的名词或者词组，如以上 4 例中这种格式分别修饰的是“中国国际服装服饰博览会”“人物”“美景”和“评论家——组织家——领导人”。这与第二阶段程度副词“最”超量使用的情况在形式上看是一样的，而且二者在表达功用上都能起到一种强化作用，还能赋予说话人的客观认识以强烈的主观感情色彩，增强语言的表达气势。但我们认为，二者还是有区别的，主要体现在：第三阶段的用例更多的是一种客观的表述，它不是简单的重复和堆砌，而是能更加全面地描述和评价人或事物；后者常常用来歌颂，对事实的描写或评价往往是有些“过度”或“走极端”，而且很多时候就是简单的重复和堆砌，像“最普遍”“最大量”和“最高尚”“最纯粹”“最有道德”

“最脱离低级趣味”就是这样。再有，此期的用例主要做定语，而第二阶段的用例除了做定语还可以做谓语，如例（33）和例（34）。不同形式、性质的动词都加“最”，而且并列使用，我们认为，这是当代语言中奢华现象的一种表现。[①] 这种现象一般与使用者的语言心理和表达需求有关。因为人们在进行言语交际的时候，常常都倾向于往大里说，往积极的方面说，用刁先生的话来说就是喜欢“夸饰”，“凡事极而言之，以示其特殊和不凡”[②]，在这种心理的作用下，上述情况就会经常出现。另外，也说明“最”的大量使用让程度极高的意义已经产生了损耗，“即在一般的使用中，它经常已经不能表达使用者想要表达的‘最高级’意思了”[③]，这也是导致几个“最X”连用出现的原因。

通过对三个阶段的考察我们还发现，“最+动宾词组”的否定形式很少，它一般是用“不”构成“最不+动宾词组”的形式，如“最不了解他”“最不适合生存”等。否定形式很少是因为程度副词“最”主要用于肯定句，所以会出现这样的情况。

另外，在三个阶段的语料中都出现了这一格式与能愿动词搭配的用例。当能愿动词与“最+动宾词组”组合时，它们的位置一般只能放在“最”的后面，如“最能反映民族的风俗习惯”“最愿意接受挑战”“最应该体现党的温暖”“最会享受人生”等。“储泽祥（1999）认为能愿动词‘能/会’对‘VP’有转化作用，即‘把VP的动作意义转化为能力意义’。不仅仅‘能/会’是这样，其他能愿动词都有这种作用。转化后的意义自然有程度上的差别，因而都可受‘最’修饰。”[④]

## 三　小结

### （一）从历时角度看

用于“最+动宾词组”格式的动词在各阶段的情况见表1-7：

---

① “言语奢华”指的是言语传播过程中过度耗用语言资源的语用现象。包括好用极限词和用词过量、重复堆砌两种情况。陈春艳：《文化价值观念与言语奢华——兼谈“文革语言”产生的背景》，《湖北成人教育学院学报》2003年第4期。

② 刁晏斌：《“文革”时期语言研究》，韩国岭南大学校出版部2011年版，第353页。

③ 同上书，第355页。

④ 赵军：《论程度副词“最+X”与“顶+X”的差异》，《云南师范大学学报》2004年第4期。

**表 1-7　　各阶段动词的数量及百分比**

| 数量及百分比 / 时间段 | 总数 | A 类 | | B 类 | |
|---|---|---|---|---|---|
| | | 数量 | 百分比 | 数量 | 百分比 |
| 第一阶段 | 67 | 30 | 45% | 37 | 55% |
| 第二阶段 | 112 | 49 | 44% | 63 | 56% |
| 第三阶段 | 198 | 72 | 36% | 126 | 64% |

从表 1-7 我们可以看到，用于这一格式的动词从第一阶段到第三阶段逐渐递增，属于上升型发展变化，即由少到多的变化，如图 1-1 所示：

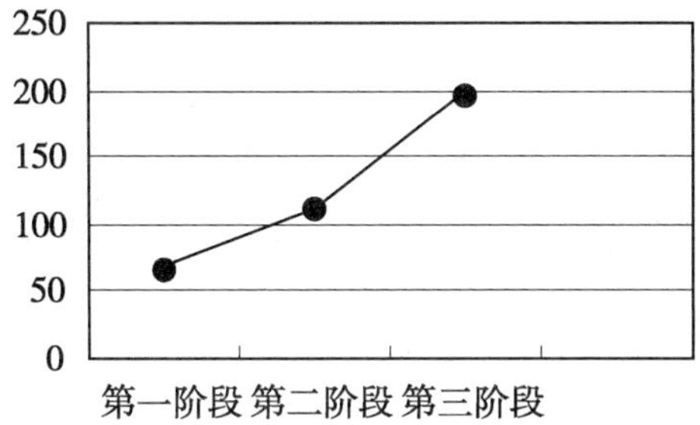


**图 1-1　各阶段动词数量变化趋势**

从考察结果来看，各阶段动词增加的数量比较均衡。

A 类动词和 B 类动词的数量也呈上升的趋势，但它们在各个阶段所占比重的发展趋势却不一致。A 类在各个阶段所占比重基本是呈下降型发展，B 类则是呈上升型发展，二者的变化可以说是此消彼长。主要是因为：第一阶段 A 类“文”的程度较高，而进入第二阶段后主要向“通俗化”方向发展，所以才会有这样的选择。

从第一阶段到第三阶段用于“最+动宾词组”的动词还有一个比较大的变化，那就是：第一阶段单音节动词所占的比重比较大，达到了 41%，到第二阶段和第三阶段比重不断下降，分别是 28% 和 22%，而双音节动词的比重不断增加，由第一阶段的 59% 增加到 78%。我们认为，导致这一变化的原因主要是：第一阶段是现代汉语初期，白话文与文言文并存，而文言文中词以单音节为主，所以，此期的动词中单音节的比重较大。从第二阶段开始，文言文已经逐渐退出了历史舞台，再加上党和政府越来越重视语言文字问题，制定和实行了一系列语言规范的标准和政策，促使现代汉语更加规范，特点更加鲜明，表现之一就是词逐渐双音化，因此，后两个阶段双音节动词的比重不断增加。

这一格式各阶段其他方面的情况总结见表 1-8：

**表 1-8　　各阶段其他方面情况**

| 具体情况<br>时间段 | A 类动词主要的语义类型 | 宾语的构成 | 动宾词组主要的语义类型 | 此格式的句法功能等情况 |
|---|---|---|---|---|
| 第一阶段 | 态度义<br>消长义<br>背顺义<br>突显义 | 名词、动词、形容词、偏正词组、动宾词组、状中词组、主谓词组 | 知晓义<br>态度义<br>背顺义<br>具有义<br>突显义 | 主要做谓语和定语，个别有做宾语和补语的情况，与助词“的”构成“的”字词组可做主语。能用于“是……的”句式，动词后没有与时态助词组合的情况 |
| 第二阶段 | 态度义<br>消长义<br>背顺义 | 名词、动词、形容词、偏正词组、动宾词组、主谓词组、状中词组 | 知晓义<br>消长义<br>态度义<br>背顺义<br>具有义<br>突显义<br>损害义 | 做谓语、定语，与助词“的”构成“的”字词组做主语，有程度副词“最”超量使用的情况 |
| 第三阶段 | 态度义<br>消长义<br>背顺义<br>突显义<br>知晓义 | 名词、动词、形容词、偏正词组、动宾词组、主谓词组、状中词组 | 知晓义<br>态度义<br>背顺义<br>具有义<br>突显义<br>损害义<br>消长义 | 做谓语、定语，与助词“的”构成“的”字词组做主语，常与“最 X”结构连用 |

从表 1-8 我们可以看出，A 类动词的语义类型由第一阶段的 4 种增加到第三阶段的 5 种，语义类型越来越丰富。受“最”修饰的动宾词组语义类型由 5 种发展到 7 种，而且各种类型的用例数量也在不断增加。宾语的构成方面没有很大变化。句法功能主要是做谓语和定语，这一方面没有发生变化，但第一阶段个别有做宾语和补语的情况。

总之，从各阶段的考察结果来看，“最+动宾词组”格式在逐渐丰富和完善。

**（二）从共时角度看**

用于这一形式的动词以双音节的占优势，而且至少还要满足以下两个条件：

第一，从语义特征看，动词要具备抽象的［+性状］义和［+程度］义，不具备这样的条件，就不能用于这一格式，这是最起码的要求。就“最+动宾词组”来说，应该主要是表示［+态度］义、［+背顺］义、［+突显］义和［+消长］义的，其他类型的可能就不能出现在这里了，如“替换”“产生”“转动”等动词语义中就没有这样的特征，所以不能用于这种格式。

第二，从动词的语义倾向来看，用于这一形式的多数是表示积极意义的。因为程度副词“最”主要修饰具有积极意义的成分，如果这种成分表示消极的意义，就会产生矛盾，所以像“辜负”“委屈”“漠视”“低估”“巴结”等带有消极意义的词一般不会用在“最+动宾词组”中。这其实也与人们的语用心理有关，因为人们一般喜欢向好的、积极的方面说，倾向于夸大，对于消极的方面，一般的心理是尽量往小里说，一定要留够分寸，所以，消极意义的词很少用于这种格式。

另外，“最+动宾词组”很少与时态助词共现，可以和能愿动词搭配，能用于“是……的”“最+动宾词组……之一”句式中，还能与“最X”结构连用，否定形式是“最不+动宾词组”，但否定形式很少，是因为此格式主要用于肯定句。

综上所述，通过对“最+动宾词组”在现代汉语三个阶段的考察，我们发现，这一形式的整体发展趋势是呈上升型发展。具体表现就是：动词数量不断增加，受“最”修饰的动词和动宾词组的语义类型越来越丰富，句法功能等不断增强。

## 第二节 “顶”+动宾词组

### 一 “顶”简介及这一格式的历史考察

“顶”，本义为“头顶”，《说文解字》释为“颠也，从页丁声”，先秦时就已经出现了，“顶”由最初表示“人头的最上部”的名词经过语法化最后演变为表示程度的副词。程度副词“顶”表示程度极高，用法同“最”相近，但它们的风格色彩不同。“顶”是口语词，也是方言词，通常不用于比较庄重的书面语体，而“最”书面语和口语通用。据《现代汉语频率词典》统计，程度副词“顶”与“最”比较起来它的使用频率为335次，使用频率较低。

“顶”用作程度副词出现的时间比较晚，“吕雅贤（1992年）、陈克炯（1998年）的统计数据表明，程度副词‘顶’是不会早于西汉时期产生的”[①]。“顶”做程度副词最早出现在宋代的文献中，而且仅有一例，如：

（1）星图甚多，只是难得似，圆图说得顶好。天弯，纸却平。《朱子语类·卷二》

太田辰夫（1958年）认为这种副词的“顶”，在《朱子语类》之后相当长的时间内几乎见不到例子，就是清代的北京话中一般也不使用，到清代后期才能见到。[②] 赵军（2006年）指出，元代没有，其后的明代情况并未得到明显的改观，仍只是零星地出现。《三国演义》《水浒传》《西游记》《金瓶梅》等长篇小说均未发现用例，在明代晚期的白话短篇小说中偶有出现。直到清朝中叶，用作相对程度副词的“顶”还是不常见，在《红楼梦》中，全书也仅有两例，直到清代后期，“顶”的接受度才有了明显的提高。他还指出，“顶”修饰的都是形容词，而且是性质形容词，这是副词“顶”最初的搭配对象。因为这类词所包含的量度义最为明显，人们极其容易感知到，所以最先和“顶”搭配。随着“顶”的使用频率的不断提高，其自由度也相应得到增强，表现为组配能力的扩展，即“顶”不仅可以修饰形容词，还可以修饰心理动词、一些其他动词及其短语。[③] 虽然“顶”用作程度副词最早出现在宋代，但“顶+动宾词组”这一格式却最早出现在清代，而且用例比较少，我们在CCL语料库中仅检索到以下几例：

（2）听毕不住地拍手笑道：“亏你记得，亏你清楚，你倒要算个顶糊涂、顶没记心的祖师了。你且莫急，让俺细细的问你一遍，然后你再走不迟。”马仁只得复行坐下。（清《续济公传》）

（3）……顶有钱的。两个少爷，大的是太太养的，小的是姨太

① 赵军：《极性程度副词研究》，硕士学位论文，上海师范大学，2006年。

② 太田辰夫：《中国语历史文法》，北京大学出版社2003年版，第250页。

③ 赵军：《极性程度副词研究》，硕士学位论文，上海师范大学，2006年。

太养的。(清《官场现形记》)

(4) 最是马如飞顶见效验，他上帐的时候，那两排牙齿止不住的抖，及至丸药下肚，忽然便气勃勃的，那牙齿便动也不动。(清《续济公传》)

(5) 大众大笑道:“原来如此。……老族长不必多说，现今一切的赏号，有一面牌挂在他家门口，顶是你老族长的数目顶多，我们也不必耽搁，就此一道儿去把点银子领得来暖暖心罢。”(清《续济公传》)

这一阶段的“顶+动宾词组”格式主要做谓语和定语，没有出现否定形式。

“顶+动宾词组”在现代汉语各个阶段都有，但与其他程度副词带动宾词组比较，用例少了很多，以下是这一格式在各阶段的考察情况。

## 二 现代汉语各阶段考察

### (一) 第一、二阶段

“顶+动宾词组”的用例与其他“程度副词+动宾词组”比较起来要少得多，在第一阶段的语料范围内只有3个动词用于这一格式，它们是:

(1) “不会有他罢。辛楣不认识他，我知道辛楣跟你一对小心眼儿，见了他又要打架，我这儿可不是战场，所以我不让他们两人碰头。元朗这人顶有意思的，你全是偏见，你的心我想也偏在夹肢窝里。自从那一次后，我也不让你和元朗见面，免得冲突。”(钱锺书《围城》)

(2) 家里用着一个厨子，一个顶懂得规矩的男仆和一个老穿缎子鞋的小老妈。(老舍《四世同堂》)

(3) 妈妈的手起了层鳞，叫她给搓搓背顶解痒痒了。(老舍《月牙儿》)

此期“顶有”这样的用例要多一些，除了例(1)还有“顶有力气”“顶有名望”“顶有意义”。这里没有A类动词，“懂得”“解”“有”都是B类动词。本阶段这一形式中的宾语主要是名词，如“顶有意思”“顶懂得规矩”中宾语都是名词，而且多数都是抽象宾语。这种格式在句子里主要做谓语和定语，第一阶段还出现了两例“顶+动宾词组”的否定形式，即：

(4) 只有方老太太弄孙的时候，常常脸摩着脸，代他抗议道：“咱们相貌多漂亮！咱们是标臻小宝贝心肝，为什么冤枉咱丑？爷爷顶不讲道理，去拉掉他胡子。”(钱锺书《围城》)

(5) 他转过脸去看着孙吉人，他那眼光的坚决和自信能够叫顶没有主意的人也忽然打定了主意跟他走。(茅盾《子夜》)

它的否定形式主要由“不”和“没有”构成。

第二阶段也只有5个动词用于这一格式，它们是：

(6) 喝！我的老爷子！我还没给您请安去，您倒先看我来，我真该死！(接过鸟笼，笼上有布罩，看不见鸟)是靛颏，还是自自黑儿？(没等回答)这位是……孟小焦　向三元，顶好的人！顶有本事的人！(老舍《方珍珠》)

(7) “写讲义，那是顶费脑筋的事，我兄弟进过传习所，……”(国家语委现代汉语语料库)

(8) 谁说的，刚才你没看见，她倒是顶讲道理的。(国家语委现代汉语语料库)

(9) 白围巾的女同学说：“姓孟的，可真难缠，错误是她犯的，顶属她问题多，关于她的问题还得向组织请示……”(李英儒《野火春风斗古城》)

(10) 这顶合实际，我们现在都一天干两天的活，你知道！(老舍《春华秋实》)

这一阶段的动词除了“费”“合”都不受程度副词修饰。“顶+动宾词组”中的宾语主要还是由名词充当，如“顶有本事”“顶费脑筋”“顶讲道理”“顶合实际”，而且都是抽象名词。这一形式中的动宾词组多数是习语性质的，如“有本事”“费脑筋”“讲道理”。第二阶段“顶+动宾词组”在句中主要做谓语和定语，没有出现否定形式。

### (二) 第三阶段

此期用于“顶+动宾词组”的动词与前两个阶段差不多，我们考察到6个动词可以进入这一格式，它们是“善”“听”“需要”“属”“有”“数”，用例如：

(11)“您不是说，您那口子挺听话的，顶听使唤了，怎么，不着调了？”(《市场报》1994年)

(12) 记得1989年秋天，福建闽江大学邀请他参加该校的五周年校庆，当时已行动不便的陈老师对我说：“绝对不能让人家失望，他们是年轻的学校，才5岁嘛，顶需要我们大家的关心。小凝，我是去不了，你一定代我亲自去那里一下，向他们祝贺问好。”(李小凝《我给陈景润当秘书》)

(13) 俗语有“人活脸，树活皮”，生活得“顶有面子”，这种荣誉感的获得也是人生的乐趣。(《人民日报》1993.05.24)

(14) 几乎每一个人都有一些关于榆钱儿的故事：什么养伤时吃过榆钱儿“菜豆腐”啦；哪年大旱，饥不择食，一把把地吃生榆钱儿啦；顶数王伯伯年纪最大，革命资历老，所以故事也特别多。(国家语委现代汉语语料库)

(15) 我们绕着井冈山又转了大半圈，我发现顶属这块地方好罗。(国家语委现代汉语语料库)

(16) 抑或挑选一些顶善哭泣的人，组成哭泣团，到他们面前去，长跪不起，哭个七日七夜，哭动他们的慈心，从中国撤手回去呢？(国家语委现代汉语语料库)

这些动词中有5个是单音节的，1个是双音节的，结合前两个阶段的考察情况我们发现，用于“顶+动宾词组”的动词以单音节为主。这几个动词中“善”“需要”属于A类动词，“听”“属”“有”“数”属于B类动词。其中使用频率比较高的是“有”，除了上面的例子以外，我们还检索到“顶有味道”“顶有钱”“顶有决心”“顶有意思”“顶有势力”“顶有灵性”等用例。这一形式中宾语的构成比前一阶段丰富一些，可以由名词、动词、名词性词组和主谓词组来充当，如例（13）中宾语是由名词来充当，例（11）和例（16）中宾语由动词充当，例（12）中宾语由定中词组充当，例（15）中宾语由主谓词组充当。“顶+动宾词组”在句子中可以做谓语、定语和宾语，做谓语的如例（11）、例（13），做定语的如例（16），做宾语的用例如例（15），而前两阶段均没有出现做宾语的情况，可见它充当句子成分的能力在此期也有所发展。

以上这些用例是在自建语料库、《人民日报》和国家语委现代汉语语料库中检索到的，数量很少。考虑到程度副词“顶”的语体色彩，我们还在网络中进行了检索，发现还有一些动词能够用于这一格式，它们是：

成 费 符合 坚持 具备 浪费 了解 流行 欺负 伤 适合 守 受 吸引 享受 依赖 照顾 折磨 值得 遵守 熟悉

用例如：

（17）我每周会到小男生的班级里上一节课，他是这个班顶守纪律的一个学生，只要我一个眼神，他就乖乖地坐得端端正正。（新浪博客 2009.07.02）

（18）菲律宾的歌手是顶符合大众心理定位的。他们所在的演出场所永远都热辣火爆，他们给自己的任务就是要让整个场子热起来，场子里的人都 high 起来。（新浪博客 2011.01.13）

（19）天哪，果然超级简单省事，顶适合我这种没有记性的妈妈。（新浪博客 2011.03.09）

（20）他常常用顶浅显的叙述，顶照顾大众读者阅读能力的文字，和顶教人们感到亲切生动的笔墨，引导人们逐渐走向严肃的人生思索与文化思索。（新浪博客 2010.08.10）

（21）重庆是山城，重庆人走路好象后边有鬼追着似的，风风火火，劳作辛苦，于是觉得成都人的悠闲是项顶浪费时间的事情，大有恨铁不成钢的意味。（新浪博客 2010.12.04）

（22）吴老师和孟老师，是我班顶受欢迎的老师。（新浪博客 2011.01.28）

（23）随着中国的发展，移民到国外去，在我的家乡已经不是一件十分热门的事，但听说在内地，移民到美国还顶吸引人，为想移民到美国的国人提供实现梦想的服务，也成就了少数国人的饭碗。（新浪博客 2010.12.09）

这些动词共有21个，比在自建语料库、国家语委现代汉语语料库和《人民日报》检索到的动词多了不少，这说明“顶+动宾词组”主要出现在口语色彩比较浓的语体中。

经过对三个阶段的考察我们发现，“顶+动宾词组”与能愿动词搭配的情况比较少，只有“愿意”可以，这一点与“最+动宾词组”就不同了，能与“最+动宾词组”组合的能愿动词不仅这一个，像“能够”“应该”“能”“会”等都可以与它组合。这一格式用于否定形式的情况比较少，在第三阶段我们只检索到1例，如：

(24) 还有，初来城里，他甚至于“最忌讳随便骂街”，这也并不是一般农民做得到的，据京城老年人讲，只有传统的旗人，才顶不习惯张口就骂人，他们之间产生了不愉快，有的竟然只能以说一句“我实在地恨您”来发泄。(关纪新《旗人作家老舍》)

否定副词一般放在“顶”的后面。

总之，从对这一格式的考察来看，它的用例数量很少，发展速度比较缓慢。

## 三 这一格式数量少且发展缓慢的原因

“顶+动宾词组”与其他“程度副词+动宾词组”格式比较起来用例少了很多，发展也很缓慢。经过分析我们认为，主要原因有：

第一，程度副词“顶”是方言词，这在一定程度上影响了这一格式的发展。太田辰夫认为：“这种副词的‘顶’，在《朱子语类》之后相当长的时间内几乎见不到例子。就是清代的北京话中一般也不使用，到清代后期才能见到。可能是南方的方言吧。”① 赵军通过对清代后期的《官场现形记》、《二十年目睹之怪现状》、《老残游记》和《孽海花》几部作品的检索，发现程度副词“顶”的接受度这时才有了明显的提高。他根据这些作者的方言倾向推测出用作程度副词的“顶”可能产生于吴方言。②既然是方言词，那么它在现代汉语中的使用范围和频率也就相应地要受到

① 太田辰夫：《中国语历史文法》，北京大学出版社2003年版，第250页。

② 赵军：《极性程度副词研究》，硕士学位论文，上海师范大学，2006年。

影响。由于“变化总是在使用中发生，使用越频繁的成分发生变化的可能性也就越大，越容易衍生出新的意义和用法；使用越少，出现变化的可能性越低”①，所以，“顶+动宾词组”发展较慢。

第二，程度副词“顶”主要在口语中运用，使用的语体受到较大限制。张斌先生主编的《现代汉语虚词词典》对副词“顶”的解释是：“表示程度极高。用法同‘最’相近。口语词。”下面的【注意】中还说：“‘顶’主要在口语中运用，通常不用于事务、政论、科技语体。有些典型的书面语词不受‘顶’的修饰。”② 而我们考察语料的语体多数都是书面语体，所以，“顶+动宾词组”这一格式必然比较少。在第三阶段我们曾经对一些网络资源进行检索，又发现了一些“顶+动宾词组”的用例，而且数量比前两个阶段的总和还要多，这更证明了它适用的语体是口语。因为网络资源的口语化程度比较高，网络新闻和博客比较起来，后者的口语化程度更高，所以，在这样的资源中检索这一形式，它的组配自由度表现得显然要比前两个阶段高一些。

第三，“顶”的虚化程度还不高，它的主要用法是做实词，虚词用法不占优势。《现代汉语词典》（第5版）中列出了“顶”一共有14个义项，所属的词性主要是名词、动词、量词、介词和副词，而在实际的语言运用中，“顶”用作名词、动词和量词的时候要远远多于做副词。我们在每一阶段各选择了一部文学作品，字数大约都是30万字，对“顶”的用法进行了考察，结果见表1-9：

**表1-9　“顶”用法情况考察**

| 时间段 | 来源 | 词性及用例数 | | | | 实词用例的百分比 | 虚词用例的百分比 |
|---|---|---|---|---|---|---|---|
| | | 名词 | 动词 | 量词 | 副词 | | |
| 第一阶段 | 《太阳照在桑干河上》 | 7 | 32 | 7 | 7 | 86.8% | 13.2% |
| 第二阶段 | 《野火春风斗古城》 | 49 | 28 | 1 | 4 | 95.1% | 4.9% |
| 第三阶段 | 《平凡的世界》（第一部） | 19 | 31 | 5 | 0 | 100% | 0 |

从考察结果看，“顶”做实词是它的主要用法，用作程度副词的用例比较而言所占的比重很小，也就是说“顶”的虚化程度低一些，因此，

① 郭锐：《词频与词的功能的相关性》，《语文研究》2001年第3期。

② 张斌：《现代汉语虚词词典》，商务印书馆2003年版，第147页。

“顶+动宾词组”这一格式的用例必然也就少。而其他的程度副词是兼类词的情况很少，虚化的程度较高，用法也比较单一，基本上就是做程度副词用，它们的组配自由度高一些，所以用例也就多一些。上面考察的语料范围虽然比较小，但一定程度上也能反映出“顶”的实际使用情况。

第四，“顶”用作程度副词的时间较短，这也是“顶+动宾词组”用例少，发展慢的原因之一。到清代后期“顶”做程度副词的数量才逐渐多一些，发展到现在也不过一百多年，与程度副词“最”比较的话，它的发展历史就显得太短了。我们知道，程度副词“顶”在搭配上要受到一些限制，但这种约束可能会随着语言自身的发展而逐步获得消解，其自由度也会随之提高，不过这可能需要一个较长的演化和接受过程。从目前的情况来看，它的发展还没有打破这些限制，还需要一定的时间来完成。

第五，从表达的需求和自身的情况来看，要表达“程度达到极点，超过所有同类”这样的意义，一个“最”基本上就可以满足表达的需要了，而且与新生的“暴”类程度副词比较，“顶”也没有“超”“巨”“狂”等在表意上那么新鲜、生动，因此，这些因素也导致了“顶”的使用比较少，进而也影响到“顶+动宾词组”形式的发展。

## 四 小结

各阶段用于“顶+动宾词组”的动词具体情况见表 1-10：

**表 1-10　各阶段动词的数量及百分比**

| 时间段＼数量及百分比 | 总数 | A 类 | | B 类 | |
|---|---|---|---|---|---|
| | | 数量 | 百分比 | 数量 | 百分比 |
| 第一阶段 | 3 | 0 | 0 | 3 | 100% |
| 第二阶段 | 5 | 2 | 40% | 3 | 60% |
| 第三阶段 | 6 | 3 | 50% | 3 | 50% |

从表 1-10 可以看出，能进入这一格式的动词数量没有发生很大变化，A 类动词在各阶段所占的比重呈上升型变化，B 类动词的比重也有变化，不过趋势正好相反，呈下降型发展。

“顶+动宾词组”中宾语和它的句法功能在各阶段的情况如表 1-11 所示：

表 1-11 各阶段宾语和句法功能情况

| 具体情况 / 时间段 | 宾语的构成 | 句法功能 |
|---|---|---|
| 第一阶段 | 名词 | 谓语、定语 |
| 第二阶段 | 名词、主谓词组 | 谓语、定语 |
| 第三阶段 | 名词、动词、定中词组、主谓词组 | 谓语、定语、宾语 |

由表 1-11 我们可以看出：从第一阶段到第三阶段，宾语的构成和这一格式的句法功能都有所变化。宾语的构成成分更为丰富，充当句子成分的能力有一定的发展。

从对这一格式的考察我们还发现，“顶+动宾词组”多数不出现否定形式，这应该与“顶”主要用于肯定句有关。另外，与它组合的能愿动词也很少，常与它组合的只有“愿意”这一个。

总的来看，这一形式用例很少，发展速度比较缓慢。我们认为，导致这种结果的主要原因是：“顶”是方言词，用作程度副词的时间较短，最早大概出现在清代晚期，而且主要用于口语，许多书面性的词语与它搭配就会受到诸多约束，再加上它的虚化程度不高，所以，必然造成这样的情况出现。

# 第二章

# “更”类程度副词+动宾词组的发展演变

本章的“更”类程度副词包括“更”和“越发”，它们都属于较高量级的程度副词。“更”和“越发”后面也可以带动宾词组，如“更具有整体性、越发值得注意”等。这些格式在古代汉语和现代汉语各个阶段都有用例，本章主要对现代汉语阶段的发展变化进行探究。

## 第一节　“更”+动宾词组

### 一　“更”简介及这一格式的历史考察

《说文》对“更”的解释是：“更，改也。”本意为“更改”“改变”，它的虚词义是由实词义引申而来的。在古代汉语中副词“更”的用法有多种，其中用作程度副词在先秦已见，但在近代汉语之前其使用频率一直不高。[①] 现代汉语中副词“更”也有多种义项，《现代汉语虚词词典》对它的解释是：“更：［副］①表示加深的程度。用于比较。一般朝同一方面比较，含有原来就有一定程度的意思。常修饰形容词，跟形容词组成偏正短语后，既可充当谓语，又可充当定语、状语。也修饰心理动词，部分状态动词以及动词短语，如：军队更锻炼人/这样做更解决问题/我更需要你的支持和帮助。②表示特别突出。修饰动词短语，不修饰形容词，相当于‘尤其’。常出现在表示递进关系的小句中，与‘不但’‘不仅’等搭配。如：延安有优美的风景，丰富的物产，更有光荣的革命历史。③表示

① 中国社会科学院语言研究所古代汉语研究室：《古代汉语虚词词典》，商务印书馆 1999 年版，第 173 页。

继续、重复。修饰动词短语，相当于‘又’‘再’。有书面语色彩。如：此外更寄赠精美的彩色画册一本。”① 这三种义项的“更”都可以修饰动词性词组，有时可能不太容易区分，不过一般用“尤其”“又”“再”做变换分析，大部分还是可以区别开来的。本书的“更”指的是第一种义项，即表示加深的程度。这种表示程度加深的副词“更”使用频率很高，仅次于程度副词“很”和“最”，可以在口语和书面语中通用。它所修饰的成分以表示积极意义的为主，在适用的句式上主要用于肯定句。

一般认为，由“更”的本义引申做程度副词，表示程度增加，用于比较，这种用法先秦已见，但在近代汉语之前其使用频率一直不高。虽然如此，可是“更+动宾词组”格式在古代汉语中就已经出现了，只是数量较少，如：

(1) 与之，即无地以给之；不与，则弃前功而后更受其祸。(西汉《战国策·卷二十六·韩一苏秦为楚合从》)

(2) 求蓬莱按期生莫能得，而海上燕。齐怪迂之方士多相效，更言神事矣。(西汉《史记·孝武本纪》)

(3) 城处水之阳，而以“阴”为称，更用惑焉。(北魏《水经注·汝水》)

近代汉语中这一格式仍然在沿用，使用频率逐渐提高，用例也在不断增加，例如：

(4) 已知仙客意相亲，更觉良工心独苦。(唐《题李尊师松树障子歌》)

(5) 今既为夫妻，又相宠爱，美之至极，在先尽矣。乃相厌患，而生疾病。非直美极恶生，疾病而已，又美极骄宠，更生妒害也。(唐《春秋左传正义》)

(6) 夏至后赴北，立秋以前又可到齐天津交卸，仍限一月卸通。白露节回空，再运关东客货。如能九月内到南，尚可赴山东处赶装客货。年底全数回南，再装次年漕米。则海船更有裨益矣。(明《日知

① 张斌：《现代汉语虚词词典》，商务印书馆2003年版，第200页。

录集释》）

（7）驿官道：“正月初旬，当今领兵至陈桥，众将事立为皇帝。韩爷要保周朝，众将士围住大杀，韩爷虽刺死多人，亦受重伤，当时殒命。举朝文武，更无阻挡之人。当今登位，不见再有死节者，所以敬重韩爷，加赠中书令。”（清《海国春秋》）

（8）西庶长道：“兵多行迟，如实须兵，臣于西边近处调用，不致误事。今同古璋由月月河水路日夜兼行，迟须五天，速只三天可抵。若经旱路去，须七八天方能得到。带兵而行更费时日，速则兵疲，迟恐不足济事。”（清《海国春秋》）

（9）浮金主道：“如相国、大夫所言，两国之心难保，即不必借其力，亦足以制胜。现有余、包党羽在浮石心腹，而素业贩私之徒众，又俱怨彼严紧玉砂，今使之挑选精锐，潜入玉砂冈，自内攻出，与我相应，岂不足以济事，又何必借资于两国乎？”烛相国道：“如此更属不妙。”（清《海国春秋》）

考察显示，这种形式虽然出现较早，但古代汉语和近代汉语阶段的用例数量不是很多，句法功能也较单一，主要用来做谓语，其中的宾语也多以名词和名词性词组为主，构成成分不够丰富。

现代汉语中“更+动宾词组”应该是对古汉语这一用法的继承，在此我们主要对现代汉语各个阶段的情况进行考察，以了解它的发展变化趋势。

## 二 现代汉语各阶段考察

### （一）第一阶段

1. 动词方面

这一阶段我们考察到用于“更+动宾词组”的动词有118个，它们是：

挨近 便利 逼近 表 表现 表明 暴露 变 保证 标志 成 成为
采取 充满 呈 促进 促成 刺激 多 短 带有 得到 懂得 锻炼
奠定 发挥 符合 费 服从 感到 够 鼓动 鼓励 鼓舞 感 进 见
觉得 觉 近 加 加深 加强 加速 加紧 加剧 加重 具有 具备
减少 教育 集中 坚持 揭露 节省 可怜 靠近 扩大 了解 怜惜

利于 便宜 偏重 起 切合 强调 趋 清楚 启发 取得 确定 如同
认为 认识 适宜 适应 受 生 失 失掉 说明 善于 属 使得 丧失
提高 添 推动 脱离 完善 侮辱 显得 显示 需要 陷入 形成
吸引 限制 有 宜 上 用 引起 影响 赢得 远离 知道 增加
增强 增长 增添 证实 值得 证明 着重 助长 忠于 富

这些动词中单音节的有 26 个，约占总数的 22%，双音节的 92 个，约占 78%。可见，此期单、双音节的动词都能进入这一格式，其中双音节动词占绝大多数。

按照是否受“更”修饰，此期动词可以分成 A 类和 B 类两种，具体见表 2-1：

**表 2-1 第一阶段“更+动宾词组”格式的动词分类**

| 种类 | 数量 | 举例 |
|---|---|---|
| A 类 | 43 | 加深 加强 靠近 扩大 善于 利于 提高 需要 符合 了解 |
| B 类 | 75 | 促进 发挥 推动 具备 加速 影响 显得 脱离 感到 使得 |

A 类中既有语素感染类动词，也有语义隐含类动词。语素感染类如“加深”“扩大”“提高”“利于”等，语义隐含类主要是表示［+态度］义（如“可怜”“怜惜”）、［+消长］义（如“费”“节省”）和［+背顺］义（如“服从”“符合”“适应”）的动词。

2. 动宾词组和宾语方面

第一阶段受“更”修饰的动宾词组语义类型比较丰富，主要有［+知晓］义、［+具有］义、［+消长］义、［+变化］义、［+突显］义、［+激发］义和［+促使］义 7 种，分别举例如下：

表示［+知晓］义的动宾词组如：

觉得有一种说不出的怅惘 知道珍重国故 认识团结就是力量，坚决反抗才能生存 懂得在每一秒钟都必须思考怎样去爱护人民

表示［+具有］义的如：

带有些阴惨的色彩 具有整体性 赢得农民拥护 具备了使其子弟入高小读书的条件

表示［+消长］义的如：

加了一味凄惨洁净的情调　丧失人心　添许多无聊　加速东北蒋匪的灭亡

失掉了他们的威力　增加他的孤寂　增添了百倍信心与力量　助长了破坏的发展

锻炼了群众翻身与武装斗争结合的经验　增长美国对埃及生活各方面的影响

表示［+变化］义的如：

变了样　形成产量的悬殊　成为不可缺少的力量

表示［+突显］义的如：

表明国民党当局决心继续扩大东北内战　揭露了地主“藏子弹不给民兵，准备变天的阴谋”

显示你们已成为战无不胜、攻无不克的常胜军　呈恐慌混乱　见风致　显得绿阴阴的

表示［+激发］义的如：

鼓动英模与群众的连系　鼓励了有牲口户安心喂养与繁殖　鼓舞着群众生产情绪

启发了大家的认识　引起他的不快

表示［+促使］义的如：

使得旧干部和中农异常恐慌　促成了老组织对领导上的对抗

推动年关物价上涨

促进了大家坚持学习的决心

第一阶段“更+动宾词组”中宾语的构成成分也比较丰富，它可以由名词、代词、形容词、动词、联合词组、偏正词组、数量词组、比况词组、动宾词组、动补词组和主谓词组11种成分来充当，以下分别是它们在这一格式中做宾语的用例：

(1) 我恐怕有个很大的争闹，不觉的退后了，更靠近窗户，好像要躲开流血的事情似的。(《冰心全集第一卷》)——名词

(2) 白衣如雪的登舟之日，送者皆自崖而返，我不曾流下一滴眼泪！我反复读了叔叔的“去国刚三月”之语，更了解了自己。足见我原不是喜欢写这类文字的，去国以后之音，才哀以思。(《冰心全集第二卷》)——代词

(3) 太阳虽然正午，那阳光射不过树叶，树叶下更显得凉阴阴地，屋子里却平添了一种凄凉况味似的。四周都岑寂了，只远远的有几处新蝉之声，喳喳的送了来。家树望了窗户上道：“你看这窗格子上，新糊了一层绿纱，屋子更显得绿阴阴的了。”(张恨水《啼笑姻缘》)——形容词

(4) 近几年来，所谓“杂文”的产生，比先前多，也比先前更受着攻击。(国家语委现代汉语语料库)——动词

(5) 中国人民是在革命新高潮当中纪念这一伟大节日的，在十月革命灯塔的普照下，对于打倒美帝国主义及其走狗蒋介石在中国的统治，中国人民将更充满着坚强的战斗意志和必胜的信念。(《人民日报》1947.11.15)——联合词组

(6) 由于对丧母的悲伤，由于自己的疾病缠身，由于关于素云的丑闻蜚语，他的确非常难过。另外，国家多难，自己亲见清朝灭亡，更加深了心中的悲痛。(林语堂《京华烟云》)——偏正词组

(7) 这里“或人”提出的论点，也许就是老子的“报怨以德”，也许只是那个柔道遗风里的一句古训。这种柔道，比“不报无道”更进一层，自有大过人处，自有最能感人的魔力，因为这种人生观的基础是一种大过人的宗教信心，——深信一个“无力而无不为”“不争而善股”的无道。(胡适《说儒》)——数量词组

(8)“黑的他”更如同狗一般——也许就是乌鸦——倒也有些人喜欢他。他却是走在道上，鞋更是非常的破烂。我不能再替他补了，

这一根绳子，尽着拉来拉去的，有些烦腻了。（《冰心全集第一卷》）——比况词组

(9) 因为冲喜，虽然也常常有，若不得到对方家庭同意，自然不能办。在一切的婚姻上都是如此，现在对将来的新娘曼娘，更需要取得同意。(林语堂《京华烟云》)——动宾词组

(10) 拉拉扯扯吃着橘子，不知不觉地过了两三个年头，我自己南北东西的跑来跑去，更觉过得好快，快得莫名。（俞平伯《打橘子》）——动补词组

(11) 再一个原因是没有缸沤菜，特别是城关附近，在敌人统治下几年来，大部缸被摧毁。经过大家回忆、酝酿，前几个月，采野菜，椿叶还找不到，更认识了今年秋景不行，还得指望菜，今年虽好收菜，也不能自满，还得准备明年春荒。（《人民日报》1947. 10. 25）——主谓词组

还有一种宾语也是由偏正词组构成的，但修饰语是由兼语词组来充当，结构稍显复杂，例如：

(12) 二月五日天津大公报载，该报特派员朱启平纽约通讯“美国八十届国会”称：美国中立舆论检讨对华政策，认为是两重的：……范登堡政策，是使美政府更远离使中国民主化的工作。(《人民日报》1947. 02. 20 )——由兼语词组充当修饰语的偏正词组

3. 句法功能及其他方面

第一阶段“更+动宾词组”在句中主要做谓语，除此以外还做宾语、补语和状语，以下各举一例：

(13) 这个景象更增加他们的恐怖。他们走过一个步哨的时候，心禁不住怦怦地跳，很担心他会把他们拦住，幸而步哨把他们放过去了。(巴金《家》)——谓语

(14) 另一方面评功后，要注意更鼓动英模与群众的联系，这样不仅可使英模不骄傲，同时不致使未立功的人灰心。（《人民日报》1948. 12. 05）——宾语

（15）另一方面，木兰会改变立夫的家庭生活，会使他多做逍遥之游，会使他的日子过得更富诗情画意，当然也许一切事情不那么条理井然。（林语堂《京华烟云》）——补语

（16）靖甫静静地躺在对面，呼吸虽然急促，却是很调匀。桌上的闹钟似乎更用了大声札札地作响。（鲁迅《弟兄》）——状语

本阶段其他的特点还表现在以下几个方面：

第一，“更+动宾词组”在句中可以充当兼语谓语的一部分，例如：

（17）“寂寞啊！”觉慧常常在房里叹息道，他不高兴再读新书报了，这只有使他更感到寂寞。于是他翻出那本搁置了许久的日记本，信笔在上面写了一些字。（巴金《家》）

“使他更感到寂寞”是兼语词组，“更感到寂寞”充当兼语“他”的陈说部分。甚至还有比上面更为复杂的情况，如：

（18）美帝的外强中干与国内危机山雨欲来的局面，使中国人民更充满信心去全部干净彻底地消灭蒋介石匪帮，促进全国新民主主义革命胜利的早日实现。（《人民日报》1948.05.20）

此例中兼语谓语“使中国人民更充满信心去全部干净彻底地消灭蒋介石匪帮”中还有一个由“去”引出的连动词组，结构更趋复杂。

第二，有些格式出现在了“比”字句中，如：

（19）听到这个计划，大赤包感到更大的兴趣，因为这比其他的事业更显得有声有色。她喜欢热闹。（老舍《四世同堂》）

（20）他一直在大厅里等她，是跟她一块儿进来的。他跟平常一样，也坐在老位子上。在昏暗中，他越发显得俊俏。他比以前坐得更挨近她。（老舍《鼓书艺人》）

（21）所有这些事实与美国出席联合国的首席代表奥斯丁的声明是不协调的，奥斯丁曾说：世界上没有一个国家比美国更忠于裁军事业。（《人民日报》1947.06.08）

(22) 踏了松树的影子，披了一身灰白的月光，他又穿过了松林，走到海边上去。寂静的海边上的风景，比白天更加了一味凄惨洁净的情调。(郁达夫《南迁》)

(23) 他觉得自然创造女人的时所付与女人的头脑之复杂，非男人的头脑之复杂所能及，使女人头脑这样复杂就是供母性之所急需，使女人的头脑和个性发展成功，能比男人的头脑更切合实际生活的需要。(林语堂《京华烟云》)

这种“比”字句主要是两种：一种是两体的某种不同程度的比较，例（21）是“世界上任何一个国家”和“美国”比较，例（23）是“女人的头脑”和“男人的头脑”比较；另一种是一体不同时段的比较，如例（20）和例（22），前者是“他现在”和“以前”相比，后者是“夜晚”和“白天”比较。这些“比”字句往往可以去掉比较的对象，句子仍然成立，但不如原句表意更明确。

第三，本阶段“更+动宾词组”格式中动词带时态助词的情况比较普遍，如：

(24) 这样韵梅就更觉着自己应当赶快爬起来干活，不能让客人替她操持一切。(老舍《四世同堂》)

(25) 我反复读了叔叔的“去国刚三月”之语，更了解了自己。(《冰心全集第二卷》)

(26) 她确是富有性感美的，体态丰盈，白嫩活泼，肩膀上带着一朵牡丹花儿，更提高了人对她青春的幻觉。(林语堂《京华烟云》)

这些时态助词主要是表示动作行为的实现或持续，有的可以去掉，如例（25）和（26）。有的时态助词不能去掉，如例（24），这里的“着”有完句的作用，如果去掉，就不成立了。“完句”指的是使句子完整，能够成立，“更觉着自己应当赶快爬起来干活，不能让客人替她操持一切”中的“着”也有这样的作用，如果去掉“着”就不成立，不能说“更觉自己应当赶快爬起来干活，不能让客人替她操持一切”。

第四，出现了介宾词组在这一格式前做状语的现象，例如：

（27）他们身上的肉已经变了颜色，火花一来便发出细微的叫声，而且一直在抖动。这时候观众们更满意地笑了。大家便把花炮更逼近玩龙灯的人的身体烧，他们想把那般人烧得求饶。（巴金《家》）

（28）当年死了女儿，他想娶个姨太太来安慰自己中年丧女的悲，给周太太知道了，生病求死，嚷什么“死了干净，好让人家来填缺，”吓得他安慰也不需要了，对她更短了气焰。（钱锺书《围城》）

这些介宾词组可以去掉，例如：

大家便把花炮更逼近玩龙灯的人的身体烧，……→大家便更逼近玩龙灯的人的身体烧，……

吓得他安慰也不需要了，对她更短了气焰。→吓得他安慰也不需要了，更短了气焰。

去掉以后句子的意思虽然没有变化，但表意上不如之前的明确。

第五，此期个别用例中出现了“更+动宾词组”与能愿动词搭配。当这一格式与能愿动词搭配时，能愿动词与程度副词的位置关系大致可以分成三种：一是可前可后，二是只前不后，三是只后不前。本阶段主要出现的是第一种，例如：

（29）蒋军虽企图当中使用兵力，寻求解放军主力决战，但在我军民处处包围打击下，将不得不分兵把守，使敌首尾不能相顾、那么能更利于我解放军随时歼灭敌人。（《人民日报》1947.10.02）

（30）他本来就是农村出身的，因为工作脱离了十来年，现在再返身到这里面，就更能体会这些感情，这是他在管理图书工作上所不能找到的。（丁玲《太阳照在桑干河上》）

（31）辛楣说柔嘉“煞费苦心”，也承她瞧得起这自己，应当更怜惜她。（钱锺书《围城》）

前两例是可前可后的情况，后一例能愿动词虽然出现在“更”的前面，其实此例也能放在“更”的后面，也可以说成“更应当怜惜她”。当然，不是此期考察到的所有动词都可以和能愿动词搭配，像

“是”“如同”“属”“变”“使得”“认为”等就不能。能够搭配的动词情况也不大相同，有的动词与能愿动词搭配时，能愿动词既可以放在程度副词前，也可以放在它后面，如“促进”“吸引”“了解”“接近”“赢得”等，这样的动词相对多一些；有的只能放在程度副词前，如“费”“符合”“便利”等；还有的只能放在程度副词后，如“说明”“奠定”“启发”等。

第六，这一阶段也有“更”的显性修饰关系与隐性修饰关系不一致的用例，如：

（32）六年不见，亚茜更显得和蔼静穆了，但是那活泼的态度，仍然没有改变。（《冰心全集第一卷》）

（33）夜还很黑，空中有些湿冷的雾气，心中更觉得渺茫。（老舍《骆驼祥子》）

这两例中“更”从表面看是修饰“显得”和“觉得”，但实际是修饰后面的“和蔼静穆”和“渺茫”。这两例我们可以变换成“显得更和蔼静穆”和“觉得更渺茫”，变换后修饰关系就更加明显了。

**（二）第二阶段**

*1. 动词方面*

在第二阶段的语料范围内我们考察到165个动词用于“更+动宾词组”格式，比第一阶段多了47个。此期动词中单音节的有22个，约占总数的13%，双音节的143个，约占87%。双音节动词的比重仍占绝对优势，而且比第一阶段上升了9%。本阶段与前一阶段不同的动词有83个，它们是：

保证 帮助 表示 表达 超越 创造 侧重 打开 打破 打动 耽误 带 达到 调动 富有 赋予 放 粉碎 感染 改变 慌 合 获得 花 坚定 加紧 激发 激励 接近 讲 记得 结合 拒绝 决定 急需 节约 解决 看重 开辟 开始 来 乐于 懒得 浪费 领会 明了 难以 配 亲近 曲解 欠 缺乏 缺少 认识 扰乱 适合 熟悉 伤 省 属于 体会 推向 推崇 提供 突出 违背 象 显 显露 形 削弱 享有 移近 要求 依赖 依靠 以为 增 注重 折磨 占 震动 阻碍

这些不同的动词中还是以双音节的占绝大多数，从感情色彩方面看，多数是中性词和褒义词。另外，此期动词中带时态助词的现象更加普遍，根据我们统计，在第一阶段的语料中有49个动词后出现了时态助词，到第二阶段有80个动词后出现了时态助词，而且时态助词主要是表示已然的“了”。带时态助词的数量增加主要是本阶段新增加了不少可以带时态助词的动词，如“保证”“打破”“改变”“调动”“阻碍”等。

按照是否受程度副词“更”修饰，此期的动词也可以分成A类和B类，具体见表2–2：

**表2–2　　第二阶段“更+动宾词组”格式的动词分类**

| 种类 | 数量 | 举例 |
|---|---|---|
| A类 | 64 | 熟悉 削弱 强调 适合 增强 乐于 减少 配 浪费 突出 |
| B类 | 101 | 成为 鼓舞 丧失 违背 限制 解决 赋予 引起 锻炼 讲 |

与用于“最+动宾词组”的动词一样，A类也可以分为语素感染类和语义隐含类。语素感染类如“靠近”“加深”“利于”等，语义隐含类除了表示［+态度］义（如“推崇”“感动”）、［+消长］义（如“浪费”“节约”“省”）、［+背顺］义（如“服从”“适合”“适应”）以外，还出现了［+突显］义动词，如“暴露”“突出”。

2. *动宾词组和宾语*

本阶段受“更”修饰的动宾词组语义类型又有一些发展。除了第一阶段已有的［+知晓］义、［+具有］义、［+消长］义、［+激发］义、［+变化］义、［+突显］义和［+促使］义以外，比较明显的变化是出现了一些表示［+背顺］义和［+态度］义的动宾词组，前者如“脱离日本的现实情况/违背真情实况”，后者如“着重学/讲信义/帮助我们/决定加快‘防止核扩散’交易的步伐/拒绝接见求见的政客”。同时，此期［+消长］义、［+突显］义和［+激发］义动宾词组的数量都比第一阶段有所增加。新增加的［+消长］义动宾词组如“花精力/欠详尽/增困难”；［+突显］义动宾词组如“显重要/显露其弱点”，［+激发］义动宾词组如“激励他们发扬吃苦耐劳和克服困难的优良作风/激发了人民反帝、反封建情绪的高昂”。

第二阶段这一格式中宾语仍然可以由多种成分构成，有名词、动词、形容词、代词、偏正词组、动宾词组、主谓词组、联合词组和连动词组 9 种，但种类要少于第一阶段。此期与前一阶段不同的有连动词组，例如：

(34) 心想，不叫我带这个头，哪会遭雨淋！这样一来，“我”字占了上风，更懒得到河东去了。(《人民日报》1966. 11. 21) ——连动词组

3. 句法功能及其他方面

第二阶段这一格式的主要句法功能仍然是做谓语，除此以外还可以做定语和状语。此期比较明显的变化是出现了做定语的用例，这在前一阶段的语料范围内没有发现，例如：

(35) 邯郸并不以她的众多的纺织品自豪，在去年大跃进的半年中，她又有了更值得自豪的伟大贡献！(国家语委现代汉语语料库)

(36) 难道还有比这更荒唐更违背理智的东西吗？要知道，每个人都很清楚，联合国和安全理事会，没有代表人类四分之一的人民中国，就不可能成为维护和平和保障安全的受人尊重的有效的机构。(《人民日报》1958. 08. 23)

此外，这一格式有时也出现在兼语词组中做兼语的陈说部分，例如：

(37) 周总理强烈的无产阶级感情，深深感染了我们，也使我们更懂得了自己工作的巨大意义。(《人民日报》1977. 01. 16)

(38) 试点社的经验也证明，在整风中重视整改，才能使群众更乐于提意见，畅所欲言，并愿意积极地参加辩论。(《人民日报》1957. 12. 01)

(39) 一九三八年底，为使学校教育更适应前线的需要，为了在战斗环境中更好地培养锻炼干部，在毛主席的抗大抗大，越抗越大的号召下，抗大根据党中央决定，派出一部分同志，奔赴晋察冀和晋东南。(《人民日报》1976. 12. 23)

例（39）不仅出现在兼语词组中，而且这个兼语词组还充当介词“为”的宾语，情况更加复杂一些。

其他主要的发展变化还体现在以下几个方面：

第一，“更+动宾词组”可以出现在“比”字句中，与出现在非“比”字句的用例相比，仍然占少数，但与第一阶段的18例相比（这里指不同的动词），此期的用例数是24例，数量有所增加，例如：

（40）他说，古巴人民“没有在帝国主义者的强权下屈服，在四年的英勇斗争中没有屈服，肯尼迪先生，我们现在比过去任何时候都更享有自由，我们这里是美洲的自由国土”。（《人民日报》1963.01.04）

（41）社论说，“美国必须意识到，假如它扩大对北越的轰炸，就将陷入严重局面。如果美国企图靠攻击北越来挽回它在老挝和南越的颓势，解决印度支那战争，那末，它必须认清，再没有比这更脱离现实的判断和政策了”。（《人民日报》1964.08.10）

（42）“打得好！打得好！你不单救回了妹妹，还显出了咱穷人的威风！你是一个真正的赤卫队员！比有一些男子汉更配当赤卫队员！”（欧阳山《苦斗》）

（43）墨西哥今天比以往历史上任何阶段都更依靠美国，这种情况给工人和人民带来严重的困难。（《人民日报》1956.08.11）

（44）美国反动派的思想家，企图欺骗人民群众，首先影响知识分子。他们努力造成一种印象，仿佛美国共产党人和进步的文化工作者是反对美国的一切文化，反对美国人民的一切传统的。再没有什么东西比帝国主义思想家们的这种伪造的论断更远离真理了。（《人民日报》1951.01.30）

这里“比”字句的类型与第一阶段是相同的，既有两体比较，也有一体两段比较。前者如例（42）是拿女赤卫队员和一些男子汉做比较；后者如例（40）是“我们现在”和“过去任何时候”相比，例（43）是“墨西哥的今天”和“以往历史上任何阶段”相比。

第二，此期与“更+动宾词组”共现的能愿动词也比第一阶段有所增多。第一阶段主要是“应当”和“能”，第二阶段主要是“可以”“会”

“能够”“应”“能”，例如：

(45) 现在社员没有什么重要事情都很少进城了，节省了很多劳力，可以更集中力量搞好农业生产。(《人民日报》1973.08.24)

(46) 说老实话，我的心情是很复杂的。即令在舞台上勉强能过得去的形象，在电影上往往会更显露其弱点。(《人民日报》1964.06.07)

(47) 我希望今后中国青年与全世界的青年能够更加强团结，并与全世界的青年一起，为建立一个和平、民主的新世界而奋斗。(《人民日报》1949.01.03)

(48) 所以在学社会发展史时，觉得学资本主义社会，共产主义社会还有兴趣，而前面的“从猿到人”“原始共产主义”就不愿学，认为那是白费时间，浪费精力，经过学习华北局决定后，才认识到社会发展规律从远古到现在是一个完整的发展过程，不能割开来学，不学前面的，也就很难学通后面的。当然对后面部分应更着重学，那是必要的。(《人民日报》1949.01.11)

(49) 但我们为要叙述这经济体系下所生的各种现象，和使一般能更明了这术语的概念起见，实有稍加申说的必要。(国家语委现代汉语语料库)

这一阶段的用例主要是能愿动词出现在程度副词前的情况。“更+动宾词组”与能愿动词组合的用例增多说明人们更加注重语气的委婉和主观意愿的表达。

第三，这一阶段“更+动宾词组”还出现在了反问句中，例如：

(50) 这还不算，男劳动力集体吃喝，引起女社员的不满，最后只好给她们每人分一斤粮食一斤豆圆场，这不是更减少了人口多的户的口粮吗？(《人民日报》1964.11.22)

(51) 革命、起义不解决问题，难道向“青天大老爷”叩头哀告反而更解决问题吗？(《人民日报》1966.02.28)

例(50)的反问句式实际上更加强了肯定的语气，而例(51)却是加强了否定的语气。这种情况使得“更+动宾词组”在形式上更加灵活、新鲜。

### （三）第三阶段

1. *动词方面*

在这一阶段的语料范围内，我们考察到 190 个动词用于“更+动宾词组”格式，比前一阶段多了 25 个，动词数量多是第三阶段比较突出的特点。此期动词中，单音节的有 25 个，约占总数的 13%，双音节的有 165 个，约占 87%。各种动词所占的比重与前一阶段基本相同。从三个阶段的统计结果看，单、双音节都可以进入这一形式，而且双音节动词占绝对优势。本阶段动、形兼类词更多了，像“便利”“巴结”“方便”“集中”“坚定”“密切”“明确”“亲近”“清楚”“深入”“突出”，例如：

（52）这样也可以更密切电视与喜爱戏曲的观众的关系。（《人民日报》1993.03.17）

（53）上海市民政局局长徐麟表示，邀请社会贤达为新人颁发结婚证书，是希望人们更加重视婚姻登记这一法定程序。“结婚当事人在婚姻登记现场评价法律的严肃和婚姻的神圣，能更明确自己在婚姻家庭中的权利、义务和责任”。（新华社 2004 年新闻稿）

（54）车门下有可自动伸缩的钢板，便于残疾人乘坐轮椅进入车内，车内设有专为轮椅设计的空间和安全带，更方便了残疾人乘车。（新华社 2004 年新闻稿）

（55）强降雨，温州、台州和丽水地区的水库蓄水位较高，高蓄水量使水库安全面临较大的压力。同时，14 号台风“云娜”还造成了水闸、堤防等水利设施的损毁，更突出了沿海海塘的安全问题。（新华社 2004 年新闻稿）

第三阶段的动词里有很多是三个阶段都出现的，如“便利”“暴露”“表明”“成为”“呈”“促进”“促成”“刺激”“带有”“富有”“符合”“费”“放”“服从”“感染”“鼓舞”“加重”“加深”“加强”“加剧”“觉得”“具有”“具备”“集中”“节省”“靠近”等，说明它们在各阶段的使用频率比较高。

本阶段与前两个阶段不同的动词有 71 个，它们是：

巴结 拔高 保护 抱 背离 呈现 催促 冲淡 超出 冲击 触犯 传达

摧残 摧毁 调动 断绝 对 带动 耽误 当作 点燃 方便 赋予 发扬 感染 关注 花费 耗费 具 给予 降低 解除 减轻 揭示 考虑 看好 连累 流行 密切 明确 磨 难免 偏向 缺失 欺负 守 深入 损害 擅长 贴近 贪图 体现 听从 凸显 歪曲 危害 习惯 享受 兴 引发 压缩 优化 宜 追求 掌握 主张 制约 照顾 征服 遵守 改变

此期有一些词是同义词，如“增强”“增加”“增长”“增添”，“加重”“加深”“加速”“加强”“加剧”，“缺乏”“缺少”“缺失”等。尤其是只在第三阶段出现的动词中很多也是这样，如“冲淡”和“冲击”，“摧残”和“摧毁”，“花费”和“耗费”等。可见，类推是第三阶段动词数量增多的主要途径。

按照是否受程度副词“更”的修饰，可以把此期的动词分成A类和B类，具体情况见表2-3：

**表2-3 第三阶段“更+动宾词组”格式的动词分类**

| 种类 | 数量 | 举例 |
|---|---|---|
| A类 | 76 | 拔高 冲淡 打破 善于 贴近 缺失 看好 减轻 降低 偏重 |
| B类 | 114 | 帮助 背离 呈现 冲击 激发 损害 压缩 欠 带动 摧毁 |

A类中语义隐含类的类型基本没有变化，主要是表示［+态度］义、［+背顺］义、［+消长］义和［+突显］义的，不过数量上都有所增加。此期表示［+态度］义的如“巴结”“关注”“偏向”等，表示［+背顺］义的如“符合”“服从”“适合”“适应”等，表示［+消长］义的如“费”“节约”“节省”等，表示［+突显］义的如“突出”“流行”“暴露”等。

2. 动宾词组和宾语

第三阶段受“更”修饰的动宾词组语义类型主要是10种，具体见表2-4：

**表2-4 第三阶段动宾词组语义类型**

| 语义类型 | 举例 |
|---|---|
| 消长义 | 花费了译者不少心血 / 耗费体力 / 解除了技术受让方的顾虑 / 欠准确 / 增加了艾滋病的恐怖气氛 / 增长了一份与艺术有关的见识 / 解决问题 / 压缩了老百姓的生利空间 / 加剧了清淡市况 / 缺失文明 / 增添趣味 |
| 态度义 | 追求生活质量的提高 / 主张由人民直接管理 / 帮助周作人扩大了影响 / 保护了我们工作的秘密性 / 享受站在跳板上的感觉 |

续表

| 语义类型 | 举例 |
|---|---|
| 具有义 | 带排他性／具创意性和艺术性／具有中土风采／带有业务重组色彩／具备法律依据／享有信誉／有价值 |
| 突显义 | 呈现供不应求的态势／表明了香港车手的强大实力／见明显／凸显了它的典雅高贵/显得捉襟见肘、千孔百疮／显示了他卓越的才能和高度成就／呈异彩 |
| 激发义 | 引起了古代民众对神鬼的畏惧／鼓舞了刀美兰的心情／启发了我／激发了广大市民治理环境、控制污染的热情／激励我自己／引发了各大媒体关于"中国是否进入加息通道"，"什么时候会再次加息"的讨论 |
| 损害义 | 伤他的自尊／侮辱人格／损害了本地公务员继续留任、服务香港的决心／折磨人／摧残人的灵魂／摧毁人／欺负人／危害身心健康／影响了移动通信的扩容计划 |
| 变化义 | 改变了人们学习的方式／成为唯一的书籍抄写、印刷材料 |
| 背顺义 | 背离事实真相／脱离群众的需要／对我口味 |
| 促使义 | 促进了两国在各领域的合作／促成了三居室的到手／使得读者对野蛮的包身工制度产生无比的仇恨／促使企业以质量立业，创优质名牌 |
| 知晓义 | 体会了组织者的苦心／知道怎么打击本土的罪犯和极端分子/感到无法忍受／觉揪心／懂得支持和扶助艰难中的女性／觉得自豪 |

与第二阶段相比，此期还出现了一些表示［+损害］义的动宾词组，并且有些语义类型的数量都有所增加，如［+消长］义、［+突显］义和［+激发］义。

第三阶段这一格式中宾语的构成仍然比较丰富，共有 10 种成分可以充当宾语，具体包括名词、动词、代词、形容词、定中词组、动宾词组、主谓词组、状中词组、同位词组和联合词组。其中同位词组做宾语的前两个阶段没有发现，例如：

（56）可是，这无疑又是我的耻辱。难道我能靠一个女人的姿色来过比较温饱的生活？来"念书"？这样做，我就更降低了我自己。"不！"我重复地说，"不！我们还是结婚吧，我不能让你那样做！我们还是结婚吧……"（张贤亮《绿化树》）

与前两个阶段相比，此期有些宾语的结构更加复杂，形式更长，例如：

（57）与原始社会的陶器相比，商代工匠们更善于选择装饰部位，也更善于在不同的装饰部位进行不同的修饰。（阴法鲁《中国古

代文化史》)

(58)演员更需要掌握一整套表达人物感情的内在心理的技巧，能够迅速进入角色，使自身形象与角色和谐地统一起来。(《中国儿童百科全书》)

前一例中动词“善于”的宾语是“在不同的装饰部位进行不同的修饰”，它是一个复杂的偏正词组，“在不同的装饰部位”是介宾词组做修饰语，中心语是动宾词组“进行不同的修饰”，其中宾语又是一个定中词组。后一例中动词“需要”的宾语是复杂的动宾词组，其中“需要”是动词，“一整套表达人物感情的内在心理的技巧”是宾语，宾语又是由复杂的定中词组构成，这个定中词组有多个修饰语，如“一整套”“表达人物感情”“内在”和“心理”。因此说，这两个用例的宾语构成都比较复杂，在形式上也较长。这样的宾语虽然结构复杂，但能使句子表意精密而周全。

3. 句法功能及其他方面

第三阶段“更+动宾词组”在句中还是以做谓语和定语为主，除此以外，也可以做状语、补语和宾语，但这样的用例比较少。此期它还可以与助词“的”组合构成“的”字词组做主语，而前两个阶段比较少见，例如：

(59)更值得注意的是，随着中国含义的变化发展，从原来中国与夷狄对举的关系中，派生出“蕃汉”对举的新关系来。(阴法鲁《中国古代文化史》)

(60)某环保部门在我们工厂门口设了个收费停车厂，我们也不说什么，但更欺负人的是，他们自己部门组织卫生检查时，发现停车厂卫生差，要罚款，钱却要让我们企业出！(《人民日报》1992. 12. 19)

这说明它的句法功能仍有所发展。

本阶段这一形式也可以出现在“使……更+动宾词组”结构中，它充当兼语谓语的陈说部分，例如：

(61)与有人驾驶飞机相比，现代无人机小巧灵活，成本低，遇到机毁时没有人亡的危险等，使它们更适合承担高度危险的任务，起到有人驾驶飞机起不到的作用。(《中国儿童百科全书》)

（62）金波他们把顾养民打了一顿，反而使郝红梅更挨近了顾养民。也许他们两个分析过养民挨打的原因——金波心再残，也不会平白无故打人，唯一的可能就是因为郝红梅。（路遥《平凡的世界》）

（63）莱卡曾被欣喜不已的人们称为神奇的纤维，冠之以埃及狮身人面像"斯芬克斯"的名字，这使它更添神秘感。（包铭新《时髦辞典》）

到第三阶段，"更+动宾词组"的组合能力更加完备了。

本阶段其他的发展变化主要表现在以下几个方面：

首先，"更+动宾词组"出现在"比"字句中的数量与前两个阶段相比上升的趋势更明显，达到了31例，例如：

（64）他看着孩子那副逗人怜爱的笑靥，再没有人比他更熟悉那副好玩儿的表情了，他有点不相信这竟然不是他的儿子。（海岩《玉观音》）

（65）在这种背景下，许多国家比以往任何时候都更依靠联合国，希望加强联合国的作用。（新华社2004年新闻稿）

（66）因此，法拉利显然具有很大优势：这里是他们的主场，有谁比他们更了解自家后院呢？（新华社2004年新闻稿）

此期的"比"字句仍然是一体两段比较和两体比较这两种，类型上虽然没有更多的变化，但数量上却在不断增加。另外，本阶段的"比"字句不但可以用于陈述句，还可以用于反问句中，如例（66）。我们认为，这种情况既可以使语气强烈、富于变化，又有肯定和突出强调"比"后面所说对象的作用。如果我们把此例变换成陈述句，就成了"这里是他们的主场，他们比任何人都更了解自家后院。"语气平淡，而且远不如原句的表达效果好。"比"字句增多的原因可能与比较句结构的变化有关，也就是说，随着语言的发展，人们越来越趋向于使用"比……更……"的结构形式，因为这种句式的特点是表意明确，而且能用较简洁的语言表达丰富的内容。

其次，第三阶段还出现了一些"更+动宾词组"与副词"反而"连用的现象，例如：

（67）事实证明，这种"私了"十有八九遂不了"私了"的心

愿，也达不到“私了”的目的，反而使事态扩大，祸及他人，更危害自己。(《人民日报》1996.10.15)

(68) 工装裤原本是男装，但现在反而更受女性青睐。(包铭新《时髦辞典》)

(69) 如果按过去的管理模式，这一优化方案要经过主管局、部委层层报批、审定，有时反而更花时间。(《人民日报》1995.01.23)

“反而”表示与前面的意思相反，或表示出乎意料。“更+动宾词组”格式与副词“反而”连用经常出现在比较对象不出现的句子里，这样能进一步突出和强调“更+动宾词组”所表达的内容。

## 三 小结

各阶段用于“更+动宾词组”格式的动词数量及百分比情况见表 2-5：

**表 2-5 各阶段动词的数量及百分比**

| 时间段 \ 数量及百分比 | 总数 | A 类 | | B 类 | |
|---|---|---|---|---|---|
| | | 数量 | 百分比 | 数量 | 百分比 |
| 第一阶段 | 118 | 43 | 36% | 75 | 64% |
| 第二阶段 | 165 | 64 | 39% | 101 | 61% |
| 第三阶段 | 190 | 76 | 40% | 114 | 60% |

从表 2-5 可以看出，从第一阶段到第三阶段，动词的数量不断增加，呈上升型变化，如图 2-1 所示：

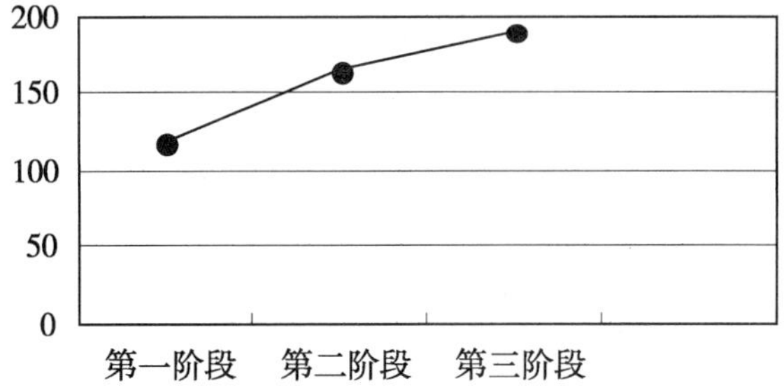


**图 2-1 各阶段动词数量变化趋势**

总体来看，三个阶段动词数量的变化是稳中有升。

A类动词和B类动词的数量也呈不断增加的趋势，但就它们所占的比重来看，A类是呈向上型发展，B类是呈向下型发展。

从三个阶段的考察结果看，能用于“更+动宾词组”的动词数量比较多，单、双音节的动词都可以用于这一格式，但以双音节为主。这些动词中绝大多数是表示积极意义的动词，像“蒙蔽”“恐吓”“埋怨”“虐待”“批评”“歧视”“排挤”等表示消极意义的词一般就不能用于这一形式了。

“更+动宾词组”在各阶段的其他情况见表2-6：

**表2-6 各阶段其他方面情况**

| 具体情况<br>时间段 | A类动词主要的语义类型 | 宾语的构成 | 动宾词组主要的语义类型 | 此格式的句法功能等情况 |
|---|---|---|---|---|
| 第一阶段 | 态度义<br>消长义<br>背顺义 | 名词、动词、形容词、代词、联合词组、偏正词组、数量词组、比况词组、动宾词组、动补词组、主谓词组 | 知晓义<br>具有义<br>消长义<br>变化义<br>突显义<br>激发义<br>促使义 | 可做谓语、宾语、补语、状语和兼语谓语的陈说部分，能用于“比”字句 |
| 第二阶段 | 态度义<br>消长义<br>背顺义<br>突显义 | 名词、动词、形容词、代词、偏正词组、动宾词组、主谓词组、联合词组和连动词组 | 知晓义<br>态度义<br>背顺义<br>具有义<br>消长义<br>变化义<br>激发义<br>促使义<br>突显义 | 可做谓语、定语、状语和兼语谓语的陈说部分，用于“比”字句的数量增加，与它组合的能愿动词的数量也在增加，可以用于反问句 |
| 第三阶段 | 态度义<br>消长义<br>背顺义<br>突显义 | 名词、动词、形容词、代词、偏正词组、动宾词组、主谓词组、状中词组、同位词组和联合词组 | 态度义<br>消长义<br>突显义<br>背顺义<br>具有义<br>激发义<br>损害义<br>促使义<br>知晓义<br>变化义 | 可做谓语、宾语、定语、状语、补语和兼语谓语的陈说部分，与助词“的”组合构成“的”字词组做主语，与“反而”连用的情况较常见 |

A类动词的语义类型基本上没有发生太大的变化，只是在第二阶段增加了表示［+突显］义的动词。受程度副词修饰的动宾词组语义类型一直比较丰富，总共有10种可以用于这一格式，因此说，它的范围还是比较宽的。从各阶段的情况来看，在第二阶段增加了［+态度］义和［+背

顺］义，第三阶段增加了［+损害］义，语义类型的范围不断扩大。这种格式中宾语的构成在第一阶段表现得更为多样，共有 11 种，而第二阶段和第三阶段分别有 9 种和 10 种。“更+动宾词组”的句法功能到了第三阶段更为完备，可以充当谓语、宾语、定语、状语、补语 5 种句子成分，还可以与助词“的”组合构成“的”字词组做主语。

总之，经过考察我们发现，“更+动宾词组”格式虽然到了近代汉语才逐渐增多，但在现代汉语的第一阶段就发展得比较成熟。此后它也没有出现消退的趋势，即使各阶段发展得比较平缓，而总体发展态势是上升型发展的。

## 第二节 “越发”+动宾词组

### 一 “越发”简介及这一格式的历史考察

“越”本为动词，义为“度过”“跨过”，《说文·走部》：“越，度也。”“越”的这种用法在上古时期已出现。“越”由“度过”“跨过”义引申出“超越”“胜过”义，到宋代逐渐虚化为表示程度的副词。[①]“越发”表示程度进一步加深，可用于比较句，与之比较的事物须具有一定的同质程度，它应是程度副词“越”和“发出”义动词“发”构成的复合，“发”在“越发”之中的实词意义已经消失。张家合认为：“程度副词‘越’产生以后不仅使用频率很高，而且还有很强的构词能力。近代时期‘越’构成的程度副词有‘越发’‘越更’‘越加’‘越是’‘越样’‘越益’和‘越越’等。这些词中的多数成员使用频率不高，范围有限，在使用过程中逐渐消亡。不过，‘越发’却是例外，它在近代汉语中使用频率很高，一度成为表达‘更加’义最常用的程度副词之一。”[②]“越发”在近代大量使用，出现频率较高，但到了现代汉语阶段据《现代汉语频率词典》统计，“越发”的使用频率在常用的程度副词中基本上是最低的。“越发”是书面语词，主要的用法就是修饰形容词和动词词组，而且

① 张家合：《程度副词“越”、“越发”的语法化及相关问题》，《汉语学习》2010 年第 5 期。

② 同上。

被修饰成分多数是表达消极的语义内容。

据《虚词历时词典》注释，程度副词“越发”最早的用例出现在元代，所以说，在古代汉语中没有“越发+动宾词组”的用例。明清时期这一形式出现得就相对普遍一些了，明代的用例主要的类型有以下两种：

1. 越发+动（了）+名词/定中词组

（1）陈都督看见又添一员番将，越发抖擞精神，左来左杀，右来右杀，便杀得好。(明《三宝太监西洋记》)

（2）王明又请先去，老爷道：“王克新之功第一，记录司明白记来。”王明听知道记功第一，越发有了兴头，一毂碌土囤而去，抬起头来，恰好的又是一个国。(明《三宝太监西洋记》)

（3）吃完酒饭，进到上房西间，看得铺陈齐整，帏帐鲜明，摆设完备，越发忘了那被打之羞。(明《醒世姻缘传》)

（4）宗举人对金亮公道：“这是侯小槐，因是处过紧邻，所以还来坟上致祭，这不显得先生越发是个小人了!”(明《醒世姻缘传》)

2. 越发+动+主谓词组（+了）

（5）云幕哞看见又是个数珠儿，越发晓得这个变化不测，心上着实害怕。(明《三宝太监西洋记》)

（6）因他不辞而去，越发知他是怪，那国王即着多官看守着假老虎不题。(明《西游记》)

（7）“可怪那个媳妇拙口钝腮，只会短了个嘴怪哭，不会据了理合人折辩，越发说他是贼人胆虚了。”(明《醒世姻缘传》)

到了清代，这样的用例更加丰富，主要的类型有：

1. 越发+动（了）+名词/定中词组（+了）

（8）薛姨妈来看，黛玉不见宝钗，越发起疑心，索性不要人来看望，也不肯吃药，只要速死。(清《红楼梦》)

（9）薛蟠也实不能下手，只得乱闹了一阵罢了。如今习惯成自

然，反使金桂越发长了威风，薛蟠越发软了气骨。（清《红楼梦》）

（10）不料诚夫似乎有甚心事一般，很怕她问起自己的家事，便是对答之间，也处处显出支吾忐忑的情状。这一来，越发增加了春瑛的疑心。（清《八仙得道》）

（11）两女见说，越发当作一件新闻奇事，忙说："这里没有外人，你快说。我们决不坏你的事。你放大胆子讲就是了。"（清《八仙得道》）

（12）春瑛听了这番报告，更回想到四个小孩分娩时的梦景，并又想起从前的种种疑点，把几个问题合并起来，越发造成一个总疑案。（清《八仙得道》）

（13）又一个解役道："你再晓得修养里头的元妙，你越发像个人了。现见他道衣、道冠，自然是个会运气的人。"（清《绿野仙踪》）

这种类型的用例中有的宾语还出现了数量词组或量词，如例（11）、例（12）和例（13）。

2. 越发+动+主谓词组

（14）月英因见眼前姊姊们一个个生得有才有貌，偏都为名利所拘，一些自主的力量都没有，越发感觉人世间名利两字，真是无形的桎梏，伐性的斧斤，最是可畏可怕的东西。（清《八仙得道》）

3. 越发+动+状中词组

（15）并因自己有了银子足支生活，更用不着大姑了，觉得这可恶的媳妇留在身边总似多了一个眼中之钉，越发思量要撵她出去。（清《八仙得道》）

4. 越发+动+动宾词组

（16）那姑娘穿了这一身缟素出来，越发显得如闲云野鹤一般，有个飘然出世光景。（清《儿女英雄传》）

5. 越发+动+连动词组

（17）大姑心怜丈夫为己受累，也甚愿他早离乡井。古书生此时越发决定去到外面碰碰机会。（清《八仙得道》）

我们发现，清代这一形式有了进一步发展，结构类型更加丰富，不过后三种类型的数量都比较少。明清时期“越发+动宾词组”的功能主要就是做谓语，在我们考察的语料范围内没有出现做其他成分的情况。

总之，考察显示，“越发+动宾词组”出现得相对较晚，在明清时期才比较常见，句法功能也相对单一。

## 二 现代汉语各阶段考察

### （一）第一阶段

1. 动词方面

在这一阶段我们考察到用于“越发+动宾词组”的动词数量比较少，共有25个，它们是：

巴结 帮助 暴露 成 触动 抖擞 得 打点 感到 觉得 接近 加紧 加深 离开 抛弃 缺乏 起 显 显得 像 需要 有 值得 增加 长

这些动词中单音节的有7个，约占总数的28%，双音节的18个，约占72%。虽然单、双音节的动词都可以进入这一格式，但双音节的比重较大。

按照是否受“越发”的修饰，这些动词可以分成A类和B类，具体情况见表2-7：

表2-7 第一阶段“越发+动宾词组”格式的动词分类

| 种类 | 数量 | 举例 |
|---|---|---|
| A类 | 9 | 暴露 接近 加紧 加深 缺乏 像 需要 值得 |
| B类 | 16 | 帮助 成 触动 抖擞 感到 离开 抛弃 显得 有 长 增加 |

B类比A类的数量稍多，A类中没有出现加缀式形素感染类，只出现了复合式形素感染类，如“接近”“加紧”“加深”。语义隐含类主要的

语义类型有［+消长］义（如“缺乏”“需要”）和［+态度］义（如“巴结”）。

2. 动宾词组和宾语

第一阶段受“越发”修饰的动宾词组主要的语义类型有4种，它们的具体情况见表2-8：

**表2-8 第一阶段动宾词组语义类型**

| 语义类型 | 举例 |
|---|---|
| 消长义 | 长了本事／增加了他的神秘 |
| 突显义 | 显着痕迹／显得焦躁不安／起了疑心 |
| 知晓义 | 觉得味美／感到兵力不足 |
| 具有义 | 有力量／得了西太后的信用 |

此期“越发+动宾词组”格式中宾语可以由名词、形容词、偏正词组、主谓词组和连动词组来充当，以下各举一例：

（1）他沉默的时候儿多，说话也不干脆爽快，有时话说了再说一遍，好像要看看自己的话说对了没有，由于父亲的严厉，他更觉得受到压抑，越发缺乏自信。（林语堂《京华烟云》）——名词

（2）这一带没有什么铺户，可是远处的炮声还继续不断，时时的在黑空中射起个双响或五鬼闹判儿。火花散落，空中越发显着黑，黑得几乎可怕。（老舍《骆驼祥子》）——形容词

（3）副机长张受益上尉说：“我为了反对内战而来，今天恰好一个月，这一个月的时间，越发加深了我对延安的爱慕。”（《人民日报》1946.07.30）——偏正词组

（4）凤凰的话说出来，大家越发觉得这件事不是寻常，暗香，在大家眼里看来，是老天爷赏下来伺候木兰的。（林语堂《京华烟云》）——主谓词组

（5）一个合法的妻子的地位当然是极其分明，若是有一个“副妻子”，就如同总统职位之外有一个副总统，这个总统的职位就听来更好听，也越发值得去做了。（林语堂《京华烟云》）——连动词组

本阶段的宾语多数是名词性词语，而且宾语中一般不出现数量词组。

3. 句法功能及其他方面

第一阶段“越发+动宾词组”在句子中主要做谓语，例如：

(6) 人对着松树是不会失望的，它能给人一种兴奋，虽然树上留着许多枯枝丫，看来越发增加它底壮美。(许地山《先农坛》)

(7) 太阳煌煌的照着，长安越发觉得眼皮肿得抬不起来了，趁他不在看她的时候把话说了罢。(张爱玲《金锁记》)

也有做其他句子成分的时候，像宾语，但用例很少，例如：

(8) 假若我们缩小自己的机构，使兵精政简，我们的战争机构虽然小了，仍然是有力量的；而因克服了鱼大水小的矛盾，使我们的战争的机构适合战争的情况，我们就将显得越发有力量，我们就不会被敌人战胜，而要最后地战胜敌人。(《毛泽东选集第三卷》)

本阶段其他方面的特点还有：

第一，这一格式中，动词后带时态助词比较普遍，据我们统计，有12个动词后出现了时态助词，如：

(9) 家树也觉得寿峰说的话，有点尴尬；接上秀姑听了这话，又躲避开去，越发显着痕迹了。(张恨水《啼笑姻缘》)

(10) 这样一成功就越发有了勇气，那个姓江的又说一个故事引大家发笑。(林语堂《京华烟云》)

这些时态助词有的不能去掉，如例（9）。这里的“着”有完句的功能，也有使结构对称，韵律和谐的作用。如果去掉“着”，就成了“显痕迹”，句子便不成立了。另外，从韵律的角度看，如果去掉时态助词，就变成了“1+2”的格式，读起来不顺口，而且节奏感也不强。但有的时态助词可以去掉，如例（10）。这里的时态助词主要是表示动作已经完成，去掉以后，句子仍然能够成立。

第二，“越发+动宾词组”格式还有宾语后面带助词“了”的情况出现，如例（5）和例（9）。这里的“了”比较复杂，例（5）中“越发值得去做了”句末的“了”是语气词，表示事态变化的实现，这个“了”一般可以去掉，去掉以后句子仍然能够成立。例（9）中“越发显着痕迹了”句末的“了”相当于吕叔湘先生所说的“$了_2$”[①]。它是助词，主要是肯定事态出现了变化或即将出现变化，有成句的作用。这个“了”一般不能去掉，去掉以后就会感觉话没有说完。这种用例在此期虽然不多，但也体现了“越发+动宾词组”格式的一个特点。

第三，这一时期还出现了“越是……越发+动宾词组（……越发/越）”和“介宾词组+越发+动宾词组”结构，如：

（11）但这并不是说我们可以高枕无忧，或丝毫放松解放区的民兵武装与治安工作，如象有些同志所想的：“革命快胜利了，武装工作可以不要了”；相反，革命越是接近胜利，敌人也将越发加紧其无耻的破坏活动，民兵武装与治安工作也就越发需要加强。（《人民日报》1948.11.30）

（12）金融寡头们用旧日伪造的、假善的民主方法去维持其权力越是困难，群众们就越发想要“知道”底细，因而他们就越能看穿了欺诈的西洋景并努力于去保护他们的基本合法权利，于是乎帝国主义者也就越发抛弃了民主礼仪的讨厌的假面具，并诉之于公开的镇压，甚至正式废除人民的民主权利。（《人民日报》1948.10.27）

（13）木兰和莫愁向他脸上仔细看了看，不由得微笑了一下儿。这是因为昨天她们听说又看见他之后，对他越发有兴趣的缘故。（林语堂《京华烟云》）

前两例都是“越发+动宾词组”出现在倚变关系的复句中。所谓“倚变关系”指的是后面的情况随前面情况的变化而变化的关系，如例（11）中正是因为前面出现了“革命越发接近胜利”的变化，所以才引起了后面“敌人也将越发加紧其无耻的破坏活动，民兵武装与治安工作也就越发需要加强”这样的变化。我们发现，“更+动宾词组”则不能用于这样的复句，如：

---

① 吕叔湘：《现代汉语八百词》，商务印书馆1999年版，第351页。

相反，革命越是接近胜利，敌人也将越发加紧其无耻的破坏活动，民兵武装与治安工作也就越发需要加强。→＊相反，革命越是接近胜利，敌人也将更加紧其无耻的破坏活动，民兵武装与治安工作也就更需要加强。

究其原因，我们认为，程度副词“越发”表示程度因某一情况或时间的推移而加深，语义中蕴含倚变的特征，所以“越发+动宾词组”能够用于倚变关系的复句。程度副词“更”虽然也能表示程度加深，但它的语义中没有倚变的特征，更多的是暗含原来就有一定程度的意思，所以“更+动宾词组”不能出现在这样的复句中。

例（13）是“越发+动宾词组”前出现介宾词组的用例，“对他”是介宾词组，用来引出动作实施的对象。这样的现象在第一阶段不是很多。

第四，个别用例存在“越发”的显性修饰关系与隐性修饰关系相背离的情况，如：

（14）走了约摸十五里地之后，那只骡子越发显得焦躁不安，常常停下来，直喘气，肚子两侧时时鼓胀收缩。（林语堂《京华烟云》）

（15）一天，风雨潇潇，越发觉得苦闷。（国家语委现代汉语语料库）

（16）我一面爬起来扣着衣纽，听着这样的歌声，越发感到岑寂。（艾芜《山峡中》）

从表面上看“越发”修饰的是后面的动宾词组，但实际上它修饰的是“焦躁不安”“苦闷”和“岑寂”，这几个例子可以变换成：

越发显得焦躁不安 → 显得越发焦躁不安
越发觉得苦闷 → 觉得越发苦闷
越发感到岑寂 → 感到越发岑寂

所以说，“越发”的显性修饰关系与隐性修饰关系不一致。

第五，还出现了“越发+是+宾语”这样比较特殊的格式，如：

(17) “做小老婆当使女都是世界有的事，听高工作员说自己找男人越发是世界上有的事！难道世界上有的如意事没有我，倒霉事就都该我做一遍?”（《人民日报》1948. 10. 16）

这里的“是”属于动词，不能去掉，否则句子就不成。我们认为，此例中的“越发”类似于表示特别突出的副词“更”，相当于“尤其”，常出现在表示递进关系的复句中，虽然从形式上看，这与我们探讨的格式相同，实际上却是不同的。表示程度加深的“越发”后面带动词“是”构成的动宾词组很少，即使是后面两个阶段也是如此，原因主要是：动词“是”在语义中一般没有“性状义”，不能受程度副词修饰，所以这种格式比较少见。而我们常见的“越发是……”与这里所说的不是一种，例如：

(18) 哪里是“后顾复茫茫”呵，哪里想得到“前瞻”至今日，竟会是这样子的“亮堂堂”！而重要的正在于虽然他说的是“励志在淡泊”，而实在是，真个是，越是这样想，越是这样做，却就越发是“壮志万丈长”的呵！（《人民日报》1996 年 8 月）

上例“越发是”中的“是”属于副词，表示肯定的语气，可以去掉，句子仍然能够成立。因此，这样的形式需要我们仔细判断。

**(二) 第二阶段**

*1. 动词方面*

这一阶段用于“越发+动宾词组”的动词有 45 个，比第一阶段增加了 20 个。只在本期出现的动词只有 4 个是单音节的 41 个双音节，这些动词中单音节的比重比第一阶段下降了 17%，双音节的增加了 17%，说明双音节动词的比例越来越大。此期与第一阶段不同的动词有 38 个，它们是：

暴露 表现 促进 仇视 懂得 毒化 鼓舞 鼓励 巩固 怀 加大 加剧 加重 加强 坚定 具有 进行 了解 冒 缺 认为 认定 失去 说明 提高 脱离 维护 显示 吓唬 引起 要求 有 依赖 证明 证实 增强 增添 助长

其中有些仍然是同义词，如“加大”“加剧”“加重”“加强”，“鼓舞”“鼓励”，“认定”“认为”，“证明”“证实”，“增强”“增添”，这说明类推机制在这里也为增加新词起到了重要作用。

此期的动词既有 A 类动词，也有 B 类动词，具体见表 2-9：

表 2-9 第二阶段“越发+动宾词组”格式的动词分类

| 种类 | 数量 | 举例 |
| --- | --- | --- |
| A 类 | 16 | 加强 提高 缺 毒化 增强 了解 仇视 巩固 |
| B 类 | 29 | 表现 促进 鼓舞 具有 说明 脱离 引起 助长 证明 显示 |

A 类中仍然没有加缀式形素感染类动词，但语义隐含类中出现了动、形兼类词，如“巩固、坚定”，例如：

(19) 敌人对我们民主主义人民共和国的突然的进攻，不仅削弱不了而且越发巩固了在工农联盟的基础上团结起来的朝鲜人民的统一的意志和战斗力量。(《人民日报》1953. 06. 25)

(20) 我们当时是为哪一个阶级培养接班人，执行的是一条什么路线，不是十分清楚吗？想到这些，我越发坚定了教好这批工农兵新学员的决心。(《人民日报》1973. 05. 09)

语义隐含类主要的语义类型有［+消长］义（如“增加”“加剧”）、［+态度］义（如“仇视”“维护”）和［+背顺］义（如“依赖”），比第一阶段增加了［+背顺］义的类型。

2. 动宾词组和宾语

这一阶段受“越发”修饰的动宾词组主要的语义类型有 5 种，具体见表 2-10：

表 2-10 第二阶段动宾词组语义类型

| 语义类型 | 举例 |
| --- | --- |
| 消长义 | 助长了克里姆林宫扩张的气焰 / 失去信心 / 增添了影片的民族风格 / 增加帝国主义发动侵略战争的困难 |
| 激发义 | 引起我的惊讶 / 鼓舞了我们对自己加紧根本改造的迫切愿望和要求 / 鼓励张德庆：“再努一把力，就成功了！” |
| 突显义 | 显得险恶 / 显示它的灿烂光辉 |
| 具有义 | 怀着敬佩的心情 / 有成效/ 具有群众性和普遍性 |
| 知晓义 | 感到自己思想、工作上的差距 /觉得这个东西的宝贵 / 认为北方领土是它本国的领土 / 懂得了“农村是一个广阔的天地，在那里是可以大有作为的” |

与第一阶段相比，语义类型增加了［+激发］义。［+具有］义和［+知晓］义前一阶段虽然也出现了，但比较少，到第二阶段它们的用例都有不同程度的增加。

本阶段“越发+动宾词组”中宾语的构成成分逐渐丰富，名词、动词、形容词、代词、定中词组、状中词组和主谓词组都可以充当宾语。与第一阶段相比，此期没有出现连动词组做宾语，但新出现了动词、代词和状中词组做宾语，以下各举一例：

（21）公社化后，生产是大规模的集体劳动，农业生产的时间性很强。因此，商业部门的物资供应方式也越发需要改善；如果仍然采取过去那样销售、送货到门的供应方法，已经与当前农业的发展不相适应了。（《人民日报》1960.08.20）——动词

（22）奸商看我害怕，就越发吓唬我：“你说了就得枪毙，不如不说混过去。”我也是这种想法。（《人民日报》1952.04.12）——代词

（23）这时，农民越发要求把劳动力组织得更合理，更加集体化，而随着生产的更加集体化，也要求生活的集体化。（《人民日报》1960.06.14）——状中词组

3. 句法功能及其他方面

第二阶段“越发+动宾词组”与第一阶段充当句子成分的情况相同，在句中主要做谓语，也可以做宾语，不过还是较少。此期比较明显的变化是这一形式常在兼语谓语中做兼语的陈说部分，例如：

（24）在推广兴隆峡灌区的先进经验中，各地都注意结合总结当地合理用水经验，使合理用水越发有成效，平遥县城关公社小沿、桥头等管理区，总结出群井汇流，合流引水浇远地、高地的经验后，全县高地灌溉面积扩大到十一万亩。（《人民日报》1960.03.16）

（25）黄达这么一声惊叫，使姚月琴越发觉得这个东西的宝贵，在黄达伸过手去的时候，姚月琴连忙缩回手去，跑开两步，把小手枪重新包到花格子手帕里面，放进衣袋，赶忙把衣袋上的钮扣扣好。（吴强《红日》）

(26) 尽管美国财政部急忙发表声明说，这个报告并不反映国会多数人的意见。但是，这个报告的公开发表，却使人们对美元越发失去信心。(《人民日报》1971.08.12)

对于这样的现象前文已经提到，这里就不再重复了。

第二阶段的发展变化还表现在以下几个方面：

其一，此期动词后带时态助词的情况继续增加。根据统计，这样的用例达到了21个，比第一阶段增加了9个，例如：

(27) 沿着湖边这里是林黛玉和史湘云中秋月夜品笛联句的凸碧堂和凹晶馆，那里是惜春作画的藕香榭……我深深地沉醉在这优美的园林艺术里了，对于作家曹雪芹越发怀着敬佩的心情。(《人民日报》1961.11.01)

(28) 山角下，清澈的溪水悠闲地流着，小溪边，盛开着黄色的迎春花，和夹竹桃亲密地拥抱在一起，照在水里的倒影，越发增添了她们的美丽。(《人民日报》1952.06.02)

这里的时态助词仍然是两种，一种有完句的作用，不能去掉，如例(27)；一种可以去掉，意思不变，如例(28)。

其二，“越是……越发+动宾词组”结构出现了多样化。除此以外，还有“越……越发+动宾词组”和“愈是……越……越发+动宾词组”，例如：

(29)“队里并没有布置”的事情越多，越发说明这里的干部比较深入细致地全面贯彻了党的政策，真正把群众的劳动积极性调动了起来，而并不是说队里对生产等各项工作毫无布置。(《人民日报》1961.01.18)

(30) 杨蕴玉指出，民族独立和民主自由的斗争是保卫世界和平事业的一个极其重要的方面，这个斗争愈是广泛发展，就越能削弱帝国主义的力量，束缚帝国主义的手足，就越发增加帝国主义发动侵略战争的困难。(《人民日报》1960.12.08)

倚变关系复句的形式多样化，说明人们在表达时越来越追求新颖和变化，同时使用几种形式，也可以避免重复和僵化，从而进一步提高表达效果。

其三，出现了能愿动词放在“越发”前的用例。“越发+动宾词组”可以和能愿动词搭配，这时能愿动词的位置一般放在“越发”前，但第一阶段没有出现。此期出现在“越发”前的能愿动词主要是“应该”和“会”，例如：

(31) 读了“莫斯科性格”，我们应该越发了解学习苏联的意义及其内容的丰富了。(《人民日报》1949.12.07)

(32) 这些人也常常发现自己头脑里的东西与革命利益针锋相对，但又不愿意对自己进行彻底改造，不肯放弃自己的资产阶级观点，每当社会主义革命和建设深入一步，他们都会越发感到恐慌和厌恶。(《人民日报》1959.11.26)

### (三) 第三阶段

1. *动词方面*

本阶段我们考察到用于“越发+动宾词组”的动词有137个，比前一阶段多了92个，数量远远超过第一阶段和第二阶段。这些动词绝大部分是新出现的，这是此期比较突出的特点。其中单音节动词只有9个，约占7%，比第二阶段下降了2%；双音节的有128个，约占93%，比前一阶段上升了2%。从考察结果看，用于这一格式的动词很少是单音节的。我们认为，这主要是因为“越发”本身是双音节词。与它搭配的动词如果是单音节的，从韵律的角度看，构成的是“2+1”格式，这种节拍格式显然不如“2+2”格式更加和谐、悦耳，所以说，很多单音节动词不能用于这一格式可能就是受到韵律方面的限制。

此期与前两个阶段不同的动词有99个，它们是：

变换 成为 充满 产生 刺激 处于 崇尚 衬托 呈现 促使 带有
断定 打击 导致 得到 耽误 点燃 动摇 发现 反映 符合 感觉
关注 改变 焕发 呼唤 获得 激励 激荡 具备 坚持 减少 降低
接受 警惕 见 可怜 看见 看重 肯定 渴求 靠近 扩大 来 临近
懒得 利用 了解 面临 抹杀 难以 排斥 破坏 倾注 倾向 牵动

确定 起 青睐 欠 缺少 强调 强化 取得 认准 受 深入 使得
丧失 失去 适应 说明 熟悉 凸显 突出 体会 体现 透 抬高
挑战 推崇 添 歪曲 显见 陷入 吸引 享受 形成依靠 远离 赢得
影响 珍视 彰显 追求 占据 知道 注重 阻碍

本阶段与前两个阶段相比不同的动词较多，主要是因为：除了类推作用以外，有些动词到第三阶段，随着使用频率逐渐提高，就可能发展出新的用法，因此，用于“越发+动宾词组”格式的用例就出现了，如“青睐”“渴求”“彰显”“挑战”等。通过对 CCL 语料库的检索我们发现，“青睐”“渴求”这两个动词在现代汉语初期没有用例，第二阶段通过对《人民日报》的检索，“青睐”有 57 条，“渴求”有 158 条，数量也比较少。到第三阶段它们就比较常见了，“青睐”有 3585 条，“渴求”有 1461 条。考察结果表明，它们在前两个阶段使用频率很低，到第三阶段出现得越来越频繁。前两个阶段没有出现它们用于“越发+动宾词组”的情况，但第三阶段出现了，这说明使用频率提高也促使它们的用法不断发展。又如“彰显”和“挑战”，通过对 CCL 语料库的考察我们看到，这两个动词在现代汉语第一阶段用例数量都比较少，“彰显”有 3 例，“挑战”有 50 例，而且后者多是做名词，二者都没有出现进入“越发+动宾词组”的情况。第二阶段我们对《人民日报》进行了考察，结果显示，“彰显”没有出现，“挑战”有 4621 条。到第三阶段，前者的用例数量达到了 1515 条，后者达到了 29664 条。后者虽然并不全部是做动词用，但做动词已经很常见了，而且第三阶段它们都出现了进入“越发+动宾词组”的用例。通过对这几个词的考察，我们认为，有些动词可能随着使用频率的提高，自身的语法功能会不断发展，组配能力不断增强，所以，就逐渐出现了用于“越发+动宾词组”的现象，这也是此期动词数量较多的原因之一。

按照是否受“越发”的修饰，此期动词仍然可以分成两类，具体见表 2-11：

**表 2-11 第三阶段“越发+动宾词组”格式的动词分类**

| 种类 | 数量 | 举例 |
|---|---|---|
| A 类 | 55 | 符合 减少 扩大 缺少 强调 强化 临近 动摇 歪曲 抬高 |
| B 类 | 82 | 变换 打击 导致 抹杀 获得 享受 改变 体现 反映 陷入 |

A类中主要是复合式形素感染类和语义隐含类，而没有加缀式形素感染类动词。结合以上两个阶段的考察结果，我们认为，加缀式形素感染类动词如“善于”“勇于”“乐于”“利于”“长于”等一般不能用于“越发+动宾词组”。虽然这些动词倾向于和高量级的程度副词搭配，但当它们出现在这一形式中时却会受到一定的限制。原因主要是：“越发”一般修饰消极意义的词语，而这些加缀式形素感染类动词一般都是表示积极的意义内容，所以在进入“越发+动宾词组”时就会受到制约。此期A类动词中语义隐含类主要的语义类型有［+态度］义（如“崇尚”“关注”“排斥”等）、［+消长］义（如“加剧”）、［+突显］义（如“突出”）和［+背顺］义（如“像”“适应”），比前两个阶段增加了［+突显］义。

2. 动宾词组和宾语

本阶段受“越发”修饰的动宾词组按照不同的语义特征主要可以分成10种，具体分类见表2-12：

**表2-12　　第三阶段动宾词组语义类型**

| 语义类型 | 举例 |
|---|---|
| 消长义 | 增添了艺术形象的美感／欠光明／丧失话语权／失去了悬念／添了光彩／增加了这部被各国电影资料馆争先恐后地加以收藏的杰作的威望 |
| 激发义 | 点燃了众多进入者的热情／激励他一定要把企业搞好的决心／引起兴趣 |
| 突显义 | 显得喜庆而祥和／显示着无限的价值和生命力的永恒真理／彰显主人的尊贵/呈现多元化的趋势／反映了皇马用人的失败／见其纯净高华／体现社会价值观念的多元性／显见共产党人的高风亮节 |
| 态度义 | 倾向保守／接受“新兴经济体参与竞争”的趋势／享受说话的乐趣／追求晚年的生活质量／渴求人性化的服务 |
| 具有义 | 有了极深的感慨／具有商业色彩／带有更为广泛的普遍性／具备了史诗的元素和气势 |
| 背顺义 | 脱离了观众／依靠国王 |
| 变化义 | 成为电子商务的重要媒介／成了珍品／变换手段／改变了中国企业的品牌概念 |

续表

| 语义类型 | 举例 |
| --- | --- |
| 知晓义 | 认为自己的前途还是非常远大／觉得有味道／感到自己的不对／体会其珍贵／懂得对自己和对读者负责／知道事情的严重性／感觉眼睛疼痛难忍 |
| 损害义 | 打击投资者对金属期货的信心／影响价格走势 |
| 促使义 | 使得秦文君在儿童文学中不能自拔／促进了国内市场对进口和国产铁矿石的囤积居奇／促使两国矛盾激化 |

与第二阶段相比，此期又增加了［+损害］义、［+促使］义和［+背顺］义动宾词组。其实像后两种类型在前一阶段也出现过，但数量只有一、二例，而在第三阶段它们的数量有所增加，成为主要的语义类型之一。除此以外，其他类型的数量也都得到了不同程度的增加。

第三阶段“越发+动宾词组”中宾语的构成更加丰富，总共有8种成分可以做宾语，比前一阶段多了两种。这些成分是名词、动词、形容词、代词、联合词组、定中词组、状中词组和主谓词组。本阶段新增加的是联合词组做宾语，例如：

（33）宏大的机场，越发显得狭窄拥挤，施展不开了。（《人民日报》1995.03.31）

（34）庐隐她们的看法，越发加剧了王世瑛的内心矛盾和痛苦不安情绪。（陆荣椿《郑振铎苦涩的初恋》）

3. 句法功能及其他方面

第三阶段这一格式在句中还是主要做谓语，也可以做宾语。但此期最明显的变化是出现了做补语的用例，虽然很少，在前两阶段的语料中却没有出现，例如：

（35）现代科技文明把人弱化得越发缺少野性，其实茹毛饮血也是一种情趣。（《新闻晚报》2007.09.12）

这一阶段还有出现在介词结构中的现象，例如：

（36）在剧团、剧作、剧人统统走向市场，演出活动越发具有商业色彩的时候，大连京剧团晋京推出的李萍专场（剧目是：《百花公主》、《白蛇传》），使我们看到属于真正戏剧意义的演出，欣赏到属于艺术品格的戏剧。（《人民日报》1994.07.20）

上例中“在剧团、剧作、剧人统统走向市场，演出活动越发具有商业色彩的时候”是一个比较复杂的介词词组，“越发具有商业色彩”与“演出活动”构成主谓词组，然后修饰“时候”。上面这两种情况说明，到第三阶段这一格式充当句子成分的能力进一步提高，出现的环境越来越复杂。

此期其他方面的发展变化还表现在以下几个方面：

其一，动词后带时态助词的用例更多了，达到了58个。主要是因为这一阶段出现了很多可以带时态助词的动词，如“打击”“点燃”“动摇”“抹杀”“歪曲”等。这些时态助词多数都是可以去掉的，去掉以后，句子仍然成立。

其二，这一阶段还较多地出现了“越发地+动宾词组”，这是前两个阶段很少出现的，如：

（37）他会意地解释说：“每过半小时，得收一次钱，大面值的藏起来，只留几枚硬币，让人越发地可怜你，否则人家看你钱多，便不再给了。”（《人民日报》1993.05.10）

（38）一张因快乐而变得狰狞的脸何以会打动人呢？是因为如今足球场之外的人类表情越发地少了真意么？（铁凝《门外观球》）

我们认为，这一形式是从近代汉语中沿用下来的。通过在CCL语料库中检索，我们发现，近代汉语中既有“越发地”，也有“越发的”，它们口语色彩较浓，主要修饰形容词，如“越发地清醒了”“越发的精致”。在现代汉语初期，“越发的”和“越发地”并存，它们主要是继承近代汉语的用法，不过前者的出现频率高一些，但仍然没有发现修饰一般动词构成的动宾词组。第二阶段的语料范围中我们没有发现“越发的”和“越发地”，可见这一时期它们比较少见。我们认为，主要是此期比较重视现代汉语的规范化，像这样口语色彩较浓的词可能就很少出现在庄重的语体中了。第三阶段不但又出现了“越发的”和“越发地”，而且还见到了“越发地”修饰一般动词带宾语。由此我们得出结论，“越发的”和“越发地”是继承近代汉语的用法，但在发展过程中，它们是呈“多—少—多”的形式变化。到第三阶段由于现代汉语口语化程度越来越高，再加上人们求新求异心理的作用，这样的词又逐渐提高了使用频率，因此搭配能力不断增强，就出现了“越发地+动宾词组”的现象。

其三，我们还发现了“越发+动宾词组”出现在“比”字句中的用例，这在前两个阶段很少见到，如：

(39) 和农户自家独立生产、销售比起来，“公司+农户”模式近年来越发受菜农推崇。(《燕赵都市报》2008.07.14)

(40) CPM集团基本金属分析师Catherine Virga称，“和过去相比，股市越发影响价格走势，因为市场存在一些不确定性。……”(文华财经2007.11.20)

上面两例虽然出现在网络中，但都是来自于比较庄重的文体，因此，我们也不应该忽视。这种“比”字句往往是由“和……比起来”或者是“和……相比”构成。一般情况下，“越发”出现在比较句中，参照对象往往不出现，如：

(41) 各滑雪场还在雪场内安排了雪地摩托、马拉及骆驼拉雪橇、滑轮胎、滚雪球、堆雪人、雪地篝火晚会等活动，越发吸引了游人。(《人民日报》2001.02.02)

(42) 由于人们对花卉的需求日益增加，鲜花市场越发充满了竞争性与复杂性。(《人民日报》1992.02.15)

这两例中参照对象都没有出现，其实它们都是一体两段的比较。如前一例是“安排各种活动”以前和以后做比较，后一例是“鲜花市场”的现在和过去比较。此期出现的用例除了一体两段的比较，还有两体的比较，如例(39)是“‘公司+农户’模式”和“农户自家独立生产、销售”相比。这种比较对象出现的“比”字句能使表意更明确，更便于理解，也使表达形式更加多样。

## 三 小结

现代汉语各阶段用于“越发+动宾词组”的动词具体情况见表 2-13：

**表 2-13　各阶段动词的数量及百分比**

| 数量及百分比 / 时间段 | 总数 | A 类 | | B 类 | |
|---|---|---|---|---|---|
| | | 数量 | 百分比 | 数量 | 百分比 |
| 第一阶段 | 25 | 9 | 36% | 16 | 64% |
| 第二阶段 | 45 | 16 | 36% | 29 | 64% |
| 第三阶段 | 137 | 55 | 40% | 82 | 60% |

从动词的数量来看，各阶段呈上升型发展，前两个阶段发展平缓，但第三阶段数量增长幅度很大，如图 2-2 所示：

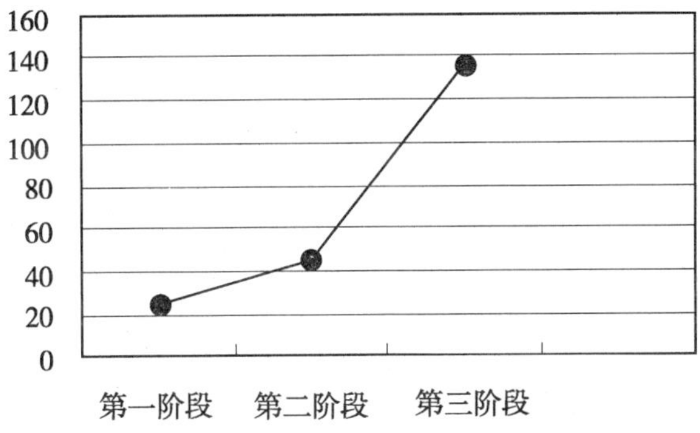


**图 2-2　各阶段动词数量变化趋势**

A 类动词和 B 类动词的数量也是呈向上型发展，第一阶段到第二阶段的增幅不大，到第三阶段数量有很大增加。从这两类动词所占的百分比来看，A 类前两阶段没有变化，第三阶段继续增加。B 类动词与此相反，前两阶段没有变化，第三阶段则呈向下型发展，所占的比重越来越少。

从三个阶段的考察结果看，用于“越发+动宾词组”的动词绝大多数是双音节动词，而且加缀式形素感染类动词一般不能进入这一格式。

各阶段“越发+动宾词组”其他方面的情况见表 2-14：

表 2-14　　各阶段其他方面情况

| 具体情况／时间段 | A类动词主要的语义类型 | 宾语的构成 | 动宾词组主要的语义类型 | 此格式的句法功能等情况 |
| --- | --- | --- | --- | --- |
| 第一阶段 | 态度义<br>消长义 | 名词、形容词、偏正词组、主谓词组和连动词组 | 消长义<br>突显义<br>知晓义<br>具有义 | 可做谓语、宾语，能与助词“了”共现，可以用于“越是……越发+动宾词组” |
| 第二阶段 | 态度义<br>消长义<br>背顺义 | 名词、动词、形容词、代词、定中词组、状中词组、主谓词组 | 消长义<br>激发义<br>突显义<br>知晓义<br>具有义 | 能做谓语、宾语和兼语谓语的陈说部分，出现了倚变关系复句的多样化，出现了与能愿动词搭配的情况 |
| 第三阶段 | 态度义<br>消长义<br>背顺义<br>突显义 | 名词、动词、形容词、代词、联合词组、定中词组、状中词组和主谓词组 | 态度义<br>消长义<br>突显义<br>背顺义<br>具有义<br>激发义<br>损害义<br>变化义<br>知晓义<br>促使义 | 可做谓语、宾语、补语，能用于介词结构，比较普遍地出现了“越发地+动宾词组”的情况，还有出现在“比”字句中的用例 |

从表 2-14 可以看出，A 类动词主要的语义类型在前两个阶段基本上没有太大的变化，到第三阶段语义类型更加丰富，达到了 4 种。受“越发”修饰的动宾词组语义类型由第一阶段的 4 种增加到第三阶段的 10 种，动宾词组的范围不断扩大。宾语的构成成分由 5 种发展到 8 种，表现得更加多样化。句法功能也愈加完备，由只能做谓语和宾语发展到可以做谓语、宾语和补语。

从对“越发+动宾词组”的历史考察我们知道，古代汉语中没有这一格式，到了近代汉语阶段的明清时期才比较常见。因为它出现得较晚，所以前两阶段发展得不是很快，用例也不很丰富。但现代汉语第三阶段是这一格式的快速发展时期，它的用例数量大幅度增加，使用频率越来越高，组配能力越来越强。我们认为，产生这样的变化原因主要有：首先，除了类推机制，有些词到第三阶段随着使用频率的提高，语法功能不断增强，就出现了用于“越发+动宾词组”的情况；其次，当前人们在表达时更加追求语言的变化。在多数情况下，当人们表达程度进一步加深的意思时，更多的是用“更”或“更加”，为了使语言富于变化，人们可能就会选用“越发”来代替；最后，就是表示倚变关系的复句不断增加，这又为“越发+动宾词组”的出现提供了条件。出现在这种复句中的程度副词只能是“越”或“越发”，“更”和“更加”是不能出现在这种复句中的，所以，这类复句的不断使用也为“越发+动宾词组”的出现提供了可能性。

# 第三章

# “稍”类程度副词+动宾词组的发展演变

本章的“稍”类程度副词包括“稍微”和“略”[①]，它们都表示程度轻微，在程度的量级中属于较低级。通过对古代汉语和现代汉语各个阶段的考察我们发现，“稍微”和“略”都可以与一般动词构成的动宾词组搭配，如“稍微放松警惕”“略受损伤”等，因此，我们把“稍微”和“略”作为这一量级中的研究对象，探讨它们带动宾词组格式在现代汉语各个阶段的发展演变，也希望能够对这一量级的程度副词有新的认识。

## 第一节 “稍微”+动宾词组

### 一 “稍微”简介及这一格式的历史考察

“稍微”是由“稍”演变而来，《古代汉语虚词词典》对“稍”的注释是：“《说文》：‘稍，出物有渐也。’段注：‘稍之言小也、少也，凡古言稍稍者皆渐进之谓。’此为其本义。‘稍’作副词，一方面有‘渐’‘小’‘少’之义，一方面亦有‘尽’义。《广雅·释诂》：‘稍，尽也。’先秦时这两种相互对立的含义均已出现。由‘小’‘少’义引申有‘稍

① “稍微”和“略”既可以表示程度轻微又可以表示限度（即时间短暂、范围不大、数量不多），前者有比较义，属于相对程度副词，后者没有比较义，属于绝对程度副词。在本章的研究中我们对此并没有做严格的区分，主要是因为这两种意义都表示“量”少，都是低量的，因此，我们打破了相对程度副词和绝对程度副词的限制，更多的是关注这一量级的情况。

微’之义，由‘尽’义引申有‘很’‘甚’之义。”① 在现代汉语中“稍微”表示数量不多或程度不深，通常带“点、些、一点、一些、有点儿”等表示微量的词语，可用于比较句，有选择积极意义谓词的倾向。据《现代汉语频率词典》统计，“稍微”在常用程度副词中的使用频率比较低，基本上和“过于”“颇”等程度副词的使用频率相当。

“稍”在先秦已有副词的用法，最初是时间副词，到汉朝时，逐渐发展出表示程度不高的“稍微、略微”意义。张谊生、潘晓军认为，“稍微”类双音节副词虽从东汉时就已经出现，但并未出现程度词意义，它们在魏晋南北朝时期文献中用频也极低，从唐宋这一时期的部分文献统计来看，“稍微”类程度副词正在逐渐稳定下来，但总体上还未完全取代其他意义。双音节副词虽已经产生，但并未大规模地运用，数量上不及单音节副词，还处在不太规范的时期。② 也就是说，“稍微”作为程度副词在唐宋时期还没有普遍使用，在我们检索的语料中一直到清代“稍微+动宾词组”才比较常见，如：

（1）不仅平心谦抑，可以早得科名，也是养这和气，可以稍微减少病痛。（清《曾国藩家书》）

（2）银龙说道：“此时我觉着稍微有点力气，大概你扶着我许能行。”姑娘说道：“只要你上身晃悠着不沉底就行，我就能拉着你走。”（清《三侠剑》）

（3）姊姊道：“大抵女子读了书，识了字，没有施展之处，所以拿着读书只当作格外之事。等到稍微识了几个字，便不肯再求长进的了。……”（清《二十年目睹之怪现状》）

（4）这时的采和，分明已在那蛇的项下，而且蛇身离地，不及丈半，只要稍微伸个懒腰就可以把他压死。（清《八仙得道》）

（5）说着，就催菊笑走。菊笑又和彩云歪缠了半天，彩云只好稍微给了些甜头，才把他打发了。（清《孽海花》）

---

① 中国社会科学院语言研究所古代汉语研究室：《古代汉语虚词词典》，商务印书馆1999年版，第493页。

② 张谊生、潘晓军：《“稍微”类副词的历时来源和发展演变》，《忻州师范学院学报》2007年第3期。

从这些用例中我们看到，现代汉语“稍微+动宾词组”的各种类型在这一时期已经基本出现了，如例（1）是“稍微+动+名词宾语”，例（2）是“稍微”和“有点+名词”搭配，例（3）、例（4）和（5）是“稍微+动（了）+数量词组（量词）+名词”的类型。也就是说，“稍微+动宾词组”虽然出现得比较晚，但结构类型并不单一。近代汉语这一形式的宾语主要由名词性词语构成，整个格式可以做谓语和宾语。

现代汉语阶段也有“稍微+动宾词组”，它应该是对近代汉语中这一用法的继承，并有所发展。本节我们主要对现代汉语各阶段的情况进行考察，以了解这一格式的发展变化。

## 二　现代汉语各阶段考察

### （一）第一阶段

考察结果显示，这一阶段进入“稍微+动宾词组”的动词比较少，只有24个，它们是：

呈现 参加 动 懂得 放大 挂 感到 觉得 紧 尽 开 棱 偏 瞥 认识 松懈 提高 吐露 脱离 象 修改 越过 有 增加

这些动词里单音节的有10个，约占总数的41%，双音节的有14个，约占59%，可见，这一阶段单音节动词的比重比较大。我们发现，单音节动词出现在“稍微+动宾词组”中一般要受到一定的限制，动词要么是重叠形式，要么是“V一V”形式，或者是动词后带时态助词，例如：

（1）一串细碎的脚步儿从楼上跑下来，跟着，门儿稍微开开一个缝儿，温都太太的脸露出一半儿来。（老舍《二马》）

（2）往常他向我致敬只是闭着眼，稍微动一动眉毛。（老舍《记懒人》）

（3）从十三陵的樱桃下市到枣子稍微挂了红色，这是一段果子的历史——看吧，青杏子连核儿还没长硬，便用拳头大的小蒲篓儿装起，和“糖稀”一同卖给小姐与儿童们。（老舍《四世同堂》）

重叠形式和“V一V”形式主要表示数量少或时间短，在语义上与“稍微”的要求相符，所以能用于这一格式。例（3）中动词后出现了时态助词，这个时态助词不能去掉，它不仅有完句的功能，也使动宾词组带有一种状态义，因此可以受“稍微”的修饰。

此期的动词按照是否受“稍微”修饰，可以分成A类和B类，具体见表3-1：

**表3-1 第一阶段“稍微+动宾词组”格式的动词分类**

| 种类 | 数量 | 举例 |
|---|---|---|
| A类 | 6 | 放大 紧 偏 松懈 提高 象 |
| B类 | 18 | 呈现 参加 感到 开 棱 脱离 有 懂得 增加 吐露 |

A类中主要是语素感染类，如“放大、紧、偏、松懈、提高”，没有出现加缀式形素感染类。

受“稍微”修饰的动宾词组主要是表示［+突显］义、［+活动］义和［+知晓］义的，表示［+突显］义的如：

吐露让他俩远走他乡以避丑 呈现了陂陀的形态

表示［+活动］义的如：

棱棱着点眼 瞥范小姐

表示［+知晓］义的如：

感到一些安恬 认识几个字 懂得消息埋伏

本阶段这一形式中的宾语可以由名词、形容词和定中词组来充当，如：

(4) 于是他就稍微放大了声音把这两句诗吟了一遍，又走来走去的走了几步，一则原想藉此以壮壮自家的胆，二则他也想把今夜所得的这两句诗，凑成一首全诗。(郁达夫《采石矶》) ——名词

(5) 南普陀寺里的大石，雨后稍微觉得干净，不过绿苔多长一些。(许地山《愿》) ——形容词

（6）人民解放军的全体指挥员、战斗员，绝对不可以稍微松懈自己的战斗意志，任何松懈战斗意志的思想和轻敌的思想，都是错误的。(《毛泽东选集第四卷》)——定中词组

这一形式在句中主要做谓语，如：

（7）他的热烈竟暂时融解了曼倩的坚拒，并且传热似的稍微提高了她的温度。(钱锺书《纪念》)

也有做定语的，例如：

（8）不为某一种某一时的“工具”，存在于现代政治所培养的窄狭病态自私残忍习惯中，或反而容易遭受来自各方面的强力压迫与有意忽视，欲得一稍微有自主性的顺利工作环境，也并不容易。(沈从文《一个传奇的故事》)

第一阶段的特点还表现在：“稍微+动宾词组”经常与“一些”等不定量的数量词组、量词或者“有（一）点”① 共现，如：

（9）但是这些贫病愁苦的脸、还不算是最令人不愉快，因为只是消极的令人心里堵得慌，而且稍微增加一些营养（如肉糜之类）或改善一些环境，脸上的神情还可以渐渐恢复常态。（梁实秋《脸谱》）

（10）是的，现在他有妻小，有包车，有摆着沙发的客厅，有必须吃六角钱一杯冰激凌的友人……这些凑在一块才稍微象个西洋留学生，而这一切都需要钱，越来越需要更多的钱。(老舍《东西》)

（11）稍微有点风，竹帘轻轻地摆动，那条纹似的光影也像水浪一般在室内的家具上动荡，成了新奇的黑白图案。(茅盾《子夜》)

（12）稍微有一点大的响动，人就以为是乱兵闯进来了，于是脑子里浮现了那一幅使人永不能忘记的图画：枪刺，刀，血，火，女人

① 这里的“有点”是“动+量”构成的词组，并不是程度副词。

的赤裸的身体，散在地上的金钱，大开着的皮箱，躺在地上的浴血的死尸。(巴金《家》)

“稍微”和这些词语共现能够对所要表达的程度量、时间量和数量进行一定的限制。它们能够搭配的原因是：“稍微”类程度副词的语义特征最明显的是数量不多或程度不深，所以要求它所修饰的内容也同样是如此；另外，“稍微”后不能跟具体的数量词语。因为“（一）点/有（一）点/（一）些”等满足了这两个要求，所以，我们会经常看到这样的现象出现。

总之，第一阶段用于“稍微+动宾词组”的动词数量较少，受“稍微”修饰的动宾词组语义类型也不够丰富，句法功能比较单一。

**（二）第二阶段**

1. *动词、动宾词组和宾语方面*

这一阶段用于“稍微+动宾词组”的动词数量有所增加，达到了58个，比第一阶段多了34个。其中单音节的有8个，约占总数的14%，双音节的有50个，约占86%，单音节的比重比第一阶段下降了27%，双音节的上升了27%，双音节动词占绝对优势。此期单音节动词出现在“稍微”后面时以重叠的形式居多，“V一V”形式相对比较少，如“稍微动动脑筋、稍微合了合眼、稍微定了定神、稍微谈谈这个问题”。

本阶段与第一阶段不同的动词有52个，它们是：

表示 表露 表现 背离 变动 补充 触犯 超过 触怒 定 懂得 带有 打开
放松 发现 发觉 否认 翻 改进 改良 改动 合 降低 近似 减少 减弱
加以 接近 看 考虑 靠 了解 流露 说 偏离 破坏 容忍 熟悉 丧失
疏忽缩短 谈 提高 突破 透露 违反 削弱 修正 限制 主张 知道 证实

新出现的动词数量多是第二阶段的突出特点之一。这些动词中仍有一些意义相同或相近的词，如“表示、表露、表现”“背离、偏离”“改进、改良、改动”“发现、发觉”“减少、减弱、削弱”等。可见，很多动词都是通过类推增加的。

此期动词按照“稍微”修饰的不同对象可以分成A类和B类，情况见表3-2：

表 3-2 第二阶段“稍微+动宾词组”格式的动词分类

| 种类 | 数量 | 举例 |
|---|---|---|
| A 类 | 17 | 降低 减弱 偏离 破坏 缩短 熟悉 削弱 接近 |
| B 类 | 41 | 表现 背离 变动 改进 违反 限制 补充 发觉 触犯 改动 |

A 类中仍然没有出现加缀式形素感染类动词，主要是复合式形素感染类，如“放松、降低、近似、接近、减弱、破坏、松懈、熟悉”等。语义隐含类只有“了解”和“疏忽”。

第二阶段受“稍微”修饰的动宾词组主要的语义类型有 6 种，具体见表 3-3：

表 3-3 第二阶段动宾词组语义类型

| 语义类型 | 举例 |
|---|---|
| 突显义 | 表露了要摆脱新沙皇控制的意愿／流露怀念祖国的情绪／表现焦虑或不安情绪／透露遣返愿望 |
| 背顺义 | 违反农奴主的清规戒律／背离了毛主席的革命路线 |
| 活动义 | 谈谈他的改良主义的论调／翻翻自己的历史／打开炉门 |
| 变化义 | 变动他的这种立场／改动几个字 |
| 消长义 | 增加每月购买黄金的数额／“补充”客观科学方法／丧失责任心 |
| 知晓义 | 感到轻松／发觉鼓动员在摆架子／懂得历史／知道了故乡变化的一鳞半爪 |

与第一阶段相比，此期的语义类型增加了［+变化］义、［+消长］义和［+背顺］义 3 种，而且［+突显］义、［+知晓］义动宾词组的数量都有所扩大。

第二阶段这一格式宾语的构成成分有名词、动词、形容词、定中词组、状中词组和主谓词组 6 种，比第一阶段增加了 3 种，它们是动词、状中词组和主谓词组，由它们做宾语的用例如：

(13) 但即便是在这种情况之下，只要稍微加以观察，也容易看出：知识本是劳动人民的公共财富。只要略与工人、农民或渔民谈话，便知道劳动者对于生活有关方面的知识是非常丰富的。(《人民日报》1958. 06. 21) ——动词

(14) 任何稍微表示不愿替蒋匪送死的战俘都要被当作“颠覆分子”而遭到残酷镇压。(《人民日报》1954. 01. 23) ——状中词组

（15）从第一天起，我就下了决心，老老实实向贫下中牧学习，贫下中牧确实也把我们当成亲生儿女来对待，稍微发现我们有一点忘本思想就立即批评教育，毫不客气。（《人民日报》1970.05.04）——主谓词组

这说明，到第二阶段宾语的构成成分在不断丰富。

2. 句法功能及其他方面

“稍微+动宾词组”仍然主要做谓语和定语，本阶段比较大的发展变化是出现了做宾语和补语的用例，例如：

（16）我想稍微谈谈这个问题。在7月的日子里，党没有号召举行起义，当时党竭力使群众安定下来，竭力进行宣传工作。（《人民日报》1962.04.22）——宾语

（17）会场上十分热闹，发言者说话声小或者站得稍微靠后就听不清楚。（《人民日报》1957.09.07）——补语

虽然这样的情况不是很多，但还是能够看到它充当句子成分的能力在不断发展。

第二阶段比较明显的发展变化还表现在：

第一，“稍微+动宾词组”经常出现在介词结构中，做介词结构宾语的修饰语，如：

（18）尼古拉一世的政府，企图以迫害十二月党人、野蛮的恐怖手段和对稍微吐露爱好自由的人施以镇压，来根除革命运动。（《人民日报》1952.03.03）

（19）大家都知道，苏联政府已在适当时期使三十三级役龄的人员复员，这件事本身对所有稍微了解动员问题的人说来，是有足够说服力的证据，证明武装部队比战时减少一事已经在苏联实现了。（《人民日报》1952.01.23）

这两例中“稍微吐露爱好自由”和“稍微了解动员问题”都是修饰后面的名词“人”，然后充当介词“对”的宾语。这种情况说明“稍微+

动宾词组”出现的环境越来越复杂，组配能力进一步提高。

第二，这一格式还常常出现在由“只要”构成的表示充分条件的复句中，例如：

(20) 战俘只要稍微流露怀念祖国的情绪，就要遭受毒打和虐杀。(《人民日报》1953.09.11)

(21) 张队长给大家说：“现在天气一天天冷了，井上又无保温设备，只要稍微丧失责任心，就会冻坏设备，给国家造成不可估计的损失。”(《人民日报》1966.02.07)

这种复句表示具备了前面分句的条件，必定会产生后面分句的结果，如果不具备前面分句的条件，也同样可能产生后面分句的结果。出现在这种复句中的“稍微”一般是表示限度的，没有比较义。这种现象在第一阶段的语料中比较少，应该与语体有关。因为前一阶段的语料属于政论语体的相对少一些，文艺语体的语料相对多一些。在政论语体中为了使论述严谨、周密，富有逻辑性和说服力，就常常会使用一些复句。文艺语体主要的特点是生动、形象，虽然它可以容纳各种各样的句子，但大量运用的是短句，因此复句的使用频率可能就会低一些，进而造成“稍微+动宾词组”格式出现在这种复句中的情况较少。

第三，“稍微”前面出现能愿动词的用例比较普遍，比如：

(22) 布列兹说，“法国去年每月大约兑换三千三百万美元的黄金，一九六四年总计兑换了四亿美元。而今年，巴黎可能稍微增加每月购买黄金的数额。”(《人民日报》1965.01.06)

(23) 尽管危机也会稍微减少大垄断组织的利润，但商品价格几乎并没有下跌，股票牌价只下跌一个短时期，而后又开始上涨。(《人民日报》1959.02.18)

(24) 每一个人，凡是思想健全，能够稍微考虑和理解战后时期所发生的事件的，都不会不看到国际舞台上的力量对比关系发生了有利于社会主义的变化。(《人民日报》1960.01.16)

这几例中能愿动词都是放在“稍微”前，而且只能放在它前面，不能出现在“稍微”后。这些能愿动词一般不能去掉，如果去掉，往往要添加一些成分，原句才能成立，例如：

而今年，巴黎可能稍微增加每月购买黄金的数额。→
*而今年，巴黎稍微增加每月购买黄金的数额。
而今年，巴黎可能稍微增加每月购买黄金的数额。→
而今年，巴黎将稍微增加每月购买黄金的数额。

与能愿动词搭配可以避免说话太绝对，使表达更加委婉、严密，或者留有一定的余地。

第四，出现了“稍微+动宾词组”用在祈使句中的用例。“稍微”可以用于祈使句，这是它的用法之一。在第一阶段并没有发现这一格式用于祈使句，第二阶段这样的例子如：

（25）让我们稍微看看十二月五日的参议院选举。（《人民日报》1965.03.11）

祈使句是要求听话人做出行动反馈的句子，因而，要求“稍微”后面的动宾词组必须具有［+可控性］。[①] 所谓［+可控性］指能够实施控制和调整的属性。有些表示具体动作行为的动词虽然本身不含有［+可控性］，但通过与“一点/一些/点儿/一下”等可控成分搭配或者重叠就能使它带有这一特征，如：

*稍微喝　　　　稍微喝一点
*稍微擦　　　　稍微擦擦/稍微擦一下

同样，有些表示具体动作行为的动宾词组自身也不带有这一语义特征，但通过上述方式仍然可以获得这种特征，如：

*稍微说他的问题　　　　稍微说一下他的问题

① 张斌：《现代汉语虚词词典》，商务印书馆2003年版，第477页。

＊稍微合眼　　　　　　　　稍微合了合眼

这种具有了［+可控性］的动宾词组就可以接受“稍微”修饰。例（25）中动词“看”重叠以后带宾语，使整个动宾词组具有了［+可控性］，所以能受“稍微”修饰。“稍微看看十二月五日的参议院选举”的预设是：原来没有“看十二月五日的参议院选举”，要求听话人小幅度地实施“看十二月五日的参议院选举”。从没有到轻微量度，是对动作量度实施的一种调整，因此，要求进入这种祈使句中的动宾词组必须具有［+可控性］，而动词“看”重叠以后具备了这一特征，所以，整个动宾词组能受“稍微”修饰。整体来看，这种用于祈使句的情况在我们三个阶段的语料范围内出现得很少。此期虽然出现了，但也不多，不过一定程度上还是能够反映“稍微+动宾词组”格式的分布特点。

总之，第二阶段新出现的动词数量较多，受“稍微”修饰的动宾词组语义类型更为丰富，这一格式的句法功能进一步发展，它还经常出现在介词结构以及由“只要”构成的表示充分条件的复句中，与能愿动词共现的情况更为常见，而且出现了祈使句的用例。

**（三）第三阶段**

1. 动词

本阶段用于“稍微+动宾词组”的动词又有所增加，达到了 129 个，比第二阶段多了 71 个。这些动词中单音节的有 16 个，约占总数的 12%，双音节的有 113 个，约占 88%。单音节动词的比重继续下降，比第二阶段降低了 3%，双音节动词继续上升，比前一阶段增加了 3%，双音节动词仍然占绝对优势。从词的构成来看，这些动词中有很多是补充式合成词，而且其中一个语素常常是形素，如“打破、放慢、放松、放大、降低、减少、减轻、减弱、减缓、扩大、说明、缩短、缩小、提高、抬高、削弱、压低、延长”等，这种情况在“稍微+动宾词组”格式中体现得比较明显。我们认为，这与程度副词“稍微”有关，“稍微……”中暗含着“要对原来的情况进行轻微地调整、改变的意思”，这就要求它后面的成分有调整和变化的可能，“打破、放慢、放松、放大、降低”等动词不但含有变化的意思，而且往往还表示出变化的结果，因此，这样的动词在“稍微+动宾词组”

中比较常见一些。

此期与前两个阶段不同的动词有94个，它们是：

帮助 变更 变 超过 超出 出现 采取 刺激 促进 得到 带动 打 打破
抵消 低垂 等待 耽误 颠倒 放慢 发生 发表 敷衍 分开 翻动 感觉
恭维 改变 更改 缓解 恢复 寒暄 换 降低 减轻 减缓 具有 举 加快
开始 扩大 靠近 控制 离开 列举 利用 摸 描述 扭转 喷洒 平息
牵动 起 迁就 倾斜 欠缺 强调 松 认识 说明 受 涉及 耸 赏识
纾解 缩小 抬高 突出 拖延 推迟 调整 弯 稳定 违背 歪曲 显得
限定 削减 需要 压低 压缩 移动 要求 研究 影响 引用 延长 延迟
做 转变 转动 转换 转移 追加 责备

其中有一些与前两个阶段已经出现的动词属于同义词，如“变更”和前面出现的“变动、改动”，“减缓、减轻”和已有的“减少、减弱”，还有“改变”和“改进、改良”，“抬高”和“提高”，“靠近”和“接近”，“削减”和“削弱”等。可见，增加同义词是扩大动词数量的主要途径。

按照“稍微”修饰的不同对象，可以把此期动词分成A类和B类，具体情况见表3-4：

**表3-4　　第三阶段“稍微+动宾词组”格式的动词分类**

| 种类 | 数量 | 举例 |
|---|---|---|
| A类 | 43 | 减轻 加快 缩小 歪曲 延长 了解 疏忽 突出 放慢 扩大 |
| B类 | 86 | 采取 扭转 违背 转变 拖延 调整 抵消 具有 涉及 削减 |

A类中没有出现加缀式形素感染类动词。结合前两个阶段都没有出现这类动词的情况，我们认为，“稍微”一般不能与这类动词结合。因为，“善于、勇于、乐于、敢于”等加缀式形素感染类动词常常表示意愿，它们一般倾向于和高量级的程度副词搭配，而“稍微”属于低量级的程度副词，二者搭配就会产生矛盾。此期A类中出现了一些语义隐含类动词，它们主要的语义类型是［+态度］义，如“敷衍、恭维、迁就、赏识”，而前两个阶段这样的动词很少，由此我们可以看到，动词的范围在逐渐扩大。

2. 动宾词组及宾语

第三阶段受“稍微”修饰的动宾词组主要的语义类型是以下几种，

具体见表 3-5：

**表 3-5 第三阶段动宾词组语义类型**

| 语义类型 | 举例 |
|---|---|
| 突显义 | 显得老派和教条／出现身体不适 |
| 背顺义 | 违背了市场的规则／违反交通规则／脱离实际 |
| 知晓义 | 感觉自己又长大了／感到欣慰／认识字／觉得自己的利益受影响／懂得人生况味／知道当时的情形 |
| 活动义 | 耸耸肩膀／摸摸小枫树的树干／移动了视线／牵动着他那在过度湛密的胡子下的嘴角／打开一条缝／翻翻史料／翻动历史的册页 |
| 变化义 | 变更作战计划／转换视角／变个花样／扭转了今年无法入会的悲观气氛／转变了大盘的局势／变动几个词语或者几个句子的排列顺序／更改外观／调整了阵容／修改法律／改变外形／改进驾驶方式 |
| 具有义 | 有了改变／具有统计知识／带有责备的口气 |
| 限制义 | 限定了特殊意义／控制了自己的情绪／限制了她们的发挥 |
| 损害义 | 推迟开演的时间／拖延时间／影响了她们的发挥／延迟购买 |
| 态度义 | 帮助我的哥哥／责备他几句 |
| 消长义 | 增加商品价值／添些药／丧失警觉／纾解校区内的种族主义、性别主义的偏狭情绪／超出了市场的预期／追加一些投资 |
| 述说义 | 谈几句话／发表几句不中听的议论／说明了我自己和你提到的其他哲学家的巨大差异／描述你看到的东西／寒暄了几句／说几句《歌》文的文风问题 |

此期的语义类型比前两个阶段都更加丰富，达到了 11 种。本阶段比第二阶段增加了［+具有］义、［+述说］义、［+限制］义、［+损害］义和［+态度］义 5 种，其中数量较多的是［+变化］义和［+消长］义。

第三阶段这一格式的宾语可以由 8 种成分来构成，它们是名词、动词、形容词、定中词组、动补词组、数量词组、动宾词组和主谓词组。数量上比第二阶段多了 2 种，不同的有 3 种，分别是动补词组和数量词组，以下各举一例：

（26）如果谁稍微表示想不通（不要说发表不同意见了），轻则成为“态度问题”“感情问题”“立场问题”；重则“全党共诛之，全国共讨之”。（国家语委现代汉语语料库）——动补词组

（27）依他看，赫格伦爱虚荣，吵吵闹闹，傻头傻脑——稍微恭维几句，一下子就能把他收买过来。（国家语委现代汉语语料

库）——数量词组

考察显示，宾语的构成成分越来越多样化，说明能进入这一格式的动词组配能力在不断增强。

3. 句法功能及其他方面

这一形式可以做谓语、定语、状语和宾语，与前一阶段相比，出现了做状语的用例，例如：

（28）男的稍微压低声音解释说：“你知道我是党员吗？1月6日那天，村党支部召开党员大会，我去参加了，会上是镇长讲课要求‘党员要牢记党的宗旨，全心全意为人民服务。’……”（《人民日报》1996.02.28）

还有“稍微+动宾词组”与“的”构成“的”字词组做主语的，如：

（29）喝水只要分次喝达到量即可，稍微需要讲究的是：早上因为人体经过一晚上休眠和蒸发，可以适当多喝一点水；晚上因为怕夜尿多造成肾脏负担，要适当减少；……（《南方日报》2007.11.22）

这些情况说明，“稍微+动宾词组”充当句子成分的能力在不断发展。

第三阶段其他方面的发展变化还表现在以下几个方面：

其一，这一格式可以出现在多种类型的复句中。除了表示充分条件的复句以外，还有递进关系、假设关系和转折关系，这也是此期比较明显的特点，例如：

（30）学校重视非西方的、少数民族的文化，不仅不能稍微纾解校区内的种族主义、性别主义的偏狭情绪，反而助长了“分离主义的逆流”。（国家语委现代汉语语料库）——递进关系

（31）他有一头浓密的银发，面容清癯，神情坚毅，眼睛深陷在眼眶里，模糊不清。“晚餐时我可以坐在你身旁吗？”他问，“假如你肯稍微描述你看到的东西，我会很感激。”（国家语委现代汉语语料库）——假设关系

（32）虽然有卖方肯稍微调整价格，但仍然不能吸引买方出手，这只是个别卖家的行为，并不能强势带动整个市场。因此，目前的市场价格没有太大的变动。（《深圳特区报》2007.08.10）——转折关系

以上3例无论“稍微+动宾词组”出现在哪一种结构关系的复句中，其中的动宾词组都是表示未然。能够出现在多种复句中，说明这一格式的出现环境不断发展，可以表示多种意义关系。

其二，“稍微+动宾词组”有用于介词结构后的现象，还能出现在兼语词组中，例如：

（33）译本是生活书店出版的，现在三联书店的同志说这本书还值得重印，我就拿出来通读一遍，在词语上稍微做了些修改。（国家语委现代汉语语料库）

（34）这对消费者和国内车市都将是一个重要利好消息。不过，令人稍微感到遗憾的是，三包草案的组织起草虽然耗时将近3年，用于向社会征求意见的时间却实在太短。（《法制晚报》2004.12.31）

例（33）中“在词语上”是介词结构出现在这一格式前，例（34）“令人稍微感到遗憾”是这一格式出现在兼语词组中。前一个例子加着重号的部分可以进行变换，如：

在词语上稍微做了些修改 →

稍微修改了些词语

变换以后，句子也能成立。

其三，此期还出现了一个明显的特点，那就是“稍微+动宾词组”与程度副词“有点”“有些”连用。其中与“有点”连用的用例稍多一些，例如：

（35）他觉得她稍微有点像《浮士德》里的玛格兰特。（国家语委现代汉语语料库）

（36）“我当然是在找啦，”他有些生气地说，对这个羞辱他的暗示只是稍微有点感到不安。（国家语委现代汉语语料库）

与“有些”连用的用例就比较少，如：

(37) 不过，接下来的也是相当失礼，也就是说，如果要纠合信奉民主共和主义的将兵，那么以梅尔卡兹提督的名号稍微有些缺乏吸引力。(国家语委现代汉语语料库)

“稍微”本身就是一个低量级的程度副词，为什么要再用一个程度低量的副词对其加以限定呢？对此张谊生、潘晓军认为，在汉语表达中，说话人往往担心所强调的量级不够，于是就会在原来基础上继续使用程度副词或提升或降低程度量。“稍微”类副词与“有点”和“有些”的连用可认为是一种“二次量化”。[①] 说话人对所修饰的程度进行弱化后，觉得语义强度不够，就再用“稍微”类副词进行二度弱化。“稍微+动宾词组”格式与程度副词“有点”“有些”连用在前两个阶段很少看到，而此期出现了，我们认为原因主要有：首先，与人们的语用心理有关。人们在表达消极的意义时，总是尽量往小里或少处说，要留有一定的余地，尽量去降低对他人的伤害和贬损，而低量级的程度副词连用正好可以达到这样的目的。比如例（36）和例（37），“感到不安”和“缺乏吸引力”都是表示消极的意义内容，它们前面出现低量级程度副词连用的情况可以降低这种消极的程度，因此，更加符合我们的语言心理。其次，人们表情达意时更加追求语言的准确、精密。单用一个程度副词表达的程度范围有些宽泛，使用两个低量级的程度副词连用能使程度比单用时更轻，更能准确地表达说话人所要表达的意思和作者的思想感情。

总之，第三阶段主要的发展变化是：动词大量增加，后补式动词较多，受“稍微”修饰的动宾词组语义类型更加丰富，可以出现在多种类型的复句中，能够用在介词结构后面和兼语词组中，可与程度副词“有点”和“有些”连用。

## 三 小结

现代汉语各阶段用于“稍微+动宾词组”的动词具体情况见表3-6：

---

① 张谊生、潘晓军：《“稍微”类副词的历时来源和发展演变》，《忻州师范学院学报》2007年第3期。

**表 3-6　各阶段动词的数量及百分比**

| 数量及百分比 / 时间段 | 总数 | A 类 | | B 类 | |
|---|---|---|---|---|---|
| | | 数量 | 百分比 | 数量 | 百分比 |
| 第一阶段 | 24 | 6 | 25% | 18 | 75% |
| 第二阶段 | 58 | 17 | 29% | 41 | 71% |
| 第三阶段 | 129 | 43 | 33% | 86 | 67% |

从表 3-6 看出，各阶段动词的数量不断增加，呈上升型变化，尤其是到第三阶段，数量比第二阶段增加了一倍还多。总体来看发展比较迅速，如图 3-1 所示：

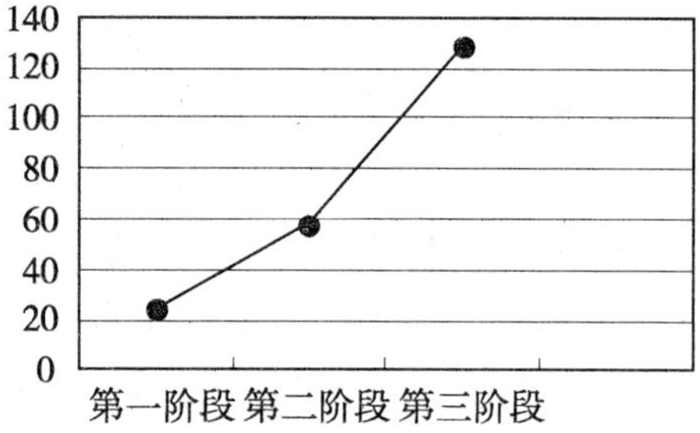


**图 3-1　各阶段动词数量变化趋势**

能用于这一形式的动词多数是 B 类动词，少数是 A 类。这两类动词的数量也属上升型变化，但它们所占的百分比在各阶段的变化情况却不完全一致，A 类的比重属于上升型发展，B 类则是下降型变化。值得一提的是，“稍微+动宾词组”中的动词一般不能是加缀式形素感染类动词，而且主要是表示积极意义的和中性词，有些表示消极意义的动词就不能进入这种格式了，如“摧残、糟蹋、谴责、侮辱、危害”等。

这一形式在各阶段其他方面的情况见表 3-7：

**表 3-7　各阶段其他方面情况**

| 具体情况 / 时间段 | A 类动词主要的语义类型 | 宾语的构成 | 动宾词组主要的语义类型 | 此格式的句法功能等情况 |
|---|---|---|---|---|
| 第一阶段 | 语义隐含类很少 | 名词、形容词、定中词组 | 突显义活动义知晓义 | 可做谓语、定语，能与时态助词共现，还常与“有点”、数量词组或量词共现 |

续表

| 具体情况<br>时间段 | A类动词主要的语义类型 | 宾语的构成 | 动宾词组主要的语义类型 | 此格式的句法功能等情况 |
|---|---|---|---|---|
| 第二阶段 | 知晓义<br>态度义 | 名词、动词、形容词、定中词组、状中词组、主谓词组 | 突显义<br>背顺义<br>知晓义<br>活动义<br>变化义<br>消长义 | 可做谓语、定语、宾语和补语，能出现在介词结构和表示充分条件的复句中，出现了用于祈使句的情况，“稍微”前面出现能愿动词的用例也比较常见 |
| 第三阶段 | 态度义<br>知晓义<br>损害义 | 名词、动词、形容词、定中词组、动补词组、数量词组、动宾词组和主谓词组 | 突显义<br>背顺义<br>知晓义<br>变化义<br>具有义<br>活动义<br>述说义<br>限制义<br>损害义<br>消长义<br>态度义 | 能做谓语、定语、状语和宾语，可以出现在多种类型的复句中，有用于介词结构后的情况，还能出现在兼语词组中，与程度副词“有点”、“有些”连用的情况比较常见 |

可见，从A类动词的语义类型来看，第一阶段主要是语素感染类，语义隐含类很少，到第二和第三阶段语义类型逐渐丰富。宾语的构成成分也越来越多，由第一阶段的3种发展到第三阶段的8种。受“稍微”修饰的动宾词组语义类型也是如此，由3种发展到11种。不仅语义类型增多了，而且每种类型中动宾词组的数量也在增加。“稍微+动宾词组”的句法功能也逐渐完备，最初可以做谓语和定语，后来还逐渐出现了做宾语、补语和状语的情况。

综观“稍微+动宾词组”格式在现代汉语三个阶段的发展轨迹，我们认为，它的发展一直呈上升的趋势，而且态势比较强劲。进入新时期以后，就表现得更加明显了。

## 第二节 “略”+动宾词组

### 一 “略”简介及这一格式的历史考察

《说文》对“略”的解释是：“略，经略土地也。”本指经营土地，划定疆界，最初引申作“简要、粗略”的名词义，“略”获得此义后，又引申为“简略”这样的形容词义，形容词意义有时为了强调的需要，经常置于动词前，又在语义上“言少”，从而逐渐虚化为“略微”的程度副词意义。[①] 现代汉语中副词“略”表示程度时既可以做相对程度副词，也可以做绝对程度副词，我们在此打破了相对程度副词和绝对程度副词的限制，只关注“略”的量级。换句话说，我们把“略”做相对程度副词和绝对程度副词的情况都囊括在内了。“略”多用于谓语前，主要修饰单音节形容词或动词，表示动作行为的轻微，可译为“稍微”“稍（为）”等。谓词后常带“点、些”等词（如“略带一点傻气”），“略”带文言色彩，多用于书面语。

“略”后面带动宾词组的形式古汉语中已有用例，在先秦虽然已经出现，但用例很少。吕雅贤曾经对“微”类程度副词（包括“略、颇、差、稍、少”5个程度副词）的发展情况进行探讨。他认为，微类副词出现较晚，尚处在未完全发育阶段，多数处在萌芽状态。《周易》《诗经》《论语》《孟子》《墨子》五部书中没有此类副词。而且每个词的使用频率都不高，相比之下，先秦多用“少”，《史记》多用“颇”。[②] 所以，“略+动宾词组”在先秦也很少见到。经过考察我们发现，这一格式在汉代以后逐渐增多，如：

（1）请略陈固陋。（西汉《报任安书》）

（2）而强曾略涉书记，颇识古事。（魏晋六朝《抱朴子》）

（3）先生略抬身，露开两手，如闪出之状。（宋《朱子语类》）

明清时期就比较常见了，如：

（4）将百十辆空车，五六处结队摆列，上面略放些粮米。（明《水浒传》）

（5）杜氏方得他抽拽一番，正略觉得有些兴动，只见已是收兵锣光景。（明《初刻拍案惊奇》）

---

① 吕叔湘：《现代汉语八百词》，商务印书馆1999年版，第56页。

② 吕雅贤：《从先秦到西汉程度副词的发展》，《北京大学学报》1992年第5期。

(6) 子牙见杨戬未曾失利，心上还略觉安妥，然而心下其是忧闷：“吾师偈中说‘界牌关下遇诛仙’，如何在此处有这枝人马阻住许久？……”（明《封神演义》）

(7) “……你带我往那里略散散心，耍耍儿去么？”（明《西游记》）

(8) 偶成小词,略诉心事。(明《警世通言》)

(9) 子邮道：“得天都藏书，略有所获。”(清《海国春秋》)

明清时期“略+动宾词组”格式的结构类型已经比较齐全，既有“略+动宾词组”的一般形式，也有“略+动+量宾词组”和“略+AA+宾”的形式。“略+动+量+宾”中的量词往往是不定量词“些”，出现数量词组的情况反而不如这种多见，如例（4）带的就是不定量词。“略+AA+宾”的形式指的是重叠形式后带宾语，如例（7）。

明清时期还有“略”重叠后构成“略略+动+宾”的格式出现，例如：

(10) 饥时把老君的丹，略略咬了两三颗；渴时把玉帝的酒，轻轻咪了六七钟。(明《西游记》)

(11) 初时撞见公子，还略略叙寒温；已后渐渐掩面而过，再过几时，对面也不来理着了。(明《二刻拍案惊奇》)

(12) 算计已定，如法阅卷，取了几个不整不齐，略略有些笔资的，大圈大点，呈上主司。(明《警世通言》)

现代汉语中也有这样的用例，如：

(13) 似乎见我好奇，才向我略略披露了若干讨钱的“诀窍”。(《人民日报》1993.05.10)

(14) 我是深爱梅的艺术的，也略略知道他在广大人民群众中是有号召力的，但没有想到他的影响如此之大。（《人民日报》1994.12.29)

可见现代汉语是继承了近代汉语的用法。

总之，“略+动宾词组”在古代汉语就出现了，但此期用例不是很多，使用频率较低。到了近代汉语时期，尤其是元末明初到清代，这一格式就相对常见一些了，而且结构类型也比较齐全。现代汉语沿用了这一形式，在各个阶段又有所发展，本节我们主要对它的发展变化进行梳理和总结。

## 二　现代汉语各阶段考察

### （一）第一阶段

1. 动词方面

此期用于“略+动宾词组”的动词有43个，它们是：

表 成 丢 带 负 感 改 够 喝 尽 觉 减 加 具 见 开 领 露 弥
偏 欠 如 听 通 抬 透 涉 施 似 示 识 受 晓 效 现 显 消 说
形 有 指 知 占

这一阶段的动词都是单音节的，没有出现双音节动词，这是此期非常明显的特点。我们认为原因主要有：首先，“略”本身带有文言色彩，所以要求与它搭配的成分也相应地带有文言色彩，与双音节动词比较起来，单音节的文言色彩会更浓一些；其次，与“略”的韵律有关。它本身是单音节词，与单音节动词搭配构成的是［1+1］格式，这样的韵律结构读起来节奏鲜明、韵律和谐，如“略表”“略觉”“略感”等。如果搭配的成分是双音节动词，构成的就是［1+2］格式，这样的结构读起来就不太顺耳了，如上面的例子变换成双音节动词以后就成了“略表示”“略觉得”“略感觉”。

按照“略”修饰的是动词还是动宾词组，第一阶段的动词可以分成A类和B类。其中A类动词很少，只有“够”和“偏”这两个，剩下的41个都是B类动词。

2. 动宾词组和宾语

第一阶段受“略”修饰的动宾词组主要的语义类型有5种，具体见表3-8：

**表 3-8　第一阶段动宾词组语义类型**

| 语义类型 | 举例 |
|---|---|
| 突显义 | 现红晕 / 显浑浊 / 透晴色 / 露善意 / 见优势 / 形消敛 |
| 消长义 | 开眼界 / 减老五的困难 / 加颜料 /消了我胸中块垒 / 弥缺憾 / 欠细润 |
| 知晓义 | 晓字义 / 觉安稳 / 通人情 / 感突然 /识南方风土 / 知世事 |
| 活动义 | 抬了抬身躯 / 欠着身体 / 指指客人 / 说了几句不该收他钱的话 |
| 具有义 | 有产业 /带紫色 / 具抵抗力 |

这一阶段比较明显的特点是：很多“略+动宾词组”是由 4 个音节构成的，如“略晓字义、略觉安稳、略感突然、略露善意、略见优势”等等。四字格的形式结构整齐，读起来韵律更和谐。

这一格式中的宾语可以由名词、动词、形容词和定中词组来充当，例如：

(1) 其实呢——高大的巡长想——设若学生们略通人情，先把他请到一边，送他两包点心，哪怕只是两包点心呢，又何尝不可以叫他们进去呢？（老舍《蜕》）——名词

(2) 贺客们：（微微的摇头，又略示赞叹，以便两面都不得罪）你看！你看！（老舍《残雾》）——动词

(3) 白河到沅陵与沅水汇流后，便略显浑浊，有出山泉水的意思。（沈从文《白河流域几个码头》）——形容词

(4) 当他和我同时发现这件事时，他只略露惋惜的颜色，随即说：“由他去末哉，由他去末哉！”我是至今惭愧着，因为我知道他作文是不留稿的。（朱自清《我所见的叶圣陶》）——定中词组

此期宾语的构成成分的种类不仅少，而且从形式上看还很简短，结构也不复杂。

3. *句法功能及其他方面*

本阶段“略+动宾词组”可以做谓语、定语和状语，例如：

(5) 萨伏衣王朝的历史策源地都灵，共和派亦略见优势。（《人民日报》1946. 06. 09）——谓语

（6）我们那时有什么可看呢，只要略有图画的本子，就要被塾师，就是当时的“引导青年的前辈”禁止，呵斥，甚而至于打手心。（鲁迅《朝花夕拾》）——定语

（7）琴把头微微一摇，略带感伤地说：“可是梅表姐不见得就容易忘记他。单看她那双眼睛，我就知道她至今还记得大表哥。……妈叫我不要把这个消息告诉大表哥。”（巴金《家》）——状语

此期的特点还表现在以下两个方面：

第一，这一格式中个别动词后可以带时态助词，比如：

（8）上海街路树的洋梧桐叶，已略现了黄苍，在日暮的街头，那些租界上的熙攘的居民，似乎也森岑地感到了秋意，我一个人呆立在一品香朝西的露台栏里，才第一次受到了大都会之夜的威胁。（郁达夫《海上》）

（9）克佐甫略偏着头，对着陈月娥，眼睛睁得大大的。（茅盾《子夜》）

上两例中的时态助词有的能够去掉，如例（8），这里的“了”主要表示动作行为已经完成；有的不能去掉，如例（9），这里的“着”不仅表示状态正在持续，还有完句和补充音节的作用。加上“着”句子才能成立，而且可以使“略+动宾词组”构成四字格，韵律更加和谐。

第二，“略+动宾词组”还能与表示不定量的量词、数量词组共现，可以与能愿动词搭配，不过这样的用例很少，例如：

（10）我略带些哀愁，然而很舒服的呷一口酒。酒味很纯正；油豆腐也煮得十分好，可惜辣酱太淡薄，本来S城人是不懂得吃辣的。（鲁迅《在酒楼上》）

（11）他再也不懂：“怎么能够同这样的一个人？”这裁缝年纪虽轻，已经有点伛偻着，脸色苍黄，脑后略有几个癞痢疤，看上去也就是一个裁缝。（张爱玲《红玫瑰与白玫瑰》）

（12）到了车门，头号金箍帽下令给老五：“教他们把炮放到上边去！”二号金箍帽补充上，亦可以略减老五的困难：“你给他们搬

上去！”老五连连点头，脖子极灵动，口中不说，心里算好：“你们既不敢去说，我只好点头而已；点头与做不做向来相距很远。”（老舍《“火”车》）

例（10）是与不定量词“些”共现，例（11）是与数量词组“几个”共现。因为“略”表示程度轻微，要求与他搭配的成分也要具有这样的特征，而且它不能和表示具体数量的成分搭配，所以，就会出现它和表示量少的且是不定量的量词和数量词组共现的情况。例（12）是能愿动词出现在“略+动宾词组”前，这种情况在此期比较少见。能愿动词“可以”表示许可和可能，它的意义有程度差别，具有把这一格式中动宾词组的动作意义转化为能力意义的作用。当动宾词组“减老五的困难”与它搭配时，就整合为一个具有程度义的结构，因此，可以受“略”的修饰。本阶段这种现象比较少，可能与“略”的语体色彩和音节数量有关。“略”本身文言色彩较浓，而像“可以、能够、应该、愿意、可能”等能愿动词不带有这种语体色彩，而且它们都是双音节的，所以，二者搭配在一起就会显得不是很协调。其实，例（12）如果把“可以”换成“可”似乎显得更加和谐一些。

总之，此期的主要特点是：用于这种形式的动词数量少，没有双音节动词；四字格的用例比较多，受“略”修饰的动宾词组语义类型主要是［+突显］义、［+消长］义、［+知晓］义、［+活动］义和［+具有］义；它可以做谓语、定语和状语，能与时态助词、数量词组、能愿动词共现。

**（二）第二阶段**

1. 动词方面

本阶段用于“略+动宾词组”的动词有40个，与第一阶段的数量大体相当。这些动词中与前一阶段不同的有22个，它们是：

呈 超过 超 查 带有 挂 举 见 尽 具 减 加 经 窥 靠 似 示 趋 缺 予 转 增加

第二阶段出现了双音节动词，这是此期最大的变化，如“超过、带有、增加”。它们约占总数的8%，比重虽然很小，但还是表现出了这一阶段的一大特色。出现这样的情况，我们认为，主要是因为：第二阶段党和政府更加重视语言文字的规范化，颁布和实施了一系列规范语言文字的政策，使得此期的现代汉语更加纯洁和规范，特点更加鲜明，因此，此期出现双音节动词也是词汇规范化的一大反映。另外，这种现象也与词的双音化有关。一些单音节词在现代汉语中逐渐变成了双音节词，如“增”可以双音化为“增加”等，“超”可以双音化为“超过”等，因此，双音节词越来越多了。这里还有一些虚义动词①，如“加、予、做、作”，这也成为此期的特色之一。第一阶段曾经出现的“负、弥、消”等动词在此期甚至第三阶段的语料中没有再出现。我们认为，原因主要是：这些单音节动词文言色彩较浓，因此，随着现代汉语的规范和普及，它们必然出现退隐。

此期动词按照“略”修饰的不同对象可以分成两类，A 类只有“缺”1 个，B 类有 39 个，如“表、呈、超过、带、改、显、现”等。A 类仍然很少，绝大多数还是 B 类动词。

2. *动宾词组及宾语方面*

这一阶段受“略”修饰的动宾词组主要的语义类型有 5 种，具体见表 3-9：

**表 3-9　　第二阶段动宾词组语义类型**

| 语义类型 | 举例 |
| --- | --- |
| 消长义 | 超过国家计划 / 减一些 / 加利润 / 增加有限的消耗成本 / 超去年早晚两造产量的总和 |
| 突显义 | 显浮肿/ 现紧张 / 见霜白 / 呈棕色 / 示典型环境的实质 |
| 知晓义 | 知世界文学潮流 /通英语 / 感头痛、胳臂疼 / 识文字 |
| 活动义 | 窥物价飞涨的概貌 / 挂一丝疲劳的神色 |
| 具有义 | 有进步 / 带责备的口吻 /具规模 / 带有肉眼很难看出的微黄色 |

语义类型没有出现新的变化，但与第一阶段相比，此期这一格式不只是以四字格为主了，还出现了更多音节的情况，如：“略具民主气息”“略如工人、农民中的整风办法”等。也就是说，第二阶段这一格式的形式更为复杂了。

本阶段“略+动宾词组”中的宾语可以由名词、动词、形容词、主谓词组、定中词组和数量词组 6 种成分来充当，比第一阶段增加了主谓词组和数量词组两种，例如：

---

① 虚义动词指本身词义削弱或几乎消失，主要起或基本上只起句法或修辞作用的动词。袁杰、夏允贻：《虚义动词纵横谈》，《语文研究》1984 年第 2 期。

(13) 二十一日又接种了卡介苗，接种后马舜华又有些发烧，喝了很多水，但下午仍支持去上课，下课后略感头痛、胳臂疼，晚饭时吃了大半张饼，两碗高粱米粥，饭后又出去玩了一阵，晚间睡觉时感觉肚子疼，并开始呕吐，出虚汗，次日晨即死去。（《人民日报》1950.07.22）——主谓词组

(14) 在讨论这个计划时，地处山区的焦山、台上等四个大队，因为水源不足，提出分给他们的水稻面积应略减一些；……。（《人民日报》1973.03.08）——数量词组

这说明，这一形式的搭配能力在不断增强。

3. 句法功能等方面

第二阶段这一格式还是可以做谓语、定语和状语，没有很大的发展变化，例如：

(15) 上海人习惯于把熟水店叫作“老虎灶”，据说旧式灶头的形状，略似一只伏着的老虎。（《人民日报》1962.09.19）——谓语

(16) 圆圆的镜片后面，略显浮肿的眼睛觑视着，一动不动，仿佛帐卡上面不是弯弯曲曲的阿拉伯数字，而是一块块磁石，吸住了他那颗不大的、象是生锈的眼珠。(维思等《广大的战线》）——定语

(17) 本来是从常见书（对专门家来说）上漫无标准地抄来的，却又略欠自知之明地自诩为多所“发明”、一字不可更易的伟著。(《人民日报》1956.12.29）——状语

此期其他的发展变化主要表现在以下几点：

其一，“略+动宾词组”有出现在“比”字句中的现象，如：

(18)“应该看到她的进步，这是主流，”李志清总是及时的帮助江晓旭解疙瘩，“想想两年前的冯美群是个什么样子，不就看出来了吗?”“是比那略有进步，但是步子迈得太小了，象个小脚老太婆。”(维思等《广大的战线》)

此例中的“比”字句属于一体两段的比较，是拿“现在的冯美群”

和“两年前的”做比较。我们也可以去掉“比那”，但表意不如原句更明确。第一阶段虽然也有用于比较句的，但大多都省略了比较对象，如：

（19）这使我于悲悯他们的境遇之后，略觉骄矜，我的故乡依然还是我们的！（巴人《说笋之类》）

此例省略了比较对象，我们可以把它变换成：

（19′）这使我于悲悯他们的境遇之后，（比以前）略觉骄矜，我的故乡依然还是我们的！

第二阶段出现了有明确比较对象的“比”字句，说明“略+动宾词组”出现的比较句类型更加丰富了，语言的表现形式更为多样化。

其二，有些“略+动宾词组”出现在介词结构中，或者这一格式前出现了介词结构，例如：

（20）日落以后约半小时，在西方略偏北的低空中可以看到一颗明亮的行星，那就是金星。（《人民日报》1978.03.28）

（21）早在十六和十七世纪，科特布斯地区就已经开始开采和利用褐煤了；十八世纪中叶德国工程技术人员试验成功将粉尘状的褐煤压制成煤砖，有力地推动了褐煤工业的发展；到二十世纪初，露天煤矿的建设在这里就已略具规模。（《人民日报》1977.12.10）

前一例是“略偏北”出现在“在……中”这个介词结构里，充当“低空”的定语；后一例是“略具规模”前面出现了介词结构“在这里”。这说明“略+动宾词组”出现的环境更复杂，但表意上更加周密、精细。

其三，此期的语料中除了“略露了露脸”这一例外，其他的用例都没有出现动词后带时态助词，可见，这种情况比第一阶段有所减少。我们认为，原因主要是：这一阶段表示具体动作行为的动词比前一阶段减少了，像第一阶段有6个，此期只有2个；另外，本阶段也出现了一些不能带时态助词的动词，如“超过、超、靠”等，这两个因素结合在一起就产生了这样的结果。

总之，第二阶段“略+动宾词组”的发展变化主要体现在：动词的数量虽然没有大的变化，但出现了双音节动词和一些虚义动词；四字格的形式依然存在，但已经不是唯一的形式；宾语的构成成分更加丰富；出现了用于“比”字句、介词结构中和介词结构后的用例，与时态助词共现的用例很少。

**（三）第三阶段**

1. 动词

这一阶段用于“略+动宾词组”的动词有86个，数量比前两个阶段增长了一倍还多，增幅较大。其中单音节的有67个，约占总数的78%，双音节的19个，约占22%，双音节的比重比第二阶段高出15%。可见，双音节动词的比重越来越大。另外，综合前两个阶段的考察情况，我们发现，用于这一格式的动词主要是中性意义的词，有些带有消极意义或积极意义的动词如“怪、配、宜、折磨、推崇”等就不能进入这一格式。

此期与前两个阶段不同的动词有56个，它们是：

谙 表现 波及 变 抱 睹 侧 处 超出 擦 出 存 打 得 动 费 泛 发 放 符合 更改 含 获 花 看好 靠近 扩大 落后 留 觉得 居 降 解 进 接近 起 缺乏 倾向 扫 拾 上调 生 伤 省 熟悉 抬高 提升 添 显得 像 需 需要 影响 张 增 知道

其中有些可能是由前两个阶段出现的单音节动词双音化而来的，如“超出”是由“超”双音化而来的，“更改”是由“改”双音化而来，“靠近”是由“靠”双音化而来，“觉得”是由“觉”双音化而来，“显得”是由“显”双音化而来等。总之，新增加的动词有很多与前两阶段的动词意义相同或相近。

还有的动词是前两个阶段都出现了，到第三阶段却退隐了，如“形”（显露、表现的意思）。第一阶段有“略形消敛”，第二阶段有“略形回涨”，到了第三阶段“略形+宾”格式基本上见不到了。我们认为这一格式退隐的主要原因是：动词“形”表示“显露、表现”的意义逐渐被“现、显”等动词代替了，“形”的名词性用法成为常见的用法。为了印证这一观点，我们曾对张承志、毕淑敏和苏童三位作家的部分作品进行检索，“形”的用法情况见表3-10：

**表 3-10 “形”用法**

| 作家作品 \ 用法 | 总数 | 名词性用法的数量 | 百分比 | 动词性用法的数量 | 百分比 |
|---|---|---|---|---|---|
| 张承志作品（约 20 万字） | 20 | 15 | 75% | 5 | 25% |
| 苏童作品（约 20 万字） | 29 | 26 | 90% | 3 | 10% |
| 毕淑敏作品（约 20 万字） | 29 | 26 | 90% | 3 | 10% |

从表 3-10 可以看出，“形”的名词性用法要远远多于动词性用法①，而且表示“显露、表现”意义的“形”在这些作品中根本没有出现。所以说，到了第三阶段，“略形+宾”格式基本没有了。我们认为，这样的考察尽管不是非常全面，但一定程度上还是能够反映“形”的使用情况。

第三阶段的动词按照“略”修饰的不同对象可以分成两类，具体见表 3-11：

**表 3-11 第三阶段“略+动宾词组”格式的动词分类**

| 种类 | 数量 | 举例 |
|---|---|---|
| A 类 | 13 | 费 符合 看好 扩大 接近 缺乏 像 需要 熟悉 抬高 |
| B 类 | 73 | 现 变 呈 带 感 含 具 见 显 受 |

A 类中主要是复合式形素感染类动词，如“看好、靠近、扩大、接近、熟悉、抬高”等，语义隐含类相对较少，其中依然没有加缀式形素感染类动词。结合前两个阶段的考察结果，我们认为，这类动词不能出现在“略+动宾词组”中，这主要是因为：“勇于、乐于、善于”等本身表示的程度较高，往往与高量级的程度副词搭配，而“略”属于较低量级的程度副词，所以，二者搭配在一起就会产生矛盾，因此，考察中没有出现这类动词。

2. 动宾词组和宾语方面

本阶段受“略”修饰的动宾词组主要的语义类型达到了 8 种，具体见表 3-12：

---

① “形”的动词性用法指表示“形成、描述、对照”意义的用法。

表 3-12 第三阶段动宾词组语义类型

| 语义类型 | 举例 |
| --- | --- |
| 突显义 | 显精致／呈长“甲”字形／现松动／显得与众不同／露端倪／泛紫色／见改善 |
| 消长义 | 超出我们的预期／提升了这款电视的活力／添丰腴／打折扣／花精力／减负疚之感／解秽气／增加造价／欠韵味 |
| 知晓义 | 觉得薄／感欣慰／通汉语／谙“中国国情” |
| 活动义 | 侧着头／扫一些粉红或浅褐的腮红／张着嘴巴／擦鱼身 |
| 具有义 | 含忧郁／有提高／具雏形／抱希望／存古风 |
| 位置义 | 占上风／处下风／靠下方／居上风 |
| 变化义 | 更改歌词／上调了石油需求估值／变狭窄／改往日的窘境 |
| 趋向义 | 倾向继续回落／趋稳定 |

其中［+突显］义、［+消长］义、［+具有］义、［+知晓］义和［+活动］义动宾词组的数量较多。与第二阶段相比，此期增加了［+位置］义、［+变化］义和［+趋向］义3种类型。

第三阶段“略+动宾词组”中宾语可以由名词、动词、形容词、定中词组和状中词组构成，与第二阶段相比，此期没有出现主谓词组做宾语。

3. 句法功能等其他方面

本阶段这一格式仍然可以做谓语、定语和状语，动词后带时态助词的用例还是较少。其他的变化还体现在：通过对新浪网检索，我们发现了“略+动宾词组”出现在兼语谓语中的用例，如：

（22）刚刚登陆中国家电市场的美国家电连锁巨头百思买也以1.8亿美元“拿下”五星电器。再加上颇具戏剧性的“永乐大中”分手事件，令家电连锁商的“重组大戏”略留悬念。（中国新闻网2006.12.29）

（23）由于昨日美国原油期货没有进一步下跌，保持60美元/桶上方，使加元略获支持。（新浪财经2006.12.29）

虽然语料来源于网络，但属于书面语体，规范程度较高，而且具有一定的代表性，所以，我们认为也不应该忽视。这种情况说明“略+动宾词组”能够出现的环境更多了，它的分布更广。即使在我们的语料范围内没有出现，但没有出现并不等于没有，可能是这种情况使用频率偏低，由此造成没有考察到。我们认为，这种现象既然已经出现了，那么随着使用频率的提高，它也可能发展成为“略+动宾词组”主要的语法特点之一。

总之，第三阶段体现出来的发展变化主要是：动词的数量有较大的增加，双音节动词所占的比重越来越大；个别动词出现退隐；受“略”修饰的动宾词组语义类型更加丰富，部分语义类型的用例数量也在扩大；句法功能等方面没有出现更大的变化。

## 三 小结

各阶段用于“略+动宾词组”的动词情况见表3-13：

表3-13 各阶段动词的数量及百分比

| 时间段＼数量及百分比 | 总数 | 单音节的百分比 | 双音节的百分比 | A类 | | B类 | |
|---|---|---|---|---|---|---|---|
| | | | | 数量 | 百分比 | 数量 | 百分比 |
| 第一阶段 | 43 | 100% | 0 | 2 | 5% | 41 | 95% |
| 第二阶段 | 40 | 92% | 8% | 1 | 3% | 39 | 97% |
| 第三阶段 | 86 | 78% | 22% | 13 | 15% | 73 | 85% |

从表3-13可以看出，前两个阶段动词的数量没有太大的变化，到第三阶段动词的数量翻了一倍还多，基本属于前平后升型变化，如图所示：

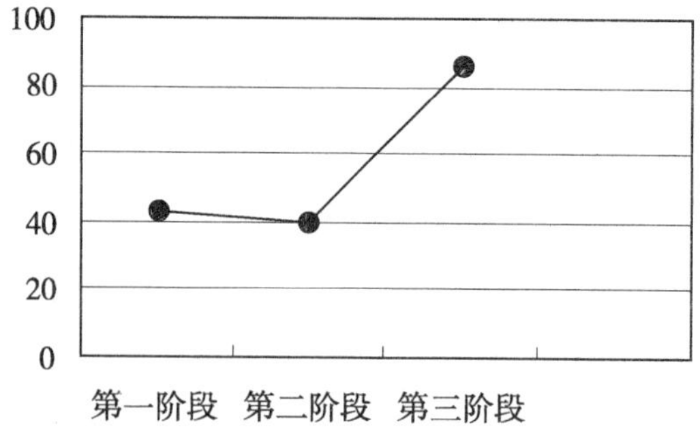


图3-2 各阶段动词数量变化趋势

考察结果显示，用于“略+动宾词组”的动词数量虽然是呈不断增多的趋势，但与其他格式比较起来，还是要少很多。根据我们统计，“略+

动宾词组”的用例在12种程度副词带动宾词组的格式中排在倒数第三位。究其原因，我们认为主要有以下几点：首先，与“略”的语体色彩有关。“略”带有文言色彩，适用于书面语体，因此，很多口语色彩较浓的动词都不能与它搭配，像“睹”可以与“略”搭配，但把它换成是同义的“看”就不行了，因为“睹”带有文言色彩且书面语色彩较浓，与“略”的要求相符。其次，与“略”是单音节词有关。由于它是单音节词，所以就倾向于和单音节动词搭配，这样才能使韵律和谐、悦耳，因此，有些双音节动词一般就不能用于这一格式了，如“照顾、表示”等。而实际的情况是，现代汉语中双音节词占优势，单音节动词比较少，由此就导致了用于这一形式的动词很少。最后，与“略”的虚化程度不高有关。与“很”“最”“太”等程度副词比较，“略”的虚化程度不高。据《现代汉语词典》解释，“略”的用法有三种：既有形容词用法，如“粗略”中的“略”；也有动词用法，如“省略”中的“略”；还有副词用法，相当于“略微”。也就是说，“略”既有实词用法，也有虚词用法，由于它的虚化程度不高，还没有完全语法化，所以，在一定程度上就影响了它的组配能力，导致很多动词还不能用于这一格式。

从动词的音节数量来看，第一阶段的动词全部是单音节的，没有出现双音节动词。从第二阶段开始，出现了双音节动词，而且所占的比重呈上升型变化。虽然双音节动词的比重在不断上升，但我们看到，用于“略+动宾词组”的动词还是以单音节的为主，这与其他的程度副词带动宾词组的格式表现出明显的不同。

A类动词和B类动词的数量变化趋势基本上都是上升型变化，A类在各阶段的百分比属于U字形变化，B类则属于马鞍形变化。从对动词的考察来看，用于“略+动宾词组”的主要是B类，而且一般不能是加缀式形素感染类。

“略+动宾词组”在各阶段的其他情况见表3-14：

**表3-14　　各阶段其他方面情况**

| 具体情况 / 时间段 | 宾语的构成 | 动宾词组主要的语义类型 | 此格式的句法功能等情况 |
|---|---|---|---|
| 第一阶段 | 名词、动词、形容词、定中词组 | 突显义、消长义、知晓义、活动义、具有义 | 能做谓语、定语、状语，可与能愿动词、数量词组共现 |

续表

| 具体情况<br>时间段 | 宾语的构成 | 动宾词组主要的语义类型 | 此格式的句法功能等情况 |
| --- | --- | --- | --- |
| 第二阶段 | 名词、动词、形容词、主谓词组、定中词组、数量词组 | 突显义、消长义、知晓义、活动义、具有义 | 可做谓语、定语、状语，出现了用于“比”字句的用例，还有用于介词结构和跟在介词结构后面的情况 |
| 第三阶段 | 名词、动词、形容词、定中词组、状中词组 | 突显义、消长义、知晓义、活动义、具有义、位置义、变化义、趋向义 | 能做谓语、定语、状语，可出现在兼语谓语中 |

从宾语的构成来看，第二阶段要丰富一些。受“略”修饰的动宾词组语义类型在前两个阶段没有出现变化，到第三阶段增加了［+位置］义、［+变化］义和［+趋向］义3种。我们还发现，一般表示［+态度］义和［+背顺］义的动词或动宾词组不能用于这一格式，如“推崇、注重、敷衍、脱离群众、违反规定”等，主要是因为它们往往带有一定的感情色彩，而“略”要求与其搭配的一般是中性意义的词，因此，我们很少见到这样类型的动词或动宾词组出现在这一格式中。“略+动宾词组”的句法功能在各个阶段没有发生明显的变化，能够做谓语、定语和状语，可以与能愿动词和数量词组共现，但这一形式多数情况下动词后不能带时态助词。

由对“略+动宾词组”的历史考察我们知道，它在汉代以后用例逐渐增多，明清时期比较常见，结构类型还比较齐全。从现代汉语阶段这一格式的发展轨迹来看，前两个阶段发展比较平稳，第三阶段是它发展的高峰时期。这一阶段不但动词的数量有很大的增加，受“略”修饰的动词和动宾词组的语义类型也在不断丰富，而且其他方面也有一定的发展变化。

通过研究我们发现，这一格式相对于其他程度副词带动宾词组发展得比较慢缓，主要是因为：“略”的文言色彩较浓，只能用于书面语中，因此在口语中就很少使用，再加上它倾向于和单音节动词搭配，这样出现的概率就更小了。由于使用频率低，所以发展得就慢一些，不过整体来看还是表现出了上升的发展趋势。

# 第四章

# “太”类程度副词+动宾词组的发展演变

本书的“太”类程度副词包括“太”和“过于”，它们都表示程度过分，在程度的量级中属于超量级。通过对这两个程度副词的考察我们发现，它们不仅在古代汉语中有带动宾词组的情况，现代汉语各个阶段也是如此，如“太显单调”“过于依赖原材料出口”等，而且还在不断地发展变化，因此，我们把这两个程度副词作为这一量级中的研究对象。通过在现代汉语各阶段对“‘太’类程度副词+动宾词组”的发展变化情况进行梳理，不但能揭示它们发展变化的趋势，也希望对这一量级的程度副词有新的认识。

## 第一节　“太”+动宾词组

### 一　“太”简介及这一格式的历史考察

程度副词“太”义同“泰”，《古代汉语虚词词典》对“泰”的解释是：“《说文》：‘泰，滑也。’段注：‘水在手中下滑甚利也。……滑则宽裕自如，故引申为纵泰。’……本义是‘水下溜甚畅’，引申为‘舒泰’。字今作‘太’，有‘过于大’‘甚’的意思。用例多见于先秦两汉，后世多写作‘太’。”[①] 现代汉语中副词“太”有两个基本义项：一个义项表示程度很高，相当于“非常”，如“他说的对，太对了！”；一个表示超过适当的限度或标准，相当于“过于”“过分”，常用于不如意的事情，如

① 中国社会科学院语言研究所古代汉语研究室：《古代汉语虚词词典》，商务印书馆 1999 年版，第 568 页。

“衣服太小了，穿不下。”本书中的“太”两种义项都包括，没有做严格的区分。[①] 副词“太”在现代汉语中的使用频率比较高，且书面语和口语通用。古代汉语中“太”主要是用于形容词前，表示程度超出正常情况或某种标准。在现代汉语中，“太”还可以用于动词或动词性成分前表示这样的意思。

程度副词“太”在上古汉语中就出现了，但先秦两汉多用“泰”。陈克炯认为，极、太、泰、尽、异、已、以、亦（单用）、肆、重、良等，只修饰形容词谓语。[②]《古代汉语虚词词典》在给“太”做注释时说：“用于形容词前，表示程度超出正常情况或某种标准。”[③]《古代汉语虚词类解》对“太”的解释是：“副词，表示程度超过限度，用在副词、形容词前，表示所陈述的情况超出正常情况或者超出规定的标准。”[④] 余心乐、宋易麟的《古汉语虚词词典》的解释是：“一般用在形容词前，表示事物超出正常情况或超过标准，字也作‘泰’”。[⑤] 总之，在古代汉语中“太”主要是修饰形容词，所以“太+动宾词组”格式很少见。

近代汉语阶段“太+动宾词组”在明代逐渐增多，例如：

（1）公品格岂可议，但此等举动，太觉出格，贻累多人，亦学术未纯所致欤？（明《万历野获编》）

（2）内中有一个教乡学假斯文的，姓黄号丹山，混名黄撮空，听得辨悟说话，便接口道：“师父出言太欺人！……”（明《二刻拍案惊奇》）

清代更加常见一些，例如：

（3）见前面无非请安想念话头，看到后面有施俊与牡丹完婚一

① 因为这两种义项都有“量”多的意思，在程度的量级中都属于超量，这时我们更多的是关注这一量级的情况，所以没有区分。

② 陈克炯：《先秦程度副词补论》，《古汉语研究》1998 年第 3 期。

③ 中国社会科学院语言研究所古代汉语研究室：《古代汉语虚词词典》，商务印书馆 1999 年版，第 567 页。

④ 陈霞村：《古代汉语虚词类解》，山西教育出版社 1992 年版，第 213 页。

⑤ 余心乐、宋易麟：《古汉语虚词词典》，江西教育出版社 1996 年版，第 67 页。

节，心中一时好生不乐，暗道：“邵贤弟做事荒唐！儿女大事，如何硬作主张？倒遂了施俊那畜生的私欲。此事太欠斟酌。”（清《七侠五义》）

（4）焦大鹏道：“你们也太讹诈人了，人家还不曾见着小孩子，就要人家见面礼。幸狄贤弟是自家人，若是别人，岂不被人家笑话？”（清《七剑十三侠》）

（5）方成笑道：“道爷太长他人的威风了。”（清《三侠剑》）

由此可见，程度副词“太”虽然出现得比较早，但主要是修饰形容词。用在动宾词组前的现象在近代汉语时才逐渐出现，明清时期用例渐渐增多，而且主要用来做谓语。现代汉语中这一格式应该是继承近代汉语的用法，并不断丰富和发展。这一节我们主要对它在现代汉语各阶段的发展变化进行考察，以便比较全面和深入地了解这一格式的全貌。

## 二 现代汉语各阶段考察

### （一）第一阶段

1. 动词方面

这一阶段用于“太+动宾词组”的动词有57个，它们是：

逼近 抱 出 刺激 耽误 带 得罪 费 放纵 乏 辜负 跟随 恭维 觉 觉得
记得 讲 坚持 看重 苛责 露 浪费 了解 卖 便宜 缺少 缺乏 缺 强调
欺负 欺辱 欺骗 欠 趋 受 伤 失 脱离 误 违犯 委屈 污辱 像 需要
显 羞辱 吸引 依顺 有 抑制 冤枉 值得 折磨 着重 注重 知道 捉弄

其中单音节的有19个，约占总数的33%，双音节的有38个，约占67%。双音节动词虽然占优势，但单音节的比重也相对较多。这里有的动词只在此期出现了，后两个阶段没有考察到，如“乏”和“依顺”，用例如：

（1）现在若以那些所不能了解者向机械论者诘难，那论辩便太乏力量了。（国家语委现代汉语语料库）

（2）只听她正说：“鸿渐这个人，本领没有，脾气倒很大，我也知道，不用李妈讲。柔嘉，男人像小孩子一样，不能spoil的，你太依顺他——”（钱锺书《围城》）

我们认为，这两个动词退隐的原因主要是被意义相同或相近的词代替了。如“乏”一般用“缺”“缺乏”等代替了，“依顺”一般用“顺从”“服从”等代替了，所以，后两个阶段很少再见到这样的动词了。我们曾经对CCL语料库当代阶段的语料进行检索，发现“乏”有7826条用例(这里包括动词意义的，如“贫乏、乏味、乏力”等，还包括形容词意义的，如“疲乏、解乏”等)，而“缺乏”有16457条；“依顺”有36条，而“顺从”有1158条，“服从”有5392条。这说明，“乏”和“依顺”在后两个阶段使用得比较少，可能就是被意义相同或相近的词代替了。

此期按照“太”修饰的不同对象，可以把这些动词分成两类，情况见表4-1：

**表4-1　　第一阶段“太+动宾词组”格式的动词分类**

| 种类 | 数量 | 举例 |
|---|---|---|
| A类 | 21 | 费 缺少 缺乏 强调 像 需要 逼近 耽误 了解 值得 |
| B类 | 36 | 欺负 抑制 欠 脱离 违犯 显 捉弄 辜负 得罪 伤 |

A类中有语素感染类动词，如“逼近、强调”等，也有语义隐含类。后者主要是表示［+消长］义（如“缺、缺乏、费、浪费”）、［+态度］义（如“放纵、恭维”）的。

2. 动宾词组和宾语

本阶段受“太”修饰的动宾词组主要的语义类型有5种，具体见表4-2：

**表4-2　　第一阶段动宾词组语义类型**

| 语义类型 | 举例 |
|---|---|
| 损害义 | 羞辱了“理由”这两个字／捉弄人／欺负人／折磨人／欺辱人／欺骗人／伤和气／污辱了朱女士的女性的庄严 |
| 背顺义 | 依顺他/ 违犯人情／脱离群众 |
| 知晓义 | 觉得幽寂不堪／觉稀奇／知道我们国情／记得了严又陵 |
| 突显义 | 露形迹／显着里边空空如也 |
| 消长义 | 乏力量／欠完满 |

从表4-2可以看出，主要的语义类型是［+损害］义、［+背顺］义、［+知晓］义、［+突显］义和［+消长］义，其中前三种数量比较多。通过以上分析我们发现，这种格式中受“太”修饰的动词或动宾词组有不

少是表示消极意义的，如A类中表示［+消长］义、［+态度］义和［+损害］义的基本都是表示消极意义的，动宾词组很多也是这样，所以说，这是“太+动宾词组”的特点之一。

第一阶段这一形式中宾语的构成成分主要是名词、代词和定中词组，也有少数动词、形容词、主谓词组和动宾词组，构成成分比较丰富，例如：

(3) 晏的想象力不够丰富，并不知道如何表达思想；贺太掉以轻心，也不够庄重；秦太强调感情而忽略了内容，他的词就像出身贫寒俊俏的姑娘，她很妍丽但缺少雍雅的风度；……（《冰心全集第二卷》）——名词

(4) 今天太值得记念了，绝了旧葛藤，添了新机会。（钱锺书《围城》）——动词

(5) 这日晚上，简狄因日间吞卵的情形太觉稀奇，无精打彩，睡得甚早。(钟毓龙《上古秘史》）——形容词

(6) 鲍小姐顶灵便地推脱方鸿渐的手臂，嘴里深深呼吸口气，道：“我给你闷死了！我在伤风，鼻子里透不过气来——太便宜你，你还没求我爱你!”（钱锺书《围城》）——代词

(7) 一方面，没有使干部在思想上彻底了解当时错误的原因、环境和改正此种错误的详细办法，以致后来又可能重犯同类性质的错误；另一方面，太着重了个人的责任，未能团结更多的人共同工作。(《毛泽东选集第三卷》）——定中词组

(8) 所以他的长衣服很瘦，大概是为穿空心大袄的时候，好不太显着里边空空如也，而且实际上也可以保存些暖气。(老舍《也是三角》）——主谓词组

(9) 这个会议的缺点是：没有按照老区半老区和新区的不同的情况决定不同的工作方针；在划分阶级成分的问题上采取了过左的方针；在如何消灭封建制度的问题上太注重了清查地主的地财；……(《毛泽东选集第四卷》）——动宾词组

3. 句法功能等方面

此期“太+动宾词组”主要做谓语，还有做定语和补语的用例，

例如：

(10) 这事可分两层：第一，中国的社会，虽说“道德好”，实际却太缺乏相爱相助的心思。(鲁迅《我们怎样做父亲》)——谓语

(11) 谈话之间，我也未必喜欢太知道我们国情的人，本来我们没有什么体面可说的事，谈话也须有后盾呵！(《冰心全集第二卷》)——定语

(12) 最后，追求得太露形迹了，锦儿开始把暗香叫“山地姑娘”来向她取笑。(林语堂《京华烟云》)——补语

这一阶段的特点还表现在：

第一，这种形式主要出现在陈述句中，但有的也出现在感叹句中，表示强烈的赞叹或不满，如：

(13) 唐小姐气愤地想，这准是表姐来查探自己是否在家。她太欺负人了！方鸿渐又不是她的，要她这样看管着？(钱锺书《围城》)

(14) 宋美龄大哭着说：“你这样做太辜负蒋先生了！”(《人民日报》1946. 12. 15)

这两例中的“太”主要是表示程度很高，相当于“非常”。这种义项的“太”常常构成“太……了”格式，用于感叹句。

第二，“太+动宾词组”很多能够出现在否定句中，表示程度减弱。我们知道，这一格式既可以用于肯定句，也可以用于否定句。它的否定形式有两种，一种是否定副词置于“太”的前面，表示程度减弱，相当于“有点儿不”，是一种委婉的表达方式，如“这些书不太适合他看”；另一种是否定副词置于“太”的后面，表示过分，常带有批评的口气，如“你太不了解我了。”(此处我们主要关注的是前一种情况，因为后者不属于“太”直接带动宾词组的情况，所以我们没有探讨。)经过考察我们发现，第一阶段的动词中有15个出现在了否定句中，如“抱、知道、受、讲、恭维、费”等，这些动词基本上都是中性词，表示贬义的很少。我们看到，有些动词既可以出现在肯定句中，也可以出现在否定句里，如

“讲、了解、需要”等。这样的动词多数是中性词，表示贬义的动词则往往不出现在否定句中，如一般不能说“不太污辱人”“不太冤枉他”等。

本阶段的否定形式主要是两种，一种是直接由否定副词“不”构成，例如：

(15) 确是不能迈步了；这正是他们非叫我走不可的理由——假如这样用不太羞辱了“理由”这两个字。(老舍《猫城记》)

(16) 在那千万的官员之中，一个人必须既不太诚实，也不太急躁，也不太想有作为，也不太想求进步，不太敏感，不太讲良心，还有后台撑腰，大概才能确保官运亨通。(林语堂《京华烟云》)

另一种是由否定副词与能愿动词组合构成的，如：

(17) 鸿渐不愿太受他的栽培，说：“校长当初也答应过我，说下学期升做教授。”(钱锺书《围城》)

(18) 以冷淡对冷淡，才能保住小姐的尊严，她不能太失了身分。(老舍《蜕》)

(19) 不，老三也许不会太苛责他。老三是明白人，而且在外面闯练了这么几年。对的，老三必定会原谅大哥的。瑞宣惨笑了一下。(老舍《四世同堂》)

这种否定形式中的能愿动词大多可以去掉，但不如原句表意精细。

第三，“太+动宾词组”有很多与“了”共现，例如：

(20) “论这件事，老徐的错误多些。老曹虽则未免独断独行，但他的心是好的。他是一个鲁莽的热心人。老徐说他别有野心，自然是太冤枉了老曹。”(茅盾《蚀》)

(21) 幸而是稀稀的，要不然便太露痕迹了。（老舍《牛天赐传》)

“了”有两类，一类是出现在动词后，用作时态助词，如例（20）；一类是出现在句末，用作语气助词，如例（21）。前一例的“了”位于动词“冤枉”的后面，表示动作行为已经完成或实现，去掉以后，句子仍然成立。后一例的“了”位于句末，主要是表示出现新情况，也能表示赞叹和不满的语气。因为程度副词“太”主要是表示超出正常情况或规定的标准，所以，“太+动宾词组”形式很多都是用来表示强烈的赞叹或不满的，因此，句末就会经常出现这样的语气助词。

总之，第一阶段“太+动宾词组”主要的特点是：用于这种格式的动词数量不是很多，且以双音节的为主，动词一般不会受到单、双音节的限制。A类动词或受“太”修饰的动宾词组主要是表示［+损害］义、［+消长］义和［+态度］义的，并且多数是消极意义。“太+动宾词组”可以出现在否定句中，能够做谓语、定语和状语。

### （二）第二阶段

#### 1. 动词

本阶段用于“太+动宾词组”的动词有71个，比第一阶段增加了13个，增加得不是很多。其中有13个是单音节的，约占总数的18%，58个双音节的，约占82%。单音节动词所占比重比第一阶段下降了15%，双音节的增加了15%，可见，到第二阶段双音节动词所占的比重越来越大。

第二阶段动词的数量虽然比前一阶段增加得不多，但与第一阶段不同的却不少，共有49个，它们是：

成 侧重 担 对 低估 带有 懂得 打扰 富有 符合 妨碍 鼓舞

感到感 忽略 花 激动 解决 接近 较量 急需 夸大 靠近 靠 考虑

麻烦 漠视 难为 偏向 偏重 迁就 熟悉 失去 受 适合 善于 适应

深入 损害 抬举 拖延 违背 习惯 限制 影响 依赖 优待 追求 照顾

这些动词中少数是表示消极意义的，如“低估、打扰、漠视、拖延”等，大部分是表示中性意义或积极意义的动词，如“懂得、鼓舞、接近、解决”等。有的词与前一阶段的某些词意义相同或相近，如“偏重、侧重”和前一阶段的“着重、注重”，“有”和前一阶段的“富有”，“违背”和前一阶段的“违犯”，还有“依赖”和前一阶段的“依顺”等。这表明，第二阶段特有的动词很多是通过类推作用出现的。纵观前面几种“程度副词+动宾词组”的情况，我们认为，类推在增加动词数量方面起到了重要作用，而且带有一定的普遍性。

这一阶段的动词按照“太”修饰的不同对象同样可以分成两类，具体见表4-3：

表 4-3　　第二阶段“太+动宾词组”格式的动词分类

| 种类 | 数量 | 举例 |
|---|---|---|
| A 类 | 34 | 低估 接近 夸大 浪费 偏向 熟悉 善于 偏重 适应 冤枉 |
| B 类 | 37 | 打扰 妨碍 受 损害 拖延 违背 限制 感到 花 靠 |

A 类中语素感染类主要是复合式形素感染类，如“侧重、低估、接近、夸大、熟悉、偏向”等，加缀式形素感染类较少。语义隐含类主要是表示［+背顺］义（如“符合、适合、适应、依赖”）、［+消长］义（如“费、浪费”）和［+态度］义（如“迁就、照顾”）。与第一阶段相比，此期语义隐含类中表示［+背顺］义的动词增多了。

2. 动宾词组和宾语方面

本阶段受“太”修饰的动宾词组主要的语义类型有所发展，达到了 6 种，具体见表 4-4：

表 4-4　　第二阶段动宾词组语义类型

| 语义类型 | 举例 |
|---|---|
| 损害义 | 伤感情／欺负人／打扰你们／损害戏剧性／拖延时日／影响生产工作的进行／得罪人 |
| 背顺义 | 违背历史的看法／对我们的心思／脱离现实 |
| 知晓义 | 觉火炽／感到不方便／懂得操作法／知道什么是痛苦 |
| 消长义 | 失去时机／欠讲究／解决问题／花时间 |
| 态度义 | 追求热闹／忽略培养大学生的独立思考、独立工作能力／漠视现在大学生的科学兴趣／抬举他们／辜负主席爱厚之意 |
| 具有义 | 有好处／带有个人趣味／富有教育意味 |

与第一阶段相比，此期的语义类型增加了［+态度］义和［+具有］义，［+突显］义动宾词组在这一阶段很少出现。

第二阶段“太+动宾词组”中宾语的构成成分有 7 种，它们是名词、动词、形容词、代词、定中词组、动宾词组和指量词组。与第一阶段相比出现了指量词组，但没有考察到主谓词组的用例。由指量词组做宾语的用例如：

(22) 张步高猛想起临来太性急了，没来及把鞋子换下来，有点后悔。但又一想，夫妻嘛，不能太较量这个，便不介意地说：……

（《人民日报》1956.07.20）

此例中“这个”是由指示代词“这”和量词“个”构成的指量词组做“较量”的宾语。

3. 句法功能及其他方面

本阶段这一格式可以做谓语、定语、补语和宾语。与前一阶段相比新出现了做宾语的用例，数量虽然很少，但还是说明比第一阶段有所发展，例如：

（23）目前有一部分工人群众和一些工会干部对党的和平赎买政策，特别是对赎买政策中的一些具体措施还理解得不够清楚，他们认为“太便宜了资本家”了，因而心里不大服气。（《人民日报》1956.11.30）

其他方面的发展变化还体现在：

其一，这一格式出现在感叹句中的用例比前一阶段增多。第一阶段是4例，此期达到了13例，如：

（24）战士们说：“演出队唱出了我们的心里话，太鼓舞人啦！”（《人民日报》1966.08.31）

（25）诋毁新社会扼杀了她的“敏感”和“独立思考”，整天地嚷：“这太限制我自由了！”（《人民日报》1957.09.15）

这些感叹句一般还是“太……了（啦）”的格式，用来表示强烈的赞扬或不满。如例（24）表示赞扬，例（25）表示不满。这里的“太”还是表示程度很高，相当于“非常”。这种情况数量增加主要是因为：此期出现的动词很多是带有积极意义的，或是带有消极意义的，所以，它们就能够用于“太……了（啦）”的格式，表示强烈的赞扬或不满，从而使语言带有鲜明的感情色彩。

其二，“太+动宾词组”还经常与“真是、是、简直是、是……的”共现。这些成分主要起强调的作用，使程度加深，还可以进一步加强语气，例如：

(26) 她说：“过去，旅大地区这个学院，那个学院不老少，就是没听说有一所学农业的‘庄稼院’。这回，在我们家门口办起了为贫下中农服务的农学院，真是太对我们的心思了。”（《人民日报》1975. 12. 27）

(27) 说怕学生莫衷一是，无所适从，这是太低估了现在大学生的能力了，也太漠视现在大学生的科学兴趣了，同时也太忽略培养大学生的独立思考、独立工作能力了。(《人民日报》1956. 07. 05)

(28) 在这次视察收到接触实际的效果后，才体会到主席的用心，深深抱恨自己过去是太辜负主席爱厚之意了！（《人民日报》1956. 02. 08)

(29) 看了这次观摩演出，完全可以得出这样的结论：京剧演现代戏，不单是大有可为，简直是太有可为。(《人民日报》1964. 06. 19)

(30) 当全乡红旗竞赛的第一次评比时，广大群众和多数干部是不太感兴趣的，认为新村社省里有名，北京有案，社主任彭光贤同志是著名的全国劳模，又见过毛主席，评不评反正红旗是新村社的。(《人民日报》1958. 06. 09)

这些成分一般可以去掉，句子仍然能够成立，但不如原句的语气更强烈，试比较：

这回，在我们家门口办起了为贫下中农服务的农学院，真是太对我们的心思了。→

这回，在我们家门口办起了为贫下中农服务的农学院，太对我们的心思了。

很显然，前者的表达效果更好。

其三，这一格式的否定形式比第一阶段更为丰富。此期“太+动宾词组”也经常出现在否定句中。否定句的形式也主要是两种，一种是“不（没有）+太+动宾词组”，一种是“不+能愿动词+太+动宾词组”。不过前一种形式的否定副词在第一阶段比较常见的只有“不”，而此期还有“没有”出现。本阶段否定句的用例如：

（31）他需要自己去领料，但他尽可能把领料时间挤在机器不太需要照顾的时间，这样就可以少停止以至不停止机器的转动。（《人民日报》1950.02.03）

（32）曾听到一位到过国外的朋友谈起，有些兄弟国家的剧院，行政人员少到依我们目前的惯例看来，似乎无法工作的地步，而他们却依然工作得很好，剧场上演迄未中辍，也没有太感到不方便。（《人民日报》1957.02.13）

（33）“约克郡邮报”说，对政府首脑会议作适当的准备是必要的，然而，“这种准备不应该太拖延时日。如果把注意力集中在最重要的问题上，那么就可能取得实际的结果，并且普遍缓和紧张局势。”（《人民日报》1958.07.26）

例（31）和例（32）虽然都是否定句，都表示程度的减弱，但比较起来还是有差异的。用“不”是一般的否定，否定的是动作行为本身，而“没有”否定的是动作行为的完成或经历，这里是否定“感到不方便”的经历。

总之，第二阶段体现出来的发展变化主要是：动词的数量有所增加，双音节动词所占的比重越来越大。受“太”修饰的动词和动宾词组语义类型不断丰富，宾语的构成成分越来越多样化。句法功能进一步发展，用在感叹句中的用例增多，还出现了不少用于强调句式的用例，否定形式有所变化。

**（三）第三阶段**

1. 动词方面

经过考察，这一阶段用于“太+动宾词组”的动词有138个，比第二阶段增加了67个，增长的幅度较大。这些动词中单音节的有23个，约占总数的17%，比第二阶段下降了1%；双音节的有115个，约占83%，比第二阶段上升了1%。这一阶段占优势的仍然是双音节动词，但所占的比重没有发生很大的变化。此期有39个动词用于“太+动宾词组”的否定形式，比前两个阶段增加了一倍多，如“照顾、显露、精通、坚持、看好、降低、属于”等，这些动词中主要是中性词和褒义词，贬义词较少。综合前两个阶段的考察情况，我们认为，中性词和褒义词一般既可以出现在“太+动宾词组”的肯定形式中，也可以出现在否定形式中，而贬义词则很少出现在这一格式的否定形式中。

本阶段与前两个阶段不同的动词有 65 个，它们是：

摆 败坏 贬低 崇尚 宠 充满 超出 触犯 摧残 打击 得 动 锻炼 扼杀
顾 干扰 干涉 关注 耗费 具 具有 具备 集中 节约 接受 精通 降低
见 教育 解 考验 夸奖 看好 懒得 理会 流行 埋没 卖弄 破坏 排斥
擅长 属于 损伤 损坏 省 失去 束缚 贪图 提供 体现 侮辱 违反 危害
显露 享受 向往 应付 依靠 压迫 用 要求 糟蹋 指望 遵守 阻碍

这样的动词数量比较多，除了类推作用以外，还因为：有些动词在第一阶段就已经存在了，但没有用于“太+动宾词组”格式。经过几十年的发展，它们的使用频率逐渐提高，用法可能也会发生变化，组配能力不断增强，所以，到第三阶段就出现了进入这一格式的用例，从而使动词数量增加，像“束缚”就属于这样的情况。我们曾在各阶段自建语料库中对它的使用情况进行考察，结果见表 4-5：

**表 4-5　“束缚”使用情况**

| 阶段 | 用例数 | 词频（%） | 用法 | 举例 |
|---|---|---|---|---|
| 第一阶段 | 19 | 0.00057 | 带宾语 | 束缚你们 |
| | | | 做中心语 | 永久的束缚 |
| | | | 做宾语 | 受了束缚 |
| 第二阶段 | 23 | 0.00069 | 带宾语 | 束缚生产力的发展 |
| | | | 做中心语 | 旧礼教的束缚 |
| | | | 带补语 | 束缚起来 |
| 第三阶段 | 30 | 0.00089 | 带宾语 | 束缚了人们的思想 |
| | | | 做中心语 | 这些束缚 |
| | | | 做宾语 | 成为束缚 |
| | | | 带补语 | 束缚住 |
| | | | 带宾语后做修饰语 | 束缚世人的枷锁 |
| | | | 用于介词结构 | 在腐败社会的束缚下 |
| | | | 用于被动格式 | 被束缚在大家庭中<br>为清教徒的道德标准所束缚 |
| | | | 用于“‘太’+动宾词组” | 太受束缚 |

考察结果显示，“束缚”从第一阶段到第三阶段的用例数量逐渐增加，使用频率不断提高。同时，它的语法功能也在变化，尤其到第三阶段用法越来越多。虽然这只是对个案的考察，但我们相信，这样的动词还是

客观存在的。

此期按照“太”修饰的不同对象，可以把这些动词分成A类和B类，情况见表4-6：

表4-6 第三阶段“太+动宾词组”格式的动词分类

| 种类 | 数量 | 举例 |
|---|---|---|
| A类 | 52 | 败坏 降低 流行 破坏 损坏 擅长 值得 靠近 了解 卖弄 |
| B类 | 86 | 触犯 摧残 打击 干扰 伤害 危害 阻碍 糟蹋 显露 耗费 |

A类中既有语素感染类，又有语义隐含类。语素感染类中加缀式形素感染类依然比较少，语义隐含类主要是表示［+态度］义（如“崇尚、宠、恭维、迁就、照顾”）、［+背顺］义（如“符合、适应、依赖”）和［+消长］义（如“费、浪费”）的，其中［+态度］义动词比前两个阶段有较大增加。

2. 动宾词组和宾语方面

这一阶段受“太”修饰的动宾词组主要的语义类型有7种，具体见表4-7：

表4-7 第三阶段动宾词组语义类型

| 语义类型 | 举例 |
|---|---|
| 损害义 | 伤身体／侮辱人／干扰其他病人／糟蹋粮食／折磨人／损伤蒋介石的面子／摧残儿童／打扰我的生活／扼杀球员的个性/ 损害上海形象／拖延时间／危害社会 |
| 背顺义 | 脱离现实／违背初衷／违反常情／依靠父母 |
| 知晓义 | 感到惊讶／懂得历史对他们的偏爱 /知道这种俗称“狼咬脖”的水稻流行病的危害 |
| 消长义 | 耗费时间/ 花时间／欠考虑／超出常人想象／失去理智／锻炼人 |
| 态度义 | 应付观众 /追求物质化的爱情／抬举我／贪图国际化／接受禁止退保的事实／向往一所好大学 |
| 具有义 | 有水平 /具讽刺意味／带有个人趣味的色彩／抱这种幻想／具有可行性／具备根本性质的革命／带片面性、阴暗性／富有悲剧性 |
| 突显义 | 显小／显露锋芒／见光彩／体现男子汉气质 |

与第二阶段相比，此期动宾词组的语义类型增加了［+突显］义，而且［+态度］义和［+损害］义的数量比前两个阶段都有较大增加。

第三阶段名词、动词、形容词、代词、定中词组、状中词组、主谓词组、动宾词组和连动词组都可以充当这一格式中的宾语，此期新出现的构成成分是状中词组和连动词组，例如：

(34) 他也没太坚持要走。(梁晓声《表弟》)——状中词组

(35) 首先是新侨眷多了。……二是一些年轻人已不太向往出国定居。(《人民日报》1991.01.13)——连动词组

在新浪网的检索中我们还发现了兼语词组做这一格式的宾语，例如：

(36) 但是虽然他强调了可能选到不错的球员，开拓者也并不是太急需让球队的阵容进一步年轻化。(新浪体育 2008.05.22)——兼语词组

这些都说明此期的构成成分比前一阶段更为丰富。

3. 句法功能及其他方面

本阶段“太+动宾词组”可以做谓语、定语、宾语和补语，与第二阶段相比没有产生更多的变化。

其他方面的发展变化还表现在以下几点：

第一，这种格式的否定形式出现了多样化的趋势。此期的否定形式也主要是两种，一种是否定副词直接出现在“太”的前面，构成“不（没/没有/别）太+动宾词组”形式。前两个阶段比较常见的是“不”和“没有”，但此期除了它们以外，还有“没”和“别”，例如：

(37) 但愿上帝只是和您开了一个小小的玩笑，用一点点的皮肉之痛让您知道张弛有度，知道别太忽略自己。(《人民日报》2007.04.12)

(38) 相反，有些艺术家和作品在当时并没太引起社会的注意，倒是几十年几百年以后被人们所公认。(《人民日报》1996.02.06)

“没”也是否定动作行为的完成或经历，“别”在这里主要表示劝阻和禁止，相当于“不要”。第一种否定形式中数量最多的是“不太+动宾词组”，“没（别）太+动宾词组”相对少一些 。另一种是否定副词与能愿动词组合后用在“太+动宾词组”前，构成“不要（不会/不

能/不应该）太+动宾词组”。这种否定形式也比前一阶段丰富，例如：

（39）她真诚地说：“我深知家中困境，不能太依靠父母，自己挣钱养自己，苦些累些，但值。”（《人民日报》1994.09.16）

第二，“太+动宾词组”不但能出现在陈述句、感叹句中，还能出现在反问句中。而这种情况在前两个阶段的语料中没有发现，这也是第三阶段比较大的变化，如：

（40）为什么不争？一是不必，胸有成竹，不战而胜，是为上上。二是不屑，与四七二十七者争论，不是太降低了自己吗？（国家语委现代汉语语料库）

上面的情况在网络上检索也能见到，如：

（41）你不是也说太解风情的男人靠不住么？（《武汉晚报》2010.01.09）

这两个反问句实际上表示的都是肯定的意思，它们也可以变换成陈述句，如：

二是不屑，与四七二十七者争论，不是太降低了自己么？→
二是不屑，与四七二十七者争论，太降低了自己。
你不是也说太解风情的男人靠不住么？→
你说太解风情的男人靠不住。

变换成陈述句以后，表达效果远远不如原句理想。用于反问句不但能增强肯定的语气，还能使语言富于变化，同时也说明“太+动宾词组”能够出现的句式进一步多样化了。

第三，此期还有一个比较突出的现象，那就是出现了程度副词连用，即“太”与程度副词“过于”“有点”连用，构成“太过于+动宾词组”或者是“有点太+动宾词组”的形式，例如：

(42) 他说：“由于安全工作非常严格，因此进入比赛场馆将会耗费非常多的时间。我觉得组委会可能太过于注重这些方面了。……”（新华社2004年新闻稿）

(43)“这样好是好，可就是有点太拖累你和小廓了。”丁大生感慨地说。（刘郎《替父征婚和为媳作媒》）

甚至还出现了三个程度副词连用，这在前两个阶段的语料中更没有发现，例如：

(44) 泰斯注意到自己实在有点太过靠近边缘了，于是急忙的走向要塞本身的高墙。（国家语委现代汉语语料库）

同量级的程度副词连用主要是为了加强语气，进一步强调超出正常的程度，如例（42），而不同量级的程度副词连用则有削弱程度的作用，如例（43）。例（44）既有同量级的程度副词连用，也有不同量级的程度副词连用，但我们认为，整体上还是表示程度降低。出现这样的现象说明此期人们在表达时更加注意语言的精确、周密。

总之，第三阶段主要的发展变化是：动词的数量明显增加，受“太”修饰的动宾词组语义类型不断丰富，有些类型的动宾词组数量也在上升。宾语的构成成分越来越丰富，否定形式呈现多样化趋势，出现了反问句的用例和程度副词连用的情况。

## 三 小结

现代汉语各阶段用于“太+动宾词组”的动词具体情况见表4-8：

**表4-8 各阶段动词的数量及百分比**

| 数量及百分比 / 时间段 | 总数 | A类 | | B类 | |
|---|---|---|---|---|---|
| | | 数量 | 百分比 | 数量 | 百分比 |
| 第一阶段 | 57 | 21 | 37% | 36 | 63% |
| 第二阶段 | 71 | 34 | 48% | 37 | 52% |
| 第三阶段 | 138 | 52 | 38% | 86 | 62% |

从表 4-8 可以看到，动词的数量不断增加，呈上升型变化，而且第三阶段的数量变化最大，如图 4-1 所示：

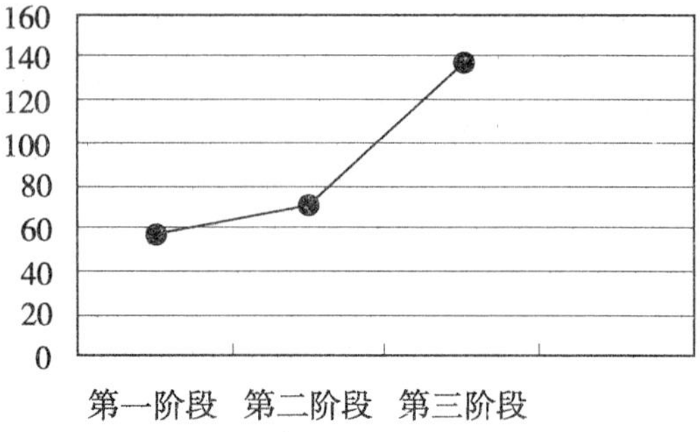


**图 4-1　各阶段动词数量变化趋势**

A 类动词的数量也是不断增加，但在各阶段所占的比重却是呈马鞍形变化，即先上升后下降。B 类动词的数量基本是呈向上型发展，在各阶段所占的比重呈 U 字形变化，即先下降后上升。我们还发现，加缀式形素感染类动词很少能进入这一格式。

“太+动宾词组”在各阶段的其他情况见表 4-9：

**表 4-9　　各阶段其他方面情况**

| 具体情况<br>时间段 | A 类动词主要的语义类型 | 宾语的构成 | 动宾词组主要的语义类型 | 此格式的句法功能等情况 |
|---|---|---|---|---|
| 第一阶段 | 消长义<br>态度义 | 名词、动词、形容词、代词、定中词组、主谓词组、动宾词组 | 损害义<br>背顺义<br>知晓义<br>突显义<br>消长义 | 可做谓语、定语、补语，能用于否定句、陈述句、感叹句 |
| 第二阶段 | 背顺义<br>消长义<br>态度义 | 名词、动词、形容词、代词、定中词组、动宾词组、指量词组 | 损害义<br>背顺义<br>知晓义<br>消长义<br>态度义<br>具有义 | 可做谓语、定语、宾语和补语，出现了不少用于强调句式的用例 |
| 第三阶段 | 态度义<br>背顺义<br>消长义 | 名词、动词、形容词、代词、定中词组、状中词组、动宾词组、主谓词组、连动词组、兼语词组 | 突显义<br>背顺义<br>知晓义<br>消长义<br>具有义<br>态度义<br>损害义 | 能做谓语、定语、状语、宾语，否定形式呈现多样化趋势，出现了反问句的用例和程度副词连用的情况 |

由表4-9可见，A类动词的语义类型主要是［+态度］义、［+背顺］义和［+消长］义，从第一到第三阶段不断增加，而且个别语义类型中动词的数量也呈上升的趋势。宾语的构成也越来越丰富，由7种发展到10种，使这一格式的宾语更加复杂。受“太”修饰的动宾词组语义类型主要是［+突显］义、［+背顺］义、［+知晓］义、［+消长］义、［+具有］义、［+态度］义和［+损害］义，其他类型的动宾词组一般不能用于这一形式，如“变成一种习惯、促使我们的进步”等词组就不可以。语义类型从第一阶段的5种发展到第三阶段的7种，范围不断扩大。“太+动宾词组”可以做谓语、定语、宾语、状语和补语，能用于否定句、陈述句、感叹句和反问句，与其他程度副词带动宾词组的格式比较起来能应用的句类比较丰富。

从对这一格式的历史考察我们知道，程度副词“太”在上古汉语就出现了，但它主要是修饰形容词，所以古汉语中“太+动宾词组”比较少。到近代汉语阶段它才逐渐出现，明清时期的用例不断增加。现代汉语主要是继承近代汉语的用法，并得到了进一步发展。另外，通过历时考察我们也可以看到程度副词“太”的发展变化，“太”由古汉语中主要修饰形容词发展到现代汉语中带动宾词组，这说明，随着语言的发展变化，程度副词“太”也在不断虚化。

总之，经过考察我们认为，“太+动宾词组”在现代汉语各阶段都有发展变化，尤其到第三阶段用例的数量增加得更多。受“太”修饰的动词和动宾词组语义类型更加丰富，发展变化更明显一些。整体来看，这种格式的发展没有出现下降的趋势，而是一直呈直线前进型发展变化。

## 第二节 “过于”+动宾词组

### 一 “过于”简介及这一格式的历史考察

“过于”古作“过於”，据何金松《虚词历时词典》的注释，“过於”用于程度副词最早的用例出现在战国时期，如：“味过於酸，肝气以津，脾气乃绝。味过於咸，大骨气劳，短肌，心气抑。《黄帝内经素问》”。①

① 何金松：《虚词历时词典》，湖北人民出版社1994年版，第11页。

但这样的用法在古代汉语阶段不是很多，而且它主要是修饰形容词。到近代汉语，据杨荣祥考察，“过于”在宋代《朱子语类》中的用例就比较多了。“过于”表示程度过分，超出限度，能修饰形容词、动词或词组。①现代汉语中“过于”的使用频率较低，在我们考察的12个程度副词中位于倒数第二位。

“过于”用于程度副词虽然出现得比较早，但很少，而且主要是修饰形容词。到近代汉语，据杨荣祥（2005）对《敦煌变文集》《朱子语类》《新编五代史平话》和《金瓶梅词话》四种文献中的副词进行考察，“过于”只在《朱子语类》中出现过，也是修饰形容词，很少有修饰动词性词语的情况。这说明，在宋代以前“过于+动宾词组”格式很少见到。据我们考察，这种格式较多出现在清代，用例如：

（1）黑八哥一时虽不愿意，究竟因为他经手的卖买多，少他不得，一时也不便过于回绝他。（清《官场现形记》）

（2）只因他过于巴结洋人，擅停武考，以致他们欲归不得，要考不能，不免心生怨望。（清《文明小史》）

（3）平儿知他着急，便叫贾琏道：“二爷也别过于伤了自己的身子。”（清《红楼梦》）

（4）话说马如飞迎接周信进里，走至客堂，周信搭眼一看，暗道：你马如飞也过于卖弄软功了，但我周信谅情在你面前总可不至挂免战牌。（清《续济公传》）

这些用例既有肯定形式，也有否定形式，而且宾语一般由名词和定中词组构成，不是很复杂。句法功能也比较单一，主要是做谓语。

总之，“过于+动宾词组”最早应该出现在近代汉语，它产生的历史并不是很长。现代汉语阶段的这种格式应该是继承近代汉语的用法并有所发展。本节我们主要对它在现代汉语阶段的发展变化进行描写，以便了解它的发展变化轨迹。

① 杨荣祥：《近代汉语副词研究》，商务印书馆2005年版，第56页。

## 二 现代汉语各阶段考察

### （一）第一阶段

1. 动词、动宾词组及宾语

这一阶段我们考察到进入“过于+动宾词组”的动词有 21 个，它们是：

富有 妨碍 干 讲 近似 离开 看轻 卖 便宜 偏袒 偏重 欺侮 强调 亲近 思量 推崇 推重 提高 为难 委屈 责难

其中单音节动词有 3 个，约占总数的 14%，双音节的 18 个，约占 86%，双音节动词占绝对优势。

这些动词按照是否受“过于”修饰，可以分成 A 类和 B 类，情况如下：

A 类动词（12 个）：

为难 推崇 委屈 看轻 便宜 偏袒 强调 亲近 提高 推重 近似 偏重

B 类动词（9 个）：

责难 欺侮 卖 离开 讲 思量 干 妨碍 富有

A 类中有 9 个是语素感染类，如“看轻、偏袒、强调、提高”等。只有 3 个是语义隐含类，如“推崇、委屈、便宜”。另外，A 类全部是复合式形素感染类，没有出现加缀式形素感染类。

受“过于”修饰的动宾词组主要的语义类型是［+损害］义和［+背顺］义，类型较少，而且结构都比较简单。

此期“过于+动宾词组”中宾语可以由名词、代词、定中词组和主谓词组 4 种成分构成，例如：

（1）大赤包和招弟既都想放弃了李空山，晓荷自然不便再持异议，而且觉得自己过于讲信义，缺乏时代精神了。（老舍《四世同堂》）——名词

（2）因她究属是个妇人，不好过于为难她。（许啸天《明代宫闱史》）——代词

（3）因为过于思量你们的欠负，就是怀疑了那以慈悲的大地为母、以上帝为父的人的仁心。（《冰心全集第一卷》）——定中词组

（4）因此，现在也不必过于强调村干立刻反省错误，甚至如稿

内所称“回村后开会，要群众提意见”。（《人民日报》1948.06.01）——主谓词组

2. 句法功能及其他方面

本阶段这一格式在句中主要做谓语和定语，例如：

（5）朋友，你不要过于看轻这种间接的生存，许多热情的人他们会为着你的存在，而加增了生的意识的。（林徽因《纪念志摩去世四周年》）——谓语

（6）不过这“无产者本来并没有阶级的自觉。是几个过于富有同情心而又态度偏激的领袖把这个阶级观念传授了给他们”，要促起他们的联合，激发他们争斗的欲念。（鲁迅《二心集》）——定语

做其他成分还没有见到。

“过于+动宾词组”还能用于否定句，主要是由否定副词“不”和能愿动词构成，否定形式能使过分的程度得到削弱，如：

（7）但是，既不能就怀旧之点来发挥，又不能过于离开追悼的范围说话，这篇文章应当如何下笔呢？（苏雪林《北风》）

（8）这一来，免得两宫多生意见；二来，也叫慈禧太后心里有几分恐惧，不敢过于欺侮慈安，这原是很好的法子。（许啸天《清代宫廷艳史》）

此期的否定形式比较单一。

它还能与程度副词“太”连用，用来强调程度过分，比如：

（9）他们认为贝文的演说，是企图与以前批评贝文的政策太过于亲近美国的那些工党党员谋取妥协。（《人民日报》1946.12.28）

“太”和“过于”是属于同一量级的程度副词，它们连用在一起能使过分的程度进一步增强，这种情况在前面探讨“太+动宾词组”时也提到过。我们认为，这种同量级的程度副词连用一定程度上也反映了“太”

或“过于”的程度义出现了“损耗”，也就是说，它们有时已经不能表达程度过度的意思了，于是就用同量级的程度副词连用。

总之，第一阶段“过于+动宾词组”的特点主要是：用于这一形式的动词比较少，没有加缀式形素感染类出现。受“过于”修饰的动宾词组主要的语义类型是［+损害］义和［+背顺］义。它可以出现在否定句中，能与程度副词“太”连用。

### （二）第二阶段

*1. 动词方面*

本阶段有58个动词进入“过于+动宾词组”格式。其中单音节的有3个，约占总数的5%，比第一阶段下降了9%，双音节的57个，约占95%，比第一阶段上升了9%，双音节动词所占的比重越来越大。

与第一阶段相比，只有5个动词是相同的，不同的达到了52个，它们是：

贬低 暴露 侧重 低估 毒化 放纵 拂逆 感到 接近 讲求 拘泥 集中
结合 降低 加重 简化 计较 靠近 看重 夸大 夸张 苛责 浪费 迷恋
美化 冒犯 花费 偏 迁就 求 倾向 缺少 热衷 思虑 缩小 听信
突出 挑剔 统揽 推迟 提早 像 依赖 依靠 依据 仰赖 重用 追求
追究 注重 照顾 遵守

所以说，动词趋新的特点比较突出。这些动词有很多在第一阶段就存在，如“简化、热衷”等，但没有发现进入“过于+动宾词组”的用例。此期出现了，原因可能是：第一阶段的使用频率较低，它们自身的句法功能还不完备，因此没有出现这样的用法。当发展到第二阶段时，使用频率提高了，逐渐出现了进入“过于+动宾词组”格式的现象，所以，在我们的语料范围中就考察到了。为了验证这一说法，我们在CCL语料库民国和现代阶段以及1950—1979年的《人民日报》中对“简化”和“热衷”的使用情况进行了检索，具体见表4-10：

**表4-10 “简化”“热衷”使用情况**

| 检索词/时间段 | 简化 | 热衷 |
|---|---|---|
| 第一阶段 | 4例 | 5例 |
| 第二阶段 | 1727例 | 572例 |

尽管我们的语料范围可能不太均衡，但一定程度上还是能够反映出这两个动词的使用状况。也就是说，第一阶段它们的用例很少，到第二阶段数量明显增加，因此，就出现了进入“过于+动宾词组”的用法。

按照“过于”修饰的不同对象，可以把此期动词分成两类，情况如表 4-11：

**表 4-11　第二阶段“过于+动宾词组”格式的动词分类**

| 种类 | 数量 | 举例 |
|---|---|---|
| A 类 | 36 | 毒化 降低 迁就 缩小 提早 照顾 侧重 亲近 突出 像 |
| B 类 | 22 | 拂逆 拘泥 花费 依据 追究 冒犯 结合 仰赖 讲求 离开 |

A 类中有 23 个是语素感染类动词，如“贬低、毒化、接近、加重、靠近”等。与前一阶段相比，此期出现了加缀式形素感染类，如“毒化、简化、美化”。语义隐含类有 13 个，比第一阶段增加了 10 个。它们主要的语义类型是［+态度］义，如“放纵、迁就、推崇、挑剔、照顾”；［+突显］义，如“暴露、突出”；［+背顺］义，如“像、依赖”。

2. *动宾词组和宾语方面*

第二阶段受“过于”修饰的动宾词组主要的语义类型有 3 种，具体见表 4-12：

**表 4-12　第二阶段动宾词组语义类型**

| 语义类型 | 举例 |
|---|---|
| 态度义 | 追求照片上的“真实”／讲求形式／求稳／倾向依靠武力来解决问题／计较个人的得失 |
| 背顺义 | 拂逆他的意思／仰赖最廉价的办法 |
| 损害义 | 冒犯美国垄断资本家／推迟学习算术的时间 |

与第一阶段相比，动宾词组的类型主要增加了［+态度］义，而且它的数量也是最多的。

第二阶段这一格式中的宾语可以由名词、形容词、联合词组、定中词组、动宾词组和连动词组来充当，构成成分达到了 6 种，比第一阶段多了两种。此期新出现的有形容词、连动词组、动宾词组和联合词组 4 种，用例如：

(10) 对于我面临的这些考验，人们不应当过于感到意外。(《人民日报》1963.01.03) ——形容词

(11) 至于当前国内外阶级斗争，在他看来可不必过于花费时间和精力去注意，因为“对当前现实，国内外大事，我们生活在这时代，可以通过看报、看杂志、谈话、听报告等方式了解，得到知识”。(《人民日报》1966.04.03) ——连动词组

(12) 他说，令人遗憾的是，有一些人过于热衷充当约翰逊的走卒。(《人民日报》1965.08.11) ——动宾词组

(13) 譬如韩愈，他主张写文章必须“唯陈言之务去”，……可是，由于他有时只是片面地在形式上力去陈俗，特别是他有一些诗歌，过于追求生僻的用字和突兀的句法，看似“奇崛”，其实是流于险怪，至有“诘［jié］屈聱［áo］牙”之讥。(《人民日报》1961.12.22) ——联合词组

这说明“过于+动宾词组”的结构更加复杂，类型更为丰富。

3. 句法功能等方面

此期这一格式可以做谓语、定语和宾语，但前一阶段没有出现做宾语的用例，所以说，“过于+动宾词组”充当句子成分的能力比前一阶段有所发展，如：

(14) 美联社22日从华盛顿发出的一篇报道说，美国官员们正在对西藏叛乱事件采取一种所谓“带战略性的沉默政策”，目的是避免过于暴露美国。(《人民日报》1959.04.24) ——宾语

第二阶段其他方面的发展变化还表现在：

与这一格式连用的程度副词比第一阶段增多了，除了“太”，还有“有些”，例如：

(15) 他早期的散文如《匆匆》《荷塘月色》《桨声灯影里的秦淮河》都有点儿做作，太过于注重修辞，见得不怎么自然。(《人民日报》1962.05.19)

(16) 我们也有些过于看重自己的身体。(《人民日报》

1966. 02. 14）

“有些”与“过于”是属于不同量级的程度副词连用，能够削弱过分的程度，使语气更加委婉，试比较：

我们也有些过于看重自己的身体。→
我们也过于看重自己的身体（了）。

去掉“有些”，后者的语气就显得太重。我们认为，“有些”与“过于”连用主要与人们的语言心理有关。一般人们在表达消极的意义时往往是朝小里或少处说，来尽量减少对自己或别人的贬损，这样更容易让对方接受，从而获得对方的感激和信任。其实，这也是言语交际中“礼貌原则”的具体表现。

总之，第二阶段的发展变化主要是：用于这一形式的动词数量增多，单音节动词继续减少，出现了加缀式形素感染类动词；受“过于”修饰的动宾词组和宾语的构成成分比前一阶段都更加丰富；“过于+动宾词组”的句法功能有一定的发展，出现了做宾语的用例，与“过于”连用的程度副词继续增加。

### （三）第三阶段

#### 1. 动词

本阶段进入“过于+动宾词组”的动词有111个，比第二阶段多了53个。这一阶段动词的数量不仅是最多的，而且增加的数量也很大。这些动词中单音节的有7个，约占总数的6%，双音节的104个，约占94%，虽然单音节和双音节动词的数量比第二阶段都有所增加，但它们所占的比重与第二阶段基本相同。综合前两个阶段的考察结果，我们发现，出现在这一格式中的动词绝大多数是双音节动词，单音节的很少，原因主要是：从韵律的角度来看，“过于”本身是双音节词，它倾向于和双音节动词搭配，构成“2+2”的节拍格式。这种格式结构匀称，读起来比“2+1”格式更和谐、上口。另外，我们还发现，进入“过于+动宾词组”的动词多数是中性词和贬义词，褒义词相对较少。

此期与前两个阶段不同的动词有76个，它们是：

逼近 保护 表示 刺激 猜疑 崇尚 得 得罪 带有 打扰 富有 放松 放任

关注 关怀 感到 怪罪 进行 拘囿 坚持 考虑 靠 浪费 了解 卖弄 模仿 偏向 盘算 倾注 侵犯 缺乏 脱离 抬举 抬高 贪图 提倡 违背 违反 维护 要 声张 深入 受 损害 丧失 疏忽 熟悉 束缚 渲染 削弱 炫耀 显露 陷入 牺牲 需要 吸引 享受 限制 形成 依附 迎合 有 抑制 压抑 压制 倚重 影响 要求 追逐 责备 责怪 照顾 指责 指望 主张 捉弄

这一阶段出现了很多与前两个阶段不同的动词，除了前面提到的原因以外，还有：这里有的动词是多义词，从第一到第三阶段它的某个义项的使用频率可能会发生变化。随着这一义项使用频率的提高，组配能力逐渐增强，就可能进入“过于+动宾词组”格式。这样的动词比如“追逐”，它有两个义项，一是表示“追赶”，二是表示“追求”。这两个义项在三个阶段都有用例，但前两个阶段和第三阶段两种义项的使用频率不同。前两个阶段经常使用的义项是第一种，表示动作行为，第三阶段是第二种。随着“追求”义的使用频率不断提高，它的组配能力也在发生变化，到第三阶段就出现了进入“过于+动宾词组”的现象，如“过于追逐名利、过于追逐收视率及阅读率”等。为了验证这一观点，我们在各阶段自建语料库中对“追逐”一词不同义项的使用情况进行了考察，具体见表4-13：

**表 4-13　　各阶段“追逐”不同义项使用情况**

| 阶 段 | 语料字数（万） | 用例总数 | “追赶”义 | | | “追求”义 | | |
|---|---|---|---|---|---|---|---|---|
| | | | 用例数 | 百分比 | 词频（%） | 用例数 | 百分比 | 词频（%） |
| 第一阶段 | 335 | 12 | 8 | 67% | 0.00023 | 4 | 33% | 0.00012 |
| 第二阶段 | 335 | 16 | 11 | 69% | 0.00033 | 5 | 31% | 0.00015 |
| 第三阶段 | 335 | 32 | 9 | 39% | 0.00027 | 23 | 71% | 0.00068 |

由表 4-13 可以看出，用于“追赶”义的在前两个阶段所占的比重较大，词频较高，是经常和主要使用的意义。到第三阶段这样的用法所占比重明显下降，只有 39%，词频也在降低，说明这一义项在第三阶段的使用减少。用于“追求”义的正好与此相反，前两个阶段用例数较少，所占的百分比和词频较低，到第三阶段用例数量明显增加，所占的百分比和词频都有较大的上升，成为经常和主要使用的意义。这说明，“追求”的这两个义项在第一和第三阶段的使用频率出现了变化。当前经常使用的是“追求”义，随着这种义项使用频率的提高，组配能力也有可能产生变

化，因此，到此期就出现了进入“过于+动宾词组”的情况。

第三阶段的动词按照“过于”修饰的不同对象可以分成两类，具体见表4-14：

表4-14 第三阶段“过于+动宾词组”格式的动词分类

| 种类 | 数量 | 举例 |
|---|---|---|
| A类 | 49 | 放任 偏向 缺乏 抬高 熟悉 削弱 照顾 美化 逼近 低估 |
| B类 | 62 | 打扰 模仿 侵犯 依附 束缚 显露 抑制 损害 违反 陷入 |

本阶段B类的数量超过了A类，而前两阶段都是A类多于B类，所以说，到了第三阶段B类动词的数量增加得更快一些。A类中语素感染类和语义隐含类的数量大体相同，而且基本上都是复合式形素感染类，如“侧重、低估、放松、偏向、深入”等。综观三个阶段的考察结果，我们发现，像“善于、勇于、乐于”等加缀式形素感染类动词一般不能用于“过于+动宾词组”格式，原因主要是：首先，这些动词在语义上都是表示积极意义，与“过于”倾向和消极意义的词搭配相矛盾；其次，当“过于”与它们组合后就构成“过于善于、过于勇于”等形式，从韵律角度看，前后有重复的音节，读起来也不和谐。另外，此期语义隐含类主要的语义类型是［+态度］义、［+突显］义、［+消长］义和［+背顺］义，与第二阶段基本相同，但各种类型的动词数量比第二阶段进一步增加。

2. 动宾词组和宾语方面

第三阶段受“过于”修饰的动宾词组主要的语义类型见表4-15：

表4-15 第三阶段动宾词组语义类型

| 语义类型 | 举例 |
|---|---|
| 态度义 | 抬举它／指责她／怪罪老祖宗／维护本部族即达鲁德部的利益／提倡切入公众和满足公众的体验需求／责怪这样做“好事”的孩子 |
| 突显义 | 炫耀自己的俊逸风度／显露作者的感情／声张“家丑” |
| 背顺义 | 脱离民族土壤／依靠西方／依附美国／违背常规／违反常识 |
| 损害义 | 侵犯个人隐私／影响春节气氛／损害消费者利益／打扰棋老的休息 |
| 具有义 | 有个性／带有喜剧性／富有自我牺牲精神 |
| 限制义 | 拘囿自己的生活经验／拘泥礼节／抑制消费、生活水平建筑在低生产力基础上的节俭观念／压制球员对进球的庆祝／限制学生自由／束缚人的思想 |

这些语义类型中数量较多的是［+态度］义、［+损害］义和［+限

制］义，与第二阶段相比，此期增加了［+突显］义、［+限制］义和［+具有］义3种。

本阶段这一格式中的宾语可以由名词、形容词、代词、定中词组、联合词组、动宾词组和主谓词组充当，构成成分达到了7种，与前两个阶段相比，没有出现新的成分。

3. 句法功能及其他方面

这一阶段“过于+动宾词组”可以做谓语、定语、宾语和补语，而前两个阶段都没有出现做补语的情况，用例如：

(17) 急于扳平比分的青岛队压得过于靠前，让大连队通过快速反击获得了数次扩大战果的机会，但未能如愿。（《人民日报》2003.02.07）

这种情况比较少，但还是能够体现出这一格式的句法功能在不断增强。

其他方面的发展变化还体现在以下几点：

其一，“过于+动宾词组”的否定形式更为多样。此期否定的一般形式是否定副词“不”与能愿动词组合，构成“不应/不应该/不会/不能/不可/不敢”等，放在“过于+动宾词组”前表示否定。也有用“没有”和“不”直接用于这一格式前构成否定的，不过很少，具体用例如：

(18) 不能过于压抑青年的个性，总对他们说这也不行那也不行。（国家语委现代汉语语料库）

(19) 联合国秘书长安南28日在这里呼吁国际社会注意协调打击恐怖主义及防止大规模杀伤性武器扩散与发展之间的关系，不应过于关注反恐和防扩散问题而忽视了发展。（新华社2004年新闻稿）

(20) 上次有关方面阻止我去，NBA并没有过于关注此事，我自己也不是百分之百确定时机是否合适。（姚明《我的世界我的梦》）

(21) 这样的变动性，要求我们在任何时候都要采取稳重的方针，不暴露自己，不过于刺激敌人，随时都有坚强的秘密工作的准备。（《邓小平文选》）

这一格式前还出现了“不能太”构成的否定形式，如：

（22）在此次采购风波中，有两种截然不同的观点。一种观点认为：……另一种观点指出：政府也是客户，因此不能太过于保护“自家孩子”，过于强调采购国产软件是一种商业民族主义。（《人民日报》2004.12.16）

这种比较复杂的否定形式与上面提到的一般情况相比，否定的语气显得不是很彻底，还留有一定的余地和分寸。试比较“不能过于保护‘自家孩子’”和“不能太过于保护‘自家孩子’”，前者明显让人感到否定的语气较重，而后者相对委婉一些，更容易让人接受。

其二，第三阶段甚至出现了“能愿动词+其他程度副词”和“过于”连用的现象，如：

（23）他说：“由于安全工作非常严格，因此进入比赛场馆将会耗费非常多的时间。我觉得组委会可能太过于注重这些方面了。另外，为比赛专设的交通系统能否正常运转现在还很难说。”（新华社2004年新闻稿）

这种情况既能表示说话人对或然情况的估计，也能使程度进一步增强，在表达上还能使语言更加委婉、周密。这说明与“过于+动宾词组”共现的成分越来越复杂，但表意越来越精密。

总之，第三阶段体现出来的发展变化主要是：进入“过于+动宾词组”的动词范围和数量不断扩大，单音节动词较少，加缀式形素感染类动词一般不能进入这一格式。受“过于”修饰的动宾词组语义类型越来越丰富，这种格式的句法功能继续得到发展，它的否定形式和共现的成分更为多样。

## 三　小结

现代汉语各阶段进入“过于+动宾词组”的动词情况见表4-16：

表 4-16 各阶段动词的数量及百分比

| 数量及百分比<br>时间段 | 总数 | A 类 | | B 类 | |
|---|---|---|---|---|---|
| | | 数量 | 百分比 | 数量 | 百分比 |
| 第一阶段 | 21 | 12 | 57% | 9 | 43% |
| 第二阶段 | 58 | 36 | 62% | 22 | 38% |
| 第三阶段 | 111 | 49 | 45% | 62 | 56% |

各阶段动词的数量不断增加，呈上升型发展，而且到第三阶段数量增加得更快，如图 4-2 所示：

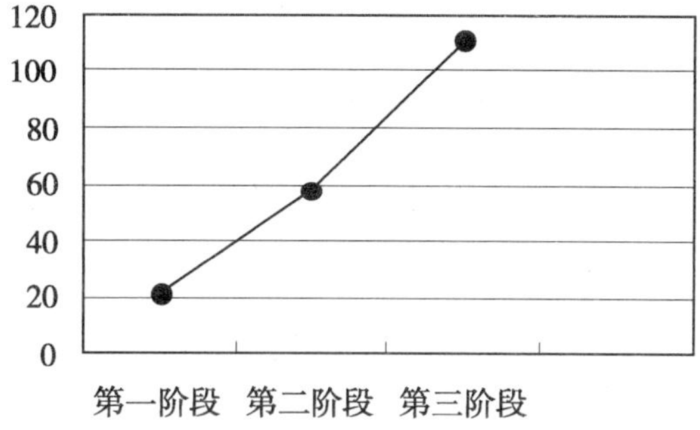


图 4-2 各阶段动词数量变化趋势

A 类动词的数量也是不断增加，但所占的比重却呈马鞍形变化；B 类动词的数量同样是越来越多，所占的比重呈 U 字形发展。尤其到了第三阶段，它的数量和百分比都超过了 A 类动词，可见，B 类动词更容易进入这一格式。

经过考察各阶段的动词我们发现，进入“过于+动宾词组”的绝大多数是双音节动词，但也有少数单音节的出现，如“讲、求、像、得、靠、要、有”，因此，像张斌先生主编的《现代汉语虚词词典》中“‘过于’不修饰单音节词”的说法就有待商榷了。[①] 同时，我们还发现，用于这一格式的动词多数是中性词和贬义词，像“善于、勇于”这样的加缀式形素感染类动词一般就不能进入“过于+动宾词组”了。

这一格式在各阶段其他方面的情况见表 4-17：

① 张斌：《现代汉语虚词词典》，商务印书馆 2003 年版，第 220 页。

**表 4-17 各阶段其他方面情况**

| 具体情况<br>时间段 | A 类动词主要的语义类型 | 宾语的构成 | 动宾词组主要的语义类型 | 此格式的句法功能等情况 |
|---|---|---|---|---|
| 第一阶段 | 语义隐含类很少 | 名词、代词、定中词组、主谓词组 | 损害义<br>背顺义 | 可做谓语、定语，能用于否定句，可与程度副词“太”共现 |
| 第二阶段 | 态度义<br>背顺义<br>突显义 | 名词、形容词、联合词组、定中词组、动宾词组、连动词组 | 损害义<br>背顺义<br>态度义 | 可做谓语、定语、宾语，能用于否定句，与程度副词“太”和“有些”共现 |
| 第三阶段 | 态度义<br>突显义<br>背顺义<br>消长义 | 名词、形容词、代词、定中词组、联合词组、动宾词组和主谓词组 | 突显义<br>背顺义<br>限制义<br>具有义<br>态度义<br>损害义 | 可做谓语、定语、宾语、补语，否定形式更为多样，出现了“能愿动词+其他程度副词”和“过于”连用的情况 |

由表 4-17 可以看出，受“过于”修饰的动词和动宾词组语义类型越来越丰富，尤其是后者发展得比较快，由最初的两种发展到 6 种。通过考察，我们发现，这些动词和动宾词组主要的语义类型就是［+突显］义、［+背顺］义、［+限制］义、［+具有］义、［+态度］义和［+损害］义，其他类型的一般不能进入这种格式，如表示［+激发］义和［+促使］义的，像“鼓舞人心、促进发展”等就不能受“过于”修饰。表 4-17 还反映出：宾语的构成成分也越发多样，句法功能不断发展，由做谓语和定语发展到做谓语、定语、宾语和补语 4 种成分。

通过对它的历史进行考察我们知道，“过于+动宾词组”出现得较晚。现代汉语前两个阶段虽然得到了进一步发展，但比较平缓。到第三阶段，这一格式表现出越来越强的生命力和发展势头。总体来看，它的发展轨迹一直呈上升的趋势。

# 第五章

# “很”类程度副词+动宾词组的发展演变

本书的“很”类程度副词包括“很”和“十分”，它们都是比较常用的表示高量的程度副词。通过对古代汉语和现代汉语的考察我们发现，“很”和“十分”都可以带由一般动词构成的动宾词组，因此，本书把它们作为这一量级的考察对象。在此我们主要从历时的角度对现代汉语各阶段的“很+动宾词组”和“十分+动宾词组”进行探讨，以便了解它们的发展变化情况，从而探寻到其中的发展变化规律。

## 第一节 “很”+动宾词组

### 一 “很”简介及这一格式的历史考察

《古代汉语虚词词典》对“很”的注释是：“《说文》：‘很，不听从也。’本义为‘违逆’‘不听从’，引申为倔强执拗之义，又引申有狠毒、残忍、争讼等义。‘很’的虚词用法是从实词义引申而来的，约产生于元明时期。可作副词，表示程度深，一直沿用至今。”[①]“狠”是“很”后起的俗字，“很”与“狠”通用，它们作为程度副词起于元代。现代汉语中“很”有两种：一种是表示程度，如“很热”“很了解他”的“很”；一种是表示数量，如“很读了一些书”中的“很”。这两种“很”本书

---

① 中国社会科学院语言研究所古代汉语研究室：《古代汉语虚词词典》，商务印书馆 1999 年版，第 226 页。

都包括。[①] 据《现代汉语频率词典》统计，“很”在常用程度副词中的使用频率是最高的，在我们考察的12个程度副词中也是居于首位。

“很”在古代汉语中没有程度副词的用法，这样的用法到清代才比较常见。太田辰夫认为：“‘很’原来是‘违背’‘违逆’的意思，但宋金时用作‘忿怒’‘凶恶’‘狠毒’的意思。它用作副词的例子元代能见到。但是只在某些文献中出现。可以想像是和蒙古人接触较多的北方人之间使用的俗语。在元曲中只是偶尔一用，恐怕汉人是不太使用的，在元代还多写作‘哏’。在明代的文献中还不能说出现得很多。但是，它确实在北京话中使用，在文学作品中不大能见到，这大概说明它们是基于和北方话很不相同的方言的。‘很’在清代开始用得多了。”[②] 陈群认为：“语料调查的结果显示，尽管‘很’最早见于元代，字或作‘哏’，《元典章》中有不少用例，元曲中亦偶能见到。但是，程度副词‘很’的使用在明代还是不多见，到清代才逐渐增多，并繁荣起来。”[③] 她还指出，近代汉语里“很”修饰动宾词组不多见，在她考察的6部白话小说中，共有34条语料，占12%左右。可见，“很+动宾词组”格式出现得比较晚。在我们考察的语料中，明代虽然已经有用例出现，但还是比较少，如：

(1) 那美女在滕生家里，侍奉长辈很有礼数，以恩惠对待奴婢仆人、左右邻居，相处十分融洽。(明《剪灯新话》)

到了清代这一格式的用例就比较普遍了，例如：

(2) 朝廷晓得他是能办事的，又在外国多年，很晓得些外国法律。(清《文明小史》)——定中词组

① 这两种“很”本文都包括的原因是：储泽祥认为：“后者虽然表示多量但也是程度副词，理由是：数量的差别是程度的基础。数量的差别不仅可以表现在事物的性状上，也可以表现在活动或事件上，从理论上说，凡是数量上有差别的，必然有程度上的差别，据此可以推论：性状、活动或事件都可能有程度的差别，而且应该在语言里表现出来”。储泽祥：《通比性“很”字结构》，《世界汉语教学》1999年第1期。本文采纳了储泽祥的观点，因此把表示数量的“很”也看作程度副词。

② 太田辰夫：《中国语历史文法》，北京大学出版社1987年版，第251页。

③ 陈群：《近代汉语程度副词研究》，巴蜀书社2006年版，第99页。

(3) 沅弟当天申刻到了，详细询问了一切，恭敬的得知叔父临死，毫没有一点压抑忧郁的情绪，很感安慰。（清《曾国藩家书》）——形容词

(4) 自己很知道自己这种孤苦的生活，万不能熬守长久，与其顾惜场面、硬充好汉，到临了弄的一塌湖涂，还不如一老一实，揭破真情，自寻生路。（清《孽海花》）——主谓词组

(5) 华爷为人刚愎自用，惟独对于胜爷言听计从，兄弟处在一堆，很合脾气，遂向北磕头结为金兰之好。（清《三侠剑》）——名词

(6) 又知他母亲打算给哥哥赎罪，很费张罗，不能不帮着打算。暂且不表。（清《红楼梦》）——动词

(7) 金道台一面说着话，一面脸上很露着为难的情形。（清《文明小史》）——定中词组

近代汉语阶段出现比较多的是“很有+动宾词组”“很觉+动宾词组”和“很觉得+动宾词组”。“很+动宾词组”虽然出现得晚，但结构类型还是比较丰富的，既有与不定量词共现的，如例（2），也有动词后带时态助词的用例，如例（7）。这一格式的宾语可以由名词、动词、形容词、定中词组和主谓词组构成，类型也比较齐全。

由此可见，现代汉语阶段的“很+动宾词组”格式应该是继承近代汉语的用法并不断发展变化的。

## 二 现代汉语各阶段考察

### （一）第一阶段

1. 动词方面

这一阶段我们考察到用于“很+动宾词组”的动词有98个，它们是：

巴结 表 表示 鄙薄 变 帮 斥责 出 成 刺激 吃 得 带有 带 懂得 打动 耽误 发 费 感觉 感激 感到 感 够 怪 顾忌 觉得 觉 近 记得 讲 具 看重 见 看见 靠近 可怜 夸奖 了解 浪费 懒得 卖 难以 合 喝 花 配 恢复 偏袒 欺负 倾向 起 器重 缺少 强调 切合 欠 认识 识 认为 受 扰乱 是 损害 说 善于 熟习 熟悉 熟识 省 赏识 失 施展 收纳 守 伤 贪 听从 脱离 透 挖苦 像 需要 晓得 用 有 以为 优待 引起 注重

震动 占 知道 长 值得 自信 珍视 造

其中单音节的41个，约占总数的42%，双音节的57个，约占58%。可见，用于这一格式的动词既可以是单音节动词，也可以是双音节动词，但双音节稍占优势。

此期的动词按照是否受“很”修饰，可以分成两类，具体情况如表5-1：

**表5-1　第一阶段“很+动宾词组”格式的动词分类**

| 种类 | 数量 | 举例 |
|---|---|---|
| A类 | 38 | 善于 费 缺少 强调 扰乱 配 靠近 熟悉 值得 优待 |
| B类 | 60 | 变 斥责 带 打动 知道 引起 损害 失 起 懂得 |

A类中既有语素感染类，也有语义隐含类。语素感染类中数量较多的是复合式形素感染类，如“靠近、缺少、扰乱、熟识”等；语义隐含类主要的语义类型有［+态度］义、［+背顺］义、［+消长］义和［+知晓］义，其中［+态度］义的数量最多，如“巴结、鄙薄、感激”等。

2. 动宾词组和宾语

第一阶段受“很”修饰的动宾词组主要的语义类型有7种，具体见表5-2：

**表5-2　第一阶段动宾词组语义类型**

| 语义类型 | 举例 |
|---|---|
| 态度义 | 夸奖他／斥责他的不逊／帮我们的忙 |
| 背顺义 | 听从班长指挥／脱离群众 |
| 知晓义 | 认识些个字／感到兴趣／记得祖父是怎样“做人”／懂得规矩／感荣幸／晓得汽车的式样，构造，舒适，速度，与怎样拿扣头／知道吴荪甫早就不满意这位老舅父 |
| 突显义 | 起了对于被骗的病人和他的家族的同情／出了几个湘西知名的画家／见老 |
| 具有义 | 带有诗情画意／带狡猾／有成绩／具风格 |
| 消长义 | 花精力／失了体统／欠自然 |
| 活动义 | 说了些关连着吴荪甫的话语／打动人心／看见他 |

其中数量较多的是［+态度］义和［+知晓］义。另外，有些［+知晓］义动宾词组还与“很”存在着显性修饰关系和隐性修饰关系不一致的情况，如：

（1）五年之中，只有这一点讲学成绩，我自己很感觉惭愧。（胡适《说儒》）

（2）我当时很觉得奇怪，为何这平常的乡下妇女，能有这样的理解。（《冰心全集第一卷》）

以上两例从形式上看都是“很”直接修饰后面的动词，但实际上“很”修饰的是动词后面的宾语，如“很感觉惭愧”，我们可以变换为“感觉很惭愧”，这样隐性的修饰关系就显现出来了。这种显性修饰关系和隐性修饰关系不一致的现象往往出现在宾语是形容词性成分的动宾词组中。

第一阶段“很+动宾词组”中宾语的构成成分比较丰富，达到了8种，它们是名词、动词、形容词、代词、定中词组、状中词组、动宾词组和主谓词组，例如：

（3）天赐把这口气咽了，过了一会儿反觉得自己很有涵养。（老舍《牛天赐传》）——名词

（4）焦委员很懒得说话，这点交派仿佛不是说出来的，而是用较强的呼气徐徐吐给文博士的。（老舍《文博士》）——动词

（5）邢台九区小学，因近来报纸增价，村经济开支困难，差不多十有七、八的学校没报看，教员们很感苦闷，……（《人民日报》1947.09.08）——形容词

（6）同时，学校还提出要保证五月大生产，在大生产中起领头作用，这很打动了他，他决心转变，回来好好搞生产，争取模范。（《人民日报》1946.08.06）——代词

（7）一种怪异的感想，便在冯云卿意识上扩展开来；他好像已经实地查明了这女儿已是妇人身，他同时便感得女儿这种“不告而有所与”的自由行动很损害了他的父权，……（茅盾《林家铺子》）——定中词组

（8）美国人很知道怎样赚钱，但是他们还没有学会怎样花钱，他们对于工作比对休息所表现的能力要大得多。（《人民日报》1946.08.26）——状中词组

（9）起先她还能指教我一二，以后我的程度又深了些，她便不

能帮助我了，只在旁边相伴，看着我用功，似乎很觉得有兴味，也有羡慕的样子。（《冰心全集第一卷》）——动宾词组

（10）范老先生似乎很以为我这个问题太浅薄，用老先生教年轻人的口吻回答说：“蒋老总来了，他硬帮了。”（《人民日报》1947.04.29）——主谓词组

此期这一格式的宾语中有些可以出现不定量的数量词组或者是量词，例如：

（11）惟有几种日报上却很发了些鄙薄讥笑他们的文字。（鲁迅《端午节》）

（12）因此后来本地很出了几个湘西知名的画家，此外还办了个煤矿，办了个瓷器厂，办了个洋广杂货的公司，……（沈从文《一个传奇的故事》）

这两个用例中的宾语一定要带这样的数量词组或者是量词，否则，它们就不能成立。如果上面两个例子去掉这些成分就变成了“很发了鄙薄讥笑他们的文字”“很出了湘西知名的作家”，那么句子就不成立了。此类动宾词组可以受程度副词修饰的原因是：这些数量成分或量词能使动宾词组间接地具有了“量度”义，所以，前面可以受“很”修饰。动词“发”和“出”本身不存在“量度”义，但以它们为中心的动词词组中含有不定量的数量词组或量词，这样，它们就间接地带有了“量度”，因而具备了进入这一格式的条件。这些数量词组或量词一般都是表示不定量的，这是因为：根据张谊生（2004）的模糊量原则，表示不定量的数量词组或量词一般都含有某种模糊的、未定的性质量，内部都没有明显的起讫界限，而是呈匀质、连续、静态的分布，因此可受程度副词修饰。① 如果数量词组或量词变成定量的，那么动宾词组就具有了确定的性质量，所以，它们不能再受程度副词的修饰了，如我们不能说“很读过五本书”“很造了一个谣言”。也就是说，正是因为动宾词组中出现了表示不定量的数量词组或量词，具有了模糊的性质量，所以才能接受“很”的修饰。

① 张谊生：《现代汉语副词探索》，学林出版社2004年版，第34页。

3. 句法功能及其他方面

本阶段“很+动宾词组”可以充当谓语、定语、宾语和补语，例如：

(13) 以前我把自己当作一个旁观者，静静地看着一位少女为了爱情而颠倒，等待这故事的自然的开展，但这个意外的穿插却很扰乱了我，那晚上我睡得很不好。(何其芳《迟暮的花》)——谓语

(14) 但在二千五百年前，这样平等的教育观必定是很震动社会的一个革命学说。(胡适《说儒》)——定语

(15) 老二，心中有那点酒劲儿，没觉出哥哥的冷淡。把话说完，他觉得很够个作弟弟的样子，把好话都不取报酬的说给了大哥。(老舍《四世同堂》)——宾语

(16) 两个人不说了，低着头吃饭，吃得很带杀气。(老舍《二马》)——补语

第一阶段其他方面的特点还有：

其一，这一形式可以出现在“是……的”结构中，例如：

(17) 又如我是很知道广州人对香港的感情的，所以我很小心的说“我希望香港的教育家接受新文化，用和平手段转移守旧势力，使香港成为南方的一个新文化中心”……(胡适《说儒》)

(18) 公安主任天水说：“我想分上条红被子，以后好结个婚，但是咱想要的东西，群众也想要，当干部每天口口声声喊领导群众翻身，但遇到东西就忘了群众，我检讨这事情是很脱离群众的”。(《人民日报》1947.02.21)

“是……的”主要是用来表示强调，如果去掉，句子仍然成立，如：

又如我是很知道广州人对香港的感情的 →
又如我很知道广州人对香港的感情
我检讨这事情是很脱离群众的→
我检讨这事情很脱离群众

其二，这一格式有些出现在否定句中，它的否定形式主要是“不很+动宾词组”或者是“很不+动宾词组”，例如：

（19）七斤和他的女人没有读过书，不很懂得这古典的奥妙，但觉得有学问的七爷这么说，事情自然非常重大，无可挽回，便仿佛受了死刑宣告似的，耳朵里嗡的一声，再也说不出一句话。（鲁迅《风波》）

（20）在我们近周的环境里，一个身强力壮，具有相当知识的年轻人竟会无事可做么？一定要叫他走到“辽远的，辽远的地方”，是很不合实际的建议。（张爱玲《银宫就学记》）

这两种否定形式比较起来，后者的数量要多一些，而且从否定的程度来看，后者也要比前者强。实际上，否定副词置于“很”后的否定形式比较复杂，具体来看，可以分成以下三种：

1）当这种格式中的动宾词组为“有+宾”时，只能与“没（有）”组合，不能与“不”组合，如：

很没（有）信心　　*很不有信心

2）当动宾词组是“普通动词（没有明显的动作义）+宾语”时，只能与“不”组合而不能与“没（有）”组合，如：

很不感兴趣　　*很没（有）感兴趣

3）当动宾词组中的动词为动作动词时，其既不能与“不”组合，又不能与“没（有）”组合，也就是说，“很+动宾词组”格式没有否定形式，如：

*很不/没（有）打了几场球　*很不/没（有）看了几场电影

郭振红认为，“很+VP”的否定形式之所以不同，是由于否定词“不”和“没（有）”所否定的对象不一样。“不”否定性状、动作，指动作状态不会发生。“没（有）”否定领有、具有、存在和动作或状态已经发生，也就是说，“没（有）”否定动作或状态的完成或经历。“不”和“没（有）”都可以否定动词，它们的区别主要在于否定的动作是否［+完成］或［+经历］，如“不写”“没（有）写”，意义并不一样。她还指出，当“VP”表示性状，具有程度差别，这就有了否定的可能，因而，此类“很+ VP”都有否定形式。当动词表示动作，“很”表示动作量的增加时，“很”已经对这一动作完成进行了肯定，那就没有了否定的可能，如再用“没（有）”来否定，意义之间有矛盾，因而，此类“很+动宾词组”没有否定式。①

其三，此期有些用例中动词后可以带时态助词，如：

(21) 抱素倒茶来喝了一口，又讪讪地加一句道：“他们很造了些谣言，你和我的。你看，这不是无聊么?”（茅盾《蚀》）

(22) 如我猜的不错，没人帮助大蝎也未必不是件好事。可是大蝎的神气很透着急切，我临走问了他一句：“你的兵怎么败下来了?”（老舍《猫城记》）

这两例中的时态助词有完句的功能，也能凑足音节，满足双音化的需求，因此，都不能去掉。

其四，这一阶段“很+动宾词组”也有由“是”和“成”构成的比较特殊的形式出现，例如：

(23) 彼此答应下合作，心中都安静了一些，象吃下一丸定神的药似的，虽然灵不灵很是问题，但总得有点信心。（老舍《文博士》）

(24) “先生的聘书，我方才已经托辛楣带去了。先生教授什么课程，现在很成问题。……”（钱锺书《围城》）

“很是/成+宾语”格式都表示对事件发生的时间、地点、场合的适宜

① 郭振红：《“很+V（P）”及其否定式的句法与语义分析》，《浙江海洋学院学报》2003年第4期。

程度做出评价，所以这样的格式能够成立。

总之，第一阶段体现出来的特点主要是：用于这一形式的动词比较多，既有单音节动词，也有双音节动词；受“很”修饰的动宾词组语义类型也比较丰富，以［+态度］义、［+知晓］义、［+突显］义为主；个别用例还存在显性修饰关系与隐性修饰关系不一致的情况；它可以做谓语、定语、宾语和补语，能用于否定句，可以与不定量的数量词组、量词和时态助词共现，有“很是/成+宾语”这样比较特殊的形式。

与其他程度副词带动宾词组格式比较起来，“很+动宾词组”在第一阶段就已经发展得比较成熟。究其原因，我们认为：“很”与其他程度副词相比，此期的使用频率最高，因此，它的发展变化就快一些，句法功能等方面就更强、更齐备。因为“变化总是在使用中发生，使用越频繁的成分发生变化的可能性也就越大，越容易衍生出新的意义和用法”①，所以，“很”的使用频率高，“很+动宾词组”应该就出现得多，它的句法功能等就会发展得越来越成熟。为了证明这一说法，我们把本书探讨的11个②程度副词作为关键词，在第一阶段自建语料库中对它们的使用情况进行了考察，结果如表5-3：

**表5-3 第一阶段各关键词使用情况**

| 检索词 | 用例数 | 词频（%） |
|---|---|---|
| 太 | 8389 | 0.2504 |
| 很 | 6566 | 0.1960 |
| 最 | 3375 | 0.1007 |
| 更 | 2940 | 0.0877 |
| 有些 | 1222 | 0.0364 |
| 有点 | 869 | 0.0260 |
| 略 | 639 | 0.0191 |
| 十分 | 598 | 0.0179 |
| 越发 | 78 | 0.0023 |
| 过于 | 78 | 0.0023 |
| 稍微 | 57 | 0.0017 |

① 郭锐：《词频与词的功能的相关性》，《语文研究》2001年第3期。

② 由于“顶+动宾词组”的数量很少，所以我们把“顶”排除在外了。

由表 5-3 可以看到，“很”的用例数和词频都很高，虽然不如“太”，但这也是正常的情况。因为我们检索的这些关键词有的不止一种词性和用法，所以，检索出来的结果也并不完全是它们做程度副词用的情况，如“太”就经常出现在“太太”这样的词中，因此，“太”的用例数量就比较大。“很”却只能做程度副词用，所以它的考察结果还是比较客观的。正是因为“很”的使用频率高，所以它的发展就快，这样使得“很+动宾词组”形式在第一阶段就表现得比较丰富和完备。

**（二）第二阶段**

*1. 动词方面*

本阶段考察到用于“很+动宾词组”的动词有 116 个，比第一阶段增加了 18 个。这些动词中单音节的有 45 个，约占总数的 39%，双音节的有 71 个，约占 61%，单音节的比前一阶段下降了 3%，双音节的上升了 3%。此期动词的数量与第一阶段虽然相差得不多，但不同的却不少，在 116 个动词中有 63 个不同的，它们是：

抱 得到 动 服帖 服从 符合 犯 反映 负 富有 够 关注 鼓励 鼓舞
耗费 尽 加 坚持 教育 接近 节省 解决 精通 具有 开 靠 流行 乐于
弄 耐 难为 清楚 缺 缺乏 切 欺骗 熟悉 适合 受 说明 适应 通 听
投合 提倡 违反 需要 习惯 吸引 下 孝敬 写 向往 影响 以为 要 照顾
折磨 遵守 忠于

这些动词中大部分是表示中性和积极意义的，如“反映、需要”是中性的，“鼓励、忠于”是带有积极意义的。我们认为，这种情况与人们的语用心理有关系。一般情况下，人们表示积极的意义内容多是往大里说，往好处说，尽量夸大事实。而与“很”搭配能够进一步提高这种“大”和“好”的程度，所以，此期这样的动词较多。另外，第一阶段的某些动词到了第二和第三阶段却很少见了，如“鄙薄、熟习”等。我们认为，这些词文言色彩都比较浓，随着现代汉语的普及和规范，它们逐渐被一些带有口语色彩的词语所代替，如“鄙薄”被“轻视、看不起”代替了，“熟习”被“熟悉”代替了，从而造成使用频率下降，所以，在第二阶段我们就很难见到它们用于“很+动宾词组”形式了。我们在各阶段自建语料库对“鄙薄”和“熟习”的使用情况进行了考察，具体情况是：“鄙薄”在第一阶段的用例数量是 12 例，后两个阶段均没有用例出现；“熟习”在第一和第二阶段的用例数量分别是 11 例和 4 例，而第三阶段没有出现。由此可见，这两个动词在后两个阶段使用得越来越少，应该就是被意义相同或相近的词代替了。

这一阶段的动词按照“很”修饰的不同对象仍然可以分成两类，情况见表 5-4：

**表 5-4　　第二阶段“很+动宾词组”格式的动词分类**

| 种类 | 数量 | 举例 |
|---|---|---|
| A 类 | 45 | 符合 精通 缺乏 适合 习惯 照顾 忠于 乐于 了解 像 |
| B 类 | 71 | 表示 得到 反映 记得 说明 违反 认识 教育 耗费 具有 |

A 类和 B 类的数量与第一阶段相比都是稍有增加，没有发生太大的变化，但 A 类中表示［+态度］义的比第一阶段更多一些，如“照顾、可怜、赏识”等。

2. 动宾词组和宾语

第二阶段受“很”修饰的动宾词组主要的语义类型是 9 种，具体见表 5-5：

**表 5-5　　第二阶段动宾词组语义类型**

| 语义类型 | 举例 |
|---|---|
| 态度义 | 怪夏禹当日治水，为什么不把这个工程搞完 / 负责任 / 夸奖中国的机器 |
| 背顺义 | 服从领导 / 切实际 / 听主人的指挥 / 违反这些先生们的愿望 |
| 知晓义 | 懂得丈夫的心情 / 通人情 /觉诧异 / 认识了不少有头有脸的人 / 觉得不好意思 / 感觉惊异 |
| 突显义 | 反映了某些人的“痛快淋漓”和“扬扬自得”的神气 / 见效力 |
| 具有义 | 有信心 /抱反感 / 带感伤 / 具地方特色 / 具有朴素美 |
| 消长义 | 欠自然 / 花工夫 / 开脑筋 / 耗费人力 / 解决问题 |
| 活动义 | 弄了几个钱 /打动人心 / 说些大话 / 写了一些杂文 |
| 激发义 | 鼓励这出戏的演出 / 引起观众的赞赏 / 鼓舞人心 |
| 损害义 | 影响妇女们的劳动情绪 / 折磨人 / 欺骗了一些人 / 伤眼睛 / 损害这些英雄人物的豪迈洒脱的形象 |

与第一阶段相比，语义类型增加了［+激发］义和［+损害］义，表现得更为丰富。这些动宾词组中仍然有“很”的显性修饰关系与隐性修饰关系不一致的情况，如“很觉得不好意思”“很表示愤慨”“很感觉惊

异”“很认为值得庆幸”，实际上“很”修饰的是宾语或宾语中的形容词。

这一阶段“很+动宾词组”中宾语的构成成分达到了10种，它们是名词、动词、形容词、代词、定中词组、状中词组、主谓词组、动宾词组、数量词组和连动词组，与前一阶段不同的有数量词组和连动词组两种，例如：

(25) 我忍不住问她：“你呢？过去你不是很向往到戏剧学院学习吗？”(《人民日报》1961.06.09) ——连动词组

(26) 只见灯火辉煌，人声喧嚷，机器轰鸣，倒像干得很紧张热烈。主任还很夸奖了几句。(邓友梅《别了，濑户内海!》) ——数量词组

这样的宾语出现得比较少，不过也可以看到，宾语的结构趋于复杂。

3. 句法功能及其他方面

第二阶段“很+动宾词组”充当句子成分的能力更加全面，除了主要做谓语外，还可以做定语、状语、补语、宾语，而前一阶段没有发现做状语的，例如：

(27) 有一回试验用感应圈，他把这架贵重的仪器拿在手里，先很带感伤地讲他多年来就盼着有这么一架感应圈，好容易熬到人民政权，才给置备了。(《人民日报》1957.01.01)

其他方面的发展变化还体现在：

第一，“很+动宾词组”也有用于否定句的用例。但与第一阶段相比，这样的用例数量要少一些，此期只出现了两例，而第一阶段出现了12例。我们认为，这种现象可能与此期的社会风气有关。前面我们谈到，由于“文化大革命”期间“浮夸风”盛行，人们一般都喜欢往好处说，往积极的方面说，所以，否定和消极的方面相对出现得就少一些，因此，就产生了这种变化。

第二，用于“是……的”句式的用例数量比第一阶段有所增加，还出现了用于反问句的现象，例如：

（28）革命的现代京剧，革命的芭蕾舞剧，革命的雕塑等这些新的优秀的艺术，不都是在大破之后大立起来的吗？这是很违反这些先生们的愿望的。（《人民日报》1966. 05. 07）

（29）因为只有共产党才是日本法西斯的真正敌人，国民党早已不是他们真正的敌人了，因为他们在反共上还是一脉相通的呀！把枪交给反共的国民党，不也很符合法西斯的脾胃么！（知侠《铁道游击队》）

前一例“是……的”主要表示强调，用来加强肯定的语气，而反问句也同样有这样的作用。这说明，人们此期在表达上也更加追求变化，更注意提高语言的表达效果。

总之，第二阶段“很+动宾词组”比前一阶段有所发展，但整体来看变化不是很大。我们认为原因主要有两个：一是，此期包括了十年“文革”，而“文革”期间语言的特点之一就是“极端词语”过量使用。[①] 我们曾对 1950 年到 1978 年《人民日报》中的“很”和“最”进行检索，结果显示：“很”有 142468 条用例，“最”有 145870 条用例。可见，“极端词语”的过量使用在一定程度上对“很”造成了冲击，使得它的使用频率没有出现太大的变化，由此也影响了“很+动宾词组”格式的发展；二是，前一阶段这一形式的发展已经比较成熟，因此，继续发展的空间相对不大。我们知道，“很”虽然出现得比较晚，但到第一阶段虚化程度已经很高，所以，它的用例比较普遍，功能也很齐备。正是因为它已经比较成熟了，所以继续发展变化的可能也就越少，由此就产生了发展变化不是很明显的现象。

**（三）第三阶段**

*1. 动词方面*

此期我们考察到用于“很+动宾词组”的动词数量变化较大，达到了 176 个，比前一个阶段多了 60 个。这些动词中单音节的有 66 个，约占总数的 36%，双音节的有 113 个，约占 64%。第三阶段单音节动词的数量增加了 18 个，但所占百分比下降了 3%。双音节的数量增加了 42 个，所占比重

---

① 所谓“极端词语”，“就是表示‘极’‘最’意思的词语，它们表示的是程度范畴中的最高级或极高级”，如“最、顶、最为、极、极其、极为”等。刁晏斌：《“文革”时期语言研究》，韩国岭南大学校出版部 2011 年版，第 150 页。

上升了3%。本阶段与前两个阶段不同的动词有73个，它们是：

挨近 补 保护 憧憬 唱 充满 摧残 打击 代表 读 锻炼 对 方便 发挥
感到 获得 呵护 具备 具有 降低 接受 警惕 节约 解 抗拒 看好 考验 夸
来 明确 拿 闹 配合 破坏 排斥 契合 启发 迁就 求 确定 认可 认
认同 伤害 上 深入 擅长 贴近 添 提携 提防 投 突出 推荐 体会 维护
显 吓唬 显得 献 享受 晓得 兴 习惯 依赖 依靠 赢得 糟蹋 指望 追求
做 振奋 增加

这些不同的动词中仍有很多是通过类推产生的，有的是表现在不同阶段，例如“挨近、贴近”和前面出现的“接近”，“保护”和“爱护”，“憧憬”和“向往”，“节约”和“节省”，“伤害”和“损害”等；还有的是在此期体现出来的，如“认可”和“认同”，“依靠”和“依赖”，“具有”和“具备”等。

这一阶段的动词按照“很”修饰的不同对象可以分成两类，具体情况见表5-6：

**表5-6　　第三阶段“很+动宾词组”格式的动词分类**

| 种类 | 数量 | 举例 |
|---|---|---|
| A类 | 61 | 费 降低 接近 流行 配合 破坏 认可 享受 值得 突出 |
| B类 | 115 | 摧残 打击 代表 带 具备 伤害 守 讲 显得 糟蹋 |

A类动词和B类动词的数量比前两个阶段都有所增加，语义隐含类的类型更为丰富，此期增加了［+突显］义，如“突出、流行”。另外［+态度］义动词的数量比前两个阶段增多，如“警惕、呵护、抗拒、排斥、迁就”等。

2. 动宾词组和宾语

本阶段受“很”修饰的动宾词组主要的语义类型是9种，具体见表5-7：

**表5-7　　第三阶段动宾词组语义类型**

| 语义类型 | 举例 |
|---|---|
| 态度义 | 帮我／接受这一套／夸奖他／求上进／维护自己公民的权益／追求语言的表达效果／保护我的感情／负责任 |
| 背顺义 | 对我们的胃口／切实用／听使唤／听从他的意见／投斯大林的胃口／违反其本人意愿 |

续表

| 语义类型 | 举例 |
| --- | --- |
| 知晓义 | 懂得“统筹法”／感到惊奇／记得你这双眼睛／觉得突然／认识你的脸／晓得爱惜光阴／知道怎样使自己更富魅力 |
| 突显义 | 显身材／出效果／反映客观实际／见效果／显得有些怪 |
| 具有义 | 具观赏性和娱乐性／有意义／抱怀疑／带感情／具备权威人士的气质／具有可行性和操作性／富有人情味 |
| 消长义 | 锻炼人的思维／解决问题／开眼界／欠文明／添阅读的快感／长见识／耗费时间／增加了精神动力 |
| 活动义 | 唱了一些主战的高调／读了些书／换了不少花样／说了些冷酷的话／写了一些颓废气十足的作品／做些农活 |
| 激发义 | 鼓励了懒汉和善于混日子的人／启发人／引起我的兴趣／鼓舞人／振奋人心 |
| 损害义 | 影响风气／打击了某些认真做事的人的情绪／伤他的自尊心／糟蹋人／折磨人／摧残人／伤害两岸科学家的感情和自尊 |

动宾词组主要的语义类型没有继续增多，但每种类型的数量都增加了。其中［+知晓］义和［+突显］义动宾词组仍然有显性修饰关系和隐性修饰关系不一致的现象，如“很觉得突然”“很表示同情”“很以为这是一回简单的事”。

第三阶段这种格式宾语的构成成分达到了9种，它们是名词、动词、形容词、代词、联合词组、定中词组、状中词组、主谓词组和动宾词组，结构类型比较丰富，与第二阶段不同的有联合词组1种，例如：

（30）回忆50、60年代往事，荣毅仁最近说：“那时还很强调阶级和阶级斗争，……”（《人民日报》1993.12.19）——联合词组

到第三阶段，“很+动宾词组”的结构类型更加全面。

3. 句法功能及其他方面

本阶段“很+动宾词组”在句中也可以做多种成分，但它的主要功能是用来做谓语，这样的用例在此期仍然是最多的。除了能够做谓语，这一结构还可以充当定语、状语、补语和宾语，与前两个阶段相比，比较明显的变化是出现了做状语和用于兼语谓语的情况，例如：

（31）于是很带感情地站起向大家鞠了一躬。（刘震云《官

场》）——状语

(32) 百林隔壁有人很不耐烦的拉开门，从门缝里丢出一句话来：“别敲了，她这些天都到一点多才回哩。”没等叶民主再问一句，那门又很带情绪地被关上了。(方方《埋伏》）——状语

(33) 高水平的澳大利亚芭蕾舞团在京、沪两地的演出备受欢迎，其中的现代芭蕾让观众很开眼界。（《人民日报》1996.11.03）——兼语谓语

(34) 可是我发现，当我不是坐车，而是骑车或步行去现场解决一些关系平民百姓生活的事情，便有许多异样的眼光投向我，使我很生感慨。(《人民日报》1994.07.29）——兼语谓语

这样，到第三阶段，“很+动宾词组”除了不能做主语，其他的成分都能够充当。

此期其他的发展变化还体现在以下几个方面：

其一，这种格式的否定形式除了“不很+动宾词组”以外，还出现了“不是很+动宾词组”和“不能很+动宾词组”，例如：

(35) 开惯了卡丁车的他还不是很习惯换档和离合器的控制，如果训练一段时间会有明显提高，因此可发展的潜力很大，年龄小且技术熟练精确，因此可培养的余地很广，这两个简单的原因让签约成了板上钉钉的事。(《人民日报》2001.12.14)

(36) 只是这样地逛街探巷，也还是不能很了解台北，特别台北人的心思，因此，我又有意用大量的“夜生活”时间，约些台北的文化界朋友，并又由他们及其一些“白领”，三三两两地找比较安静“雅皮”的消费场所，作促膝之谈。(1994年报刊精选)

这样的否定形式比“不很+动宾词组”的否定程度更弱一些。另外，“不是”或“不能”是两个音节，而“很+动宾词组”结构较长，所以，它们能起到调整结构及和缓语气的作用。这种否定类型使“很+动宾词组”的否定形式更为多样，表意也更加精确。

其二，第三阶段还出现了“很+动宾词组”用于疑问句的用例，如：

（37）“……天知道往后会发展成什么样，没准会很精彩，全看我们俩了，这不是很有趣，很鼓舞人活下去？”（王朔《一半是火焰，一半是海水》）

（38）你看我是不是很见老？（铁凝《大浴女》）

这两例其实属于不同的疑问句，前一种属于无疑而问，实际上表达的是肯定的意思；后一种是有疑而问，要求听者做出回答，而且是肯定和否定相叠的正反问。这种情况能使句子形式灵活多样，富于变化。另外也说明，到第三阶段，“很+动宾词组”出现的句类也不是仅仅局限于陈述句，而是有了更多的变化。

其三，出现了“可能/可以很+动宾词组”的用例，而在前两个阶段的语料中我们没有发现这样的现象，例如：

（39）阻止伊朗发展核武器需要协调有力的国际行动，美国在以后几个月可能很需要盟友的积极合作。（新华社 2004 年新闻稿）

（40）陈书记的态度使我们感叹良久，临淮镇政府靠的是优质的服务、优良的品种，打垮了兜售不良蟹苗的商贩，而不是靠他们本可以很方便使用的行政权力。（《人民日报》1996.04.01）

能愿动词与这一格式组合时，既能放在“很”的前面，也能放在后面，如“应该很接近事实”“很愿意参加这次活动”“很会照顾人”等，这两例都是能愿动词出现在“很”前。与能愿动词组合，可以使表达更加严密，而且避免绝对化。

其四，此期还有一些“很+动宾词组”格式连用的情况出现，例如：

（41）设身处地，站在人家的角度想想，人家一个个都不发火儿都不骂娘而且他恳求人家留下吃顿早饭，人家就留下了，面对着炒土豆丝儿炖萝卜块儿，不挑荤就素，就算都很给他面子很有涵养了！（梁晓声《钳工王》）

（42）运用影视片进行教育，很适合我们的特点，很对我们的胃口。（《人民日报》1993.12.15）

这两个例子都是“很+动宾词组”格式连用。前者是“很给他面子”和“很有涵养”连用，后者是“很适合我们的特点”和“很对我们的胃口”连用。这种结构在句中一般做谓语，对被陈述的对象进行多方面的评价或者是起强调的作用。如例（41），“很给他面子”是表示“非常照顾他情面”的意思，“很有涵养”是表示“非常有修养”，都是对“人家”的评价，但意思不重复。例（42）“很适合我们的特点”和“很对我们的胃口”表示的虽然是大体相同的意思，但它并不是简单地重复，而是起到强调的作用，能够使人进一步加深印象。这种情况也反映出“很+动宾词组”格式的表现形式更为多样化。

总之，第三阶段主要的发展变化是：用于这种格式的动词数量继续增加，各种语义类型的A类动词和受“很”修饰的动宾词组数量也在上升。它的否定形式更加丰富，能用于疑问句和兼语谓语中，出现了能愿动词用于这一形式前和“很+动宾词组”连用的现象。

## 三　小结

现代汉语各阶段用于“很+动宾词组”的动词具体情况见表5-8：

**表5-8　各阶段动词的数量及百分比**

| 数量及百分比 / 时间段 | 总数 | A类 | | B类 | |
|---|---|---|---|---|---|
| | | 数量 | 百分比 | 数量 | 百分比 |
| 第一阶段 | 98 | 38 | 39% | 60 | 61% |
| 第二阶段 | 116 | 45 | 39% | 71 | 61% |
| 第三阶段 | 176 | 61 | 35% | 115 | 65% |

动词的数量在前两个阶段没有发生很大的变化，但到了第三阶段数量明显增加，基本呈前平后升型发展，如图5-1所示：

A类动词和B类动词的数量及所占比重在前两阶段没有发生太明显的变化，而到第三阶段，A类的数量虽然增加了，但所占比重呈下降的趋势，B类的数量和所占比重都呈上升趋势。另外，通过考察我们发现，用于“很+动宾词组”的动词单音节的比重不小，这说明，此格式对动词的音节数量限制得不是很严，这也是用于这种形式的动词数量较多的原因之一。

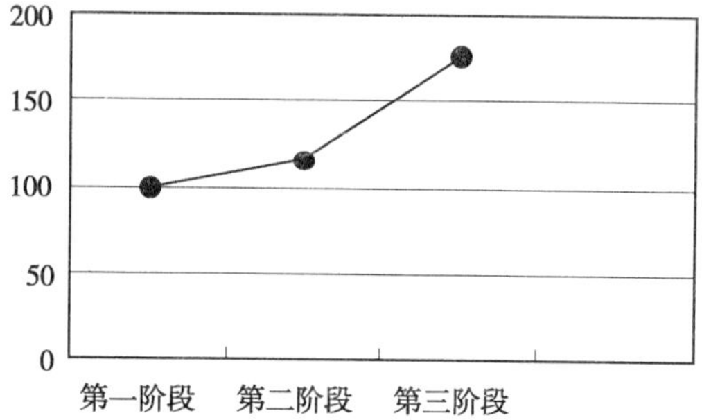


**图 5-1　各阶段动词数量变化趋势**

“很+动宾词组”在各阶段其他方面的情况见表 5-9：

**表 5-9　各阶段其他方面情况**

| 具体情况／时间段 | A类动词主要的语义类型 | 宾语的构成 | 动宾词组主要的语义类型 | 此格式的句法功能等情况 |
|---|---|---|---|---|
| 第一阶段 | 态度义<br>背顺义<br>消长义<br>知晓义 | 名词、动词、形容词、代词、定中词组、状中词组、动宾词组、主谓词组 | 态度义<br>背顺义<br>知晓义<br>具有义<br>消长义<br>突显义<br>活动义 | 能做谓语、定语、宾语、补语，否定形式常见的是“不很+动宾词组”和“很不+动宾词组”，可以用在“是……的”的句子中表示强调 |
| 第二阶段 | 态度义<br>背顺义<br>消长义<br>知晓义 | 名词、动词、形容词、代词、状中词组、定中词组、主谓词组、动宾词组、数量词组、连动词组 | 态度义<br>背顺义<br>知晓义<br>具有义<br>消长义<br>突显义<br>活动义<br>激发义<br>损害义 | 能做谓语、定语、状语、补语、宾语，可用于否定句，但数量减少。 |
| 第三阶段 | 态度义<br>知晓义<br>背顺义<br>消长义<br>突显义 | 名词、动词、形容词、代词、定中词组、状中词组、联合词组、动宾词组和主谓词组 | 态度义<br>背顺义<br>知晓义<br>具有义<br>消长义<br>突显义<br>活动义<br>激发义<br>损害义 | 能做谓语、定语、状语、宾语、补语，否定形式更为多样，可用于疑问句，有能愿动词用于这一格式前的情况，出现了“很+动宾词组”连用的现象 |

经过考察我们发现，A类动词主要的语义类型有［+态度］义、［+知晓］义、［+背顺］义、［+消长］义和［+突显］义5种，能搭配的语义类型相对来说比较多，而且从第一到第三阶段语义类型逐渐增加。受“很”修饰的动宾词组语义类型主要是［+态度］义、［+背顺］义、［+知晓］义、［+具有］义、［+消长］义、［+突显］义、［+活动］义、［+激发］义和［+损害］义9种，语义类型比较丰富。正是因为“很”对所修饰的动词或动宾词组的语义类型要求得比较宽泛，或者说“很”自身的组配能力比较强，所以“很+动宾词组”格式比较常见，数量相对来说要多一些。

从这一形式宾语的构成成分来看，不但各阶段都比较丰富，而且也是越来越多样化。句法功能方面，除了不能做主语外，其他成分它都可以充当。它的否定形式主要是“不很+动宾词组”，第三阶段还出现了“不是很+动宾词组”和“不能很+动宾词组”形式。它可以与表示不定量的数量词组和量词共现，还可以与时态助词和能愿动词搭配，能用于疑问句和“是……的”句式中，甚至出现了“很+动宾词组”连用的现象。

总之，通过考察我们发现：这种格式虽然出现得比较晚，发展的时间相对来说较短，但它的发展速度很快而且从清代到现代汉语第三阶段一直保持较高的发展势头。究其原因，我们认为主要有以下几点：

第一，“很”对所搭配的词语没有语体的限制，即“很”书面语和口语是通用的，用于“很+动宾词组”的动词一般不会因为语体色彩而受到限制，这使得更多的动词能用于这一形式。

第二，“很”对所搭配的词语没有感情色彩的限制，也就是说，用于这种格式的动词既可以是褒义词，也可以是贬义词或中性词，这样在一定程度上就扩大了动词的范围。而有的程度副词一般对所搭配的词语有感情色彩方面的约束，如“过于”主要是和中性词、贬义词搭配，所以，有些褒义词就不能进入“过于+动宾词组”了。

第三，“很”对所搭配的动词一般没有韵律方面的限制。通过考察我们发现，用于“很+动宾词组”的动词中单、双音节的比重相差不是很多，这样的话，使进入这种形式的条件更加宽松。像有的程度副词对所搭配动词的韵律是有要求的，如“略”，它倾向于和单音节动词组合，所以很多双音节动词就不能进入“略+动宾词组”了。

第四，“很”自身的组配能力比较强。考察和分析的结果显示，受“很”修饰的动词有5种语义类型，受“很”修饰的动宾词组有9种语义类型，基本上涵盖了语义中含有抽象的［+性状］义的动词和动宾词组，这说明与其他考察的程度副词相比，“很”的组配能力比较强。

第五，“很”的使用频率是常用程度副词中最高的，这也是这一形式数量最多，发展较快的重要原因。据《现代汉语频率词典》统计，“很”的使用频率是27670，使用度为3431，在常用程度副词中居于首位。它的高频使用是促使“很”不断发展的动因之一，所以说，自身使用频率高也是促使这一格式不断增多的重要因素。

## 第二节 “十分”+动宾词组

### 一 “十分”简介及这一格式的历史考察

武振玉曾经对“十分”的产生、发展和用法进行过比较深入地探讨，他认为，“十分”的本义是“按十等分划分”，原是一个词组，表示将事物做十等分的划分，这一用法先秦已见。在此基础上向相反的方向引申就可以指“对事物做十分制的概括”，由此引申而产生了“十分”表示“全部、完全”义的范围副词用法。在此基础上进一步虚化则产生了“十分”表示程度高的程度副词用法。武振玉指出，“程度副词‘十分’始见于宋代，一直保持很高的出现频率，主要是以修饰形容词为主，各个时期‘十分’修饰形容词的比例都基本占到了近一半。其次，是修饰心理动词，一般占三分之一左右的比例。从所修饰词的语义色彩看，程度副词‘十分’是以修饰具有积极色彩义的词为主。从所修饰词的音节角度看，‘十分’几乎都是修饰双音形式的词，偶尔修饰单个的单音节词时，或者是出现在对称的句子中，或者采用一些相应的补救办法，比如前加‘不’，后加‘了、矣’等。可见‘十分’一词的后面很难容纳单音的形式，这很明显是和‘十分’一词本身的音节形式有关。”①

如上文所述，宋代应该是程度副词“十分”产生与发展的初期，而且此期它主要有两种用法，一种是修饰形容词，一种是修饰动词或动词性

---

① 武振玉：《程度副词“十分”的产生与发展》，《山东教育学院学报》2004年第6期。

词组，其中就出现了修饰动宾词组的情况，例如：

(1) 文字中十分说他好。(宋《朱子语类》)

(2) 古人做诗，不十分著题，却好；今人做诗，愈著题，愈不好。(宋《朱子语类》)

第一例中还存在“十分”的显性修饰关系与隐性修饰关系不一致的现象，它的语义实际上是指向后面的“好”。由此可见，“十分+动宾词组”最早应该出现在宋代。

元代这一格式的用例有明显增加，特别是在元杂剧中，例如：

(3) 只是腿上十分无气力。(元《朴通事》)

(4) 他多管是意不平，自发扬，心不遂，闲缀作，十分的卖风骚，显秀丽，夸才调。(元《倩女离魂》)

(5) 来到此洛阳，幸遇陈太守，十分的管顾贫道。(元《张天师断风花雪夜》)

(6) 这里大户裴太公家，一个女孩儿，年一十八岁，生得十分有颜色，自小里割衫襟为定，家里做媳妇。(元《全元曲》)

元代的用例中有“十分的+动宾词组”形式，如例（4）和例（5），这样的用法一直沿用到现代汉语第一阶段。这个“的”与“越发的”里面的“的”用法一样，前文已经提到，这里不再赘述。

明代“十分+动宾词组”出现频率更高了，但宾语一般都是名词性的，例如：

(7) 世人但说是盗贼，便十分防备他；不知那拐子，便与他同行同止也识不出弄喧捣鬼，没形没影的，做将出来，神仙也猜他不到，倒在怀里信他。(明《初刻拍案惊奇》)

(8) 晁住夫妇渐渐衣服鞋袜也便华丽得忒不相了，以致那闺门中的琐碎事体叫人说不出口，那个昏大官人就象耳聋眼瞎的一般。也不十分回避大官人了，只是那旁人的口碑说得匙箸都捞不起来的。(明《醒世姻缘传》)

清代，“十分”绝大多数是修饰形容词，但“十分+动宾词组”格式仍然存在，例如：

(9) 因太公是个痰症，不十分宜吃大荤，所以要买这些东西。(清《儒林外史》)

(10) 近见宝玉虽不读书，竟颇能解此，细评起来，也还不算十分玷辱了祖宗。(清《红楼梦》)

清代这种格式的宾语稍显复杂，除了名词性宾语以外，还出现了动宾词组做宾语，如例（9）。另外，此期出现了动词后带时态助词的用例，如例（10）。

综上所述，“十分+动宾词组”应该产生于宋代，元明清时期继续发展，一般做谓语，其中宾语的构成也比较单一。总之，整体来看，近代汉语阶段这一格式的发展还不够完善。

## 二 现代汉语各阶段考察

现代汉语阶段仍然存在“十分+动宾词组”形式。根据对它的历史考察，我们认为，现代汉语中这一格式是对近代汉语的继承，而且在各个阶段都有所发展，下面我们就对各个阶段的发展变化情况进行梳理。

### （一）第一阶段

*1. 动词方面*

在我们考察的语料范围内有 48 个动词用于“十分+动宾词组”，它们是：

巴结 表明 得罪 懂得 动 耽误 防范 富有 感激 感觉 感到 关照 恢复 合 惊叹 惊扰 节省 警惕 看重 了解 勉强 明了 卖 器重 确定 缺乏 清楚 赏识 疏远 推崇 违反 孝敬 像 需要 信赖 倚重 优待 有 忧虑 依赖 追究 重用 责备 阻拦 知道 做 值得 遵守

其中单音节的有 6 个，约占总数的 13%，双音节的 42 个，约占 87%，这一阶段双音节动词占绝对优势。这些动词里有个别是第一阶段所特有的，其他阶段一般不会出现在这一格式中，如“惊扰、倚重”，例如：

(1) 次晨至太和县，船家景信见太后带了许多金帛珍宝，不觉

眼红起来，便将所有财物，尽行夺去。总算还有良心，没有十分惊扰太后。（许慕羲《宋代宫闱史》）

（2）那时朝廷本来十分倚重左宗棠的，自然立即准奏。（徐哲身《大清三杰》）

这些词由于文言色彩较浓，后来可能逐渐被其他意义相同或相近的词代替了，如“惊扰”被“打扰”等代替了，“倚重”被“器重”等代替了，因此导致使用频率下降，所以后两个阶段我们就比较少见了。以下是我们在自建语料库中对“倚重、器重”和“惊扰、打扰”的检索情况，具体见表 5-10：

**表 5-10　　各阶段“倚重、器重、惊扰、打扰”使用情况**

| 阶段 | 倚重 | | 器重 | | 惊扰 | | 打扰 | |
|---|---|---|---|---|---|---|---|---|
| | 用例数 | 词频（%） | 用例数 | 词频（%） | 用例数 | 词频（%） | 用例数 | 词频（%） |
| 第一阶段 | 2 | 0.0090 | 7 | 0.0002 | 8 | 0.0002 | 0 | 0 |
| 第二阶段 | 0 | 0 | 9 | 0.0003 | 3 | 0.0001 | 15 | 0.0004 |
| 第三阶段 | 0 | 0 | 15 | 0.0004 | 0 | 0 | 35 | 0.0010 |

由表 5-10 可以看到，后两阶段“器重”要比“倚重”的词频高，“打扰”也比“惊扰”的词频高。这可能就是因为“倚重”被“器重”等代替了，“惊扰”被“打扰”等代替了，所以词频下降，由此导致在后两个阶段较少见到它们进入“十分+动宾词组”形式。

这一阶段的动词按照是否受“十分”修饰可以分成两类，情况如表 5-11：

**表 5-11　　第一阶段“十分+动宾词组”格式的动词分类**

| 种类 | 数量 | 举例 |
|---|---|---|
| A 类 | 29 | 警惕 明了 缺乏 像 需要 了解 值得 优待 清楚 重用 |
| B 类 | 19 | 表明 动 得罪 感觉 卖 有 懂得 感到 违反 做 |

A 类中语素感染类主要是复合式形素感染类动词，如“明了、清楚、疏远、优待”等，没有出现加缀式形素感染类动词。语义隐含类主要的语义类型是［+态度］义（如“巴结、感激、赏识、推崇、孝敬、信

赖”）和［+背顺］义（如“像、依赖”）。

2. 动宾词组及宾语

此期受“十分”修饰的动宾词组主要的语义类型有5种，具体见表5-12：

表5-12 第一阶段动宾词组语义类型

| 语义类型 | 举例 |
| --- | --- |
| 态度义 | 追究铁木迭儿／责备他／防范他 |
| 背顺义 | 违反她们的好意／遵守着管理委员会的规则与章程 |
| 知晓义 | 知道我／懂得他的诗的好坏／感到不快 |
| 具有义 | 有智谋／富有乡村气息 |
| 损害义 | 阻拦他／得罪她 |

第一阶段这一格式中宾语的构成成分不是很丰富，可以由名词、动词、定中词组和主谓词组4种构成，例如：

(3) 有的是票友们的亲戚或朋友，天天来给捧场，不十分懂得戏，可是很会喊好鼓掌。(老舍《兔》）——名词

(4) 而近二十年习惯，习文史者不仅难望如五四初期所望，从认识传统建设一新的道路，即当时所底毁的会哼哼唧唧人材，亦已十分感觉缺乏，……（沈从文《穷与愚》）——动词

(5) 跑堂的不敢得罪照顾主儿，可也不便十分得罪自己的良心，他没置可否的笑了下，赶紧出去端菜。(老舍《四世同堂》）——定中词组

(6) 要十分了解积极分子有“早知道”“推一遍”的思想特点。(《人民日报》1947.07.18）——主谓词组

3. 句法功能等方面

本阶段“十分+动宾词组”可以做谓语、定语、状语和补语，例如：

(7) ……他们在反民主的挣扎中，已经十分依赖美国反动派的“援助”；因此就不惜牺牲中国民族的独立与人民利益了。……（《人

民日报》1947.09.06）——谓语

(8) 十分明了此种情形的屠维岳于是就先报告了吴荪甫对于钱葆生和桂长林的不满意，然后落到正文：“现在三先生吩咐了三件事：端阳节赏工一天，姚金凤开除，薛宝珠升稽查。”（茅盾《林家铺子》）——定语

(9) 馆长声音提高，十分动感情的说：“本大官为了争取本馆的体面，不能不添设馆警；有了馆警，本大官出入的时候，就也有鞋后跟相碰，手遮眉毛的声势。……”（老舍《民主世界》）——状语

(10) 冀德兴今年五十九岁了，不在修工年龄，可是他自动参加，并且干的十分卖力气，除了吃饭，整天不休息，别人要替他，他也不肯让。(《人民日报》1948.12.12）——补语

此期其他方面的特点还表现在以下几点：

第一，用于否定形式的用例比肯定多，而且否定的类型也比较丰富。它的否定形式主要是两种，一种是“不/没/没有”直接用在这一格式前，这种类型表达的程度比“十分”低一些，相当于“比较”，例如：

(11) 这种粽子并不十分合北平人的口味，因为馅子里面硬放上火腿或脂油；北方人对糯米已经有些胆怯，再放上火腿什么的，就更害怕了。(老舍《四世同堂》）

(12) 举头向粉刷得洁白的四壁望了一周，又从床头玻璃窗的窗帷缝里，看取了一线室外的快晴的烟景，他的还没有十分恢复平时清醒状态的脑里，也就记起了昨夜来的记忆。(郁达夫《蜃楼》）

(13) 他一共带着十块钱，把牌账还清，他的皮夹里只剩下了些名片。可是他并没十分介意这个，他一心净想把六姑娘认识清楚了。(老舍《文博士》）

还有一种是“不能/未曾/不敢”等用在“十分+动宾词组”前，表示否定，例如：

(14) 一个陌生的口音送进觉慧的耳里，他掉过头注意地看，一对奸猾的小眼睛摆在一张瘦脸上。他马上把眉毛竖起来。可是他还不

能十分确定后一句话是否听错了。(巴金《家》)

(15) 至于说对我的了解，竟是言人人殊，那更不足为怪，连我都未曾十分了解我自己。(《冰心全集第一卷》)

(16) 既经疑心她是个女侦探，即不敢十分得罪她，一时又被好奇心鼓动，倒想试试她。(佚名《留东外史续集》)

这两种否定形式表达的程度基本相当，但后者有的主观性更强一些。

另外，我们还发现，有些动词只能用于否定形式，不能用于肯定形式，而有些动词肯定和否定形式都可以出现，例如：

没有十分阻拦他 →
＊十分阻拦他
不十分了解我→
十分了解我

只能用于否定形式的动词多数是贬义词，既可以用于否定又可以用于肯定形式的多数是中性词和褒义词。

第二，这一阶段有“十分的+动宾词组”的用例出现，例如：

(17) 不忍十分的违反她们的好意，我终于反复的只看些从病院中带来的短诗了。我昨夜收到词选，珍重的一页一页的看着，一面想，难得我有个知心的小弟弟。(《冰心全集第一卷》)

这里“的”相当于“地”，可以去掉。我们认为，带上“的”主要是强调“十分”做状语的功能，同时也是强调程度高。这种形式应该是沿用近代汉语中的用法。根据《虚词历时词典》的注释，“十分的”在元代就已经出现了，比它早一些的还有“十分地”，它们主要修饰形容词。①现代汉语初期继承了这一用法，一直到第三阶段它们依然存在，不过修饰动宾词组的情况在后两个阶段都比较少见。我们认为，比较少见主要是因为：“十分的”比“十分”多一个音节，既不符合简化的要求也不符合双

① 何金松：《虚词历时词典》，湖北人民出版社1994年版，第6页。

音化的需求，所以逐渐被“十分”代替了。下面是我们在各阶段自建语料库中对“十分的”和“十分”的检索情况，具体见表5-13：

**表5-13　　各阶段“十分的”和“十分”使用情况**

| 阶段 | 十分的 | | 十分 | |
|---|---|---|---|---|
| | 用例数 | 词频（%） | 用例数 | 词频（%） |
| 第一阶段 | 69 | 0.0021 | 598 | 0.0179 |
| 第二阶段 | 10 | 0.0003 | 624 | 0.0186 |
| 第三阶段 | 3 | 0.0001 | 650 | 0.0194 |

由表5-13可见，前者出现的频率比后者降低了不少，原因可能就是逐渐被“十分”代替了，所以导致“十分的+动宾词组”到后两个阶段也比较少见了。

通过考察我们还发现，此期“十分+动宾词组”中多数动词不能带时态助词。我们认为，因为“十分”表示程度很高，语义中已经含有“已然”的意思，再带时态助词，语义上要么重复，要么产生矛盾了，如我们一般不能说“十分浪费了时间”“十分鼓舞着他们的斗志”。

总之，第一阶段“十分+动宾词组”表现出来的主要特点是：用于这种格式的动词数量不是很多，以双音节动词为主；受“十分”修饰的动词和动宾词组语义类型主要是［+态度］义、［+背顺］义、［+知晓］义等，否定形式较多，有“十分的+动宾词组”形式出现。

### （二）第二阶段

1. *动词方面*

此期我们考察到73个动词用于“十分+动宾词组”，比第一阶段多了25个。其中单音节的有10个，约占总数的14%，双音节的63个，约占86%，单、双音节的比重与第一阶段稍有不同。本阶段与第一阶段不同的动词有59个，它们是：

得 符合 服从 费 感 关注 鼓舞 合 耗费 近似 警惕 觉得 急需 接近 具有 坚持 解 精通 酷似 可怜 靠近 浪费 虐待 恼怒 难为 切合 强调 缺 缺少 启发 熟悉 受 疏忽 适合 适宜 适应 善于 伤 省 守 说明 损害 赏识 深入 通晓 推重 贪图 脱离 侮辱 需要 像 吸引 向往 依靠 影响 振奋 照顾 抓紧 指望

新出现的动词有些仍然属于同义词，如“费、耗费、浪费”和“适宜、切合、适合、合”等，这种情况前面我们已经谈到。

按照是否受程度副词“十分”修饰，这些动词可以分成两类，具体情况见表 5-14：

**表 5-14　第二阶段“十分+动宾词组”格式的动词分类**

| 种类 | 数量 | 举例 |
| --- | --- | --- |
| A 类 | 41 | 符合 费 近似 浪费 强调 缺少 适合 抓紧 善于 熟悉 |
| B 类 | 32 | 鼓舞 耗费 具有 脱离 侮辱 受 启发 损害 振奋 伤 |

A 类中语素感染类占多数，而且复合式形素感染类最多，如“接近、近似、清楚、缺少、深入”等。语义隐含类主要的语义类型是［+态度］义，如“感激、关注、警惕、可怜、恼怒、赏识、推崇、照顾”等，比前一阶段的数量更多。除此以外，还有［+背顺］义（如“符合、切合、适合、适应”）、［+知晓］义（如“精通、通晓、了解”）、［+消长］义（如“浪费、需要”）。此期 A 类动词的语义类型比第一阶段增加了［+知晓］义和［+消长］义。

2. 动宾词组及宾语

这一阶段受“十分”修饰的动宾词组主要的语义类型有 7 种，比前一阶段又有增加，具体见表 5-15：

**表 5-15　第二阶段动宾词组语义类型**

| 语义类型 | 举例 |
| --- | --- |
| 态度义 | 疏忽保安工作 / 虐待她 |
| 背顺义 | 服从命令 / 依靠美国 / 脱离生活 |
| 知晓义 | 感兴趣 /懂得自己为什么打仗 / 知道他们找什么 |
| 具有义 | 有把握 / 富有建设性 / 具有战略意义 |
| 损害义 | 侮辱工人 / 损害革命利益 / 影响士气 |
| 激发义 | 鼓舞人心 /振奋人心 / 启发人 |
| 消长义 | 耗费钢板 / 省料 |

此期比第一阶段增加了［+消长］义和［+激发］义，语义类型更加丰富了。

第二阶段宾语的构成成分由前一阶段的 4 种增加到了 7 种，它们是名词、动词、代词、定中词组、状中词组、动宾词组和主谓词组，比第一阶段更为多样。其中与第一阶段不同的有代词、状中词组和动宾词组 3 种，具体用例如：

（18）大概是由于敬重斯文吧，乡亲们倒没有十分难为他，不过也给过一些嘲笑，还有一首歌：“熟读百家，不识五谷；上天（作官）有路，入地无门。”至今流作话柄。（《人民日报》1957.11.27）——代词

（19）第二步才是根据可靠线索和“雪人”的习性去寻找“雪人”，不知道“雪人”的习性就很难捕获它，因为它很胆小，并且十分善于在陡峭的山崖上奔跑。（《人民日报》1959.04.18）——状中词组

（20）闽清县水力资源丰富，十分适宜发展农村小型水电。（《人民日报》1972.01.30）——动宾词组

3. 句法功能及其他方面

这一阶段“十分+动宾词组”可以做谓语、定语、状语和补语，与前一阶段相比基本相同。此期比较突出的特点是它用于“在……上”这样的介词结构中，例如：

（21）还有一些理论干部和宣传干部把他们的精力花费在十分脱离生活的问题上，他们的“著作”，只对那些利用我们的某些出版者的疏忽大意和自由主义来取得稿酬的作者有价值。（《人民日报》1959.02.04）

“十分脱离生活”做后面“问题”的定语。这样的用例出现，进一步证明这一格式的组配能力在不断提高，出现的语言环境更加复杂。

此期另外一个变化是有些用例出现在表示强调的“是……的”结构中，例如：

（22）这个指示，对于现时的我国也是十分切合需要的。（《人民日报》1952.01.21）

（23）在这里的第一个印象是，造船是十分耗费钢板的，因为船身、船底基本上是由钢板拼起来的。（《人民日报》1957.09.05）

（24）布托部长说，我们对中国的访问，是十分启发人的。（《人民日报》1963.03.05）

这样的格式主要是起强调的作用，能进一步加强肯定的语气。

本阶段仍然没有发现“十分+动宾词组”中动词后带时态助词的用例。

总之，第二阶段主要的发展变化是：用于这一格式的动词数量继续增加，受“十分”修饰的动词和动宾词组语义类型更加丰富，宾语的构成成分有所发展，能出现在介词结构和强调句式中。

## （三）第三阶段

### 1. 动词方面

本阶段考察到用于“十分+动宾词组”的动词有112个，比第二阶段多了39个。其中单音节的15个，约占总数的13%，双音节的97个，约占87%。单、双音节动词的比重与前两个阶段相比没有发生太大的变化。此期与前两个阶段不同的动词有52个，它们是：

逼近 崇尚 锻炼 打击 代表 抵制 方便 发挥 妨碍 贯彻 够 花 接受 坚定 见 集中 教育 具备 看好 肯定 夸大 流行 配合 排挤 破坏 排斥 契合 亲近 迁就 欠 擅长 突出 抬举 提倡 体现 挑战 污染 违背 维护 危害 显 享受 限制 响应 晓得 依赖 折磨 折腾 主张 追求 抓紧 阻碍

这里出现了不少表示消极意义的动词，如“打击、妨碍、破坏、危害”等。有的动词在此期出现是因为：它在前一个阶段的使用频率比较低，但到第三阶段使用频率提高，因而出现了用于“十分+动宾词组”的情况，如“契合”就是如此。“契合”在第二阶段的《人民日报》中只出现了20个用例，而第三阶段却出现了811个，这说明它的使用频率有所提高，因此它的搭配能力也可能出现变化，所以，到第三阶段就出现了用于这一格式的情况。

按照是否受“十分”修饰，此期动词可以分成两类，情况如表5-16：

**表5-16　第三阶段“十分+动宾词组”格式的动词分类**

| 种类 | 数量 | 举例 |
|---|---|---|
| A类 | 50 | 看好 靠近 夸大 流行 配合 擅长 突出 耽误 值得 逼近 |
| B类 | 62 | 打击 代表 妨碍 感 教育 体现 危害 污染 主张 显 |

A 类包括语素感染类和语义隐含类，前者加缀式形素感染类依然比较少，我们认为原因主要是：“勇于、敢于”等加缀式形素感染类动词语义往往表示已然，本身表示的程度义就比较高，如果再和经常表示已然的高量级“十分”搭配，语义就显得重复，因此，我们很少见到这样的动词。另外，语义隐含类中［+态度］义动词继续增加，像“崇尚、迁就”等。此期还有［+背顺］义、［+消长］义、［+知晓］义以及［+突显］义动词，比较明显的变化是出现了［+突显］义动词，这说明动词的范围也在不断扩大。

2. 动宾词组和宾语

这一阶段受“十分”修饰的动宾词组主要的语义类型有 9 种，具体见表 5-17：

**表 5-17　　第三阶段动宾词组语义类型**

| 语义类型 | 举例 |
| --- | --- |
| 态度义 | 贯彻这种思想 / 抬举我 / 维护我的威信 / 响应居委会的“号召” |
| 背顺义 | 契合改善型置业人群的需求 / 违背自己意愿 / 违反人性 / 遵守交通规则 |
| 知晓义 | 晓得运作和操作政治语言 / 觉得缺憾 / 懂得这句话的分量 |
| 具有义 | 有层次感 / 富有男性魅力 / 具备很快建立一个像欧安会那样机构的因素 |
| 损害义 | 污染环境 / 折磨他哥哥 / 打击孩子的积极性 / 损害重庆形象 /影响市容市貌 / 危害环境 |
| 激发义 | 鼓舞人心 / 启发思考 / 振奋人心 |
| 消长义 | 耗费车手精力 / 锻炼身体 / 欠发达 |
| 突显义 | 显奢华 / 见功力 / 体现主人的生活情趣 |
| 限制义 | 限制想象力 / 妨碍邻居的休息 / 阻碍交通 |

第三阶段的语义类型比第二阶段增加了［+突显］义和［+限制］义，［+态度］义等类型的数量也比前一阶段更多，这说明动宾词组的范围也在扩大。到本阶段表示消极意义的动宾词组有增加的趋势，不仅有［+损害］义，还出现了［+限制］义。

此期宾语的构成成分与前一阶段基本一样，但有些用例的宾语形式更长，结构更显复杂，例如：

（25）香港金融管理局总裁任志刚 19 日在午餐会上表示，十分看好香港与内地经济融合所带来的经济效益。（新华社 2004 年新

闻稿）

（26）这是因为我们十分懂得只有和平，才能建国；只有休养生息，发展生产，老百姓才有衣穿，有饭吃；也只有社会有了购买力，生意人才能有生意做。（《人民日报》1992.01.19）

前一例中动词“看好”的宾语是“香港与内地经济融合所带来的经济效益”，它是一个复杂的偏正词组，所以造成整个格式都很复杂。后一例“懂得”的宾语是“只有和平，才能建国；只有休养生息，发展生产，老百姓才有衣穿，有饭吃；也只有社会有了购买力，生意人才能有生意做”，它是包含几个层次的多重复句，因此在形式上很长。这样的宾语能够使表意更加严谨、周密。

3. 句法功能及其他方面

第三阶段“十分+动宾词组”可以做谓语、宾语、定语、状语，没有更大的变化，但做定语的用例中有一些前面可以带数量词组，例如：

（27）楚老还是一个十分守纪律的老人。（《人民日报》1994.05.22）

（28）有一次赴南海县里水镇访问，知道剑花还有一个十分富有时代气息的名字——致富花。（《人民日报》1989.11.07）

这两例中“十分守纪律”和“十分富有时代气息”分别做后面“老人”和“名字”的定语，数量词组“一个”也是“老人”和“名字”的修饰语，数量词组与“十分+动宾词组”格式不存在修饰关系。我们认为，这里的数量词组一般可以去掉，句子仍然成立。这种情况使句子结构更加复杂，也说明“十分+动宾词组”的组配能力依然在增强。

总之，第三阶段这一形式主要的发展变化是：动词的数量继续增加，受“十分”修饰的动词和动宾词组的范围不断扩大。宾语的结构形式更加复杂，部分做定语的用例前能带数量词组。

## 三　小结

用于“十分+动宾词组”的动词在各阶段的情况见表5-18：

表 5-18　**各阶段动词的数量及百分比**

| 时间段＼数量及百分比 | 总数 | A 类 | | B 类 | |
|---|---|---|---|---|---|
| | | 数量 | 百分比 | 数量 | 百分比 |
| 第一阶段 | 48 | 29 | 60% | 19 | 40% |
| 第二阶段 | 73 | 41 | 56% | 32 | 44% |
| 第三阶段 | 112 | 50 | 45% | 62 | 55% |

从第一到第三阶段动词的数量不断增加，呈上升型发展，而且发展比较均衡，如图 5-2 所示：

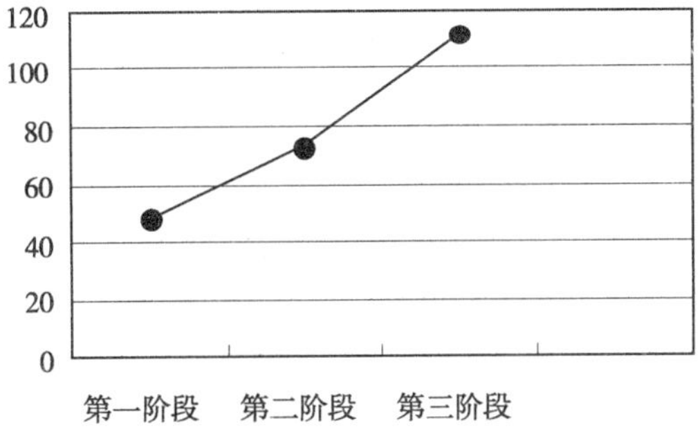


**图 5-2　各阶段动词数量变化趋势**

A 类动词和 B 类动词的数量也是越来越多，不断上升，但 A 类所占的比重却是呈下降型发展，B 类是呈上升型发展，到第三阶段 B 类超过了 A 类。根据我们考察，用于这一格式的动词大多数是双音节的，但也不是像武振玉先生所说的“十分一词的后面很难容纳单音的形式”，我们的考察结果显示，大概有 20 个单音节动词可以进入这一格式。

现代汉语各阶段“十分+动宾词组”其他方面的情况具体见表 5-19：

表 5-19　**各阶段其他方面的情况**

| 时间段＼具体情况 | A 类动词主要的语义类型 | 宾语的构成 | 动宾词组主要的语义类型 | 此格式的句法功能等情况 |
|---|---|---|---|---|
| 第一阶段 | 态度义<br>背顺义 | 名词、动词、定中词组、主谓词组 | 态度义<br>背顺义<br>知晓义<br>具有义<br>损害义 | 能做谓语、定语、状语、补语，否定形式常用“不/没/没有”或“不敢/不能/未曾”，有“十分的+动宾词组”的用例 |

续表

| 具体情况<br>时间段 | A 类动词主要的语义类型 | 宾语的构成 | 动宾词组主要的语义类型 | 此格式的句法功能等情况 |
|---|---|---|---|---|
| 第二阶段 | 态度义<br>背顺义<br>消长义<br>知晓义 | 名词、动词、代词、定中词组、主谓词组、动宾词组、状中词组 | 态度义<br>背顺义<br>知晓义<br>具有义<br>消长义<br>激发义<br>损害义 | 能做谓语、定语、状语、补语，出现了用于“在……上”这样的介词结构和“是……的”格式中的现象 |
| 第三阶段 | 态度义<br>知晓义<br>背顺义<br>消长义<br>突显义 | 名词、动词、代词、定中词组、主谓词组、动宾词组、状中词组 | 态度义<br>背顺义<br>知晓义<br>具有义<br>消长义<br>突显义<br>限制义<br>激发义<br>损害义 | 能做谓语、定语、状语、宾语，这一格式的宾语形式更长，结构更显复杂，它的前面有些能带数量词组 |

从表 5-19 可以看出，受“十分”修饰的动词主要的语义类型是［+态度］义、［+知晓］义、［+背顺］义、［+消长］义、［+突显］义 5 种，而且从第一到第三阶段不断增加。受“十分”修饰的动宾词组语义类型主要有［+态度］义、［+背顺］义、［+知晓］义、［+具有］义、［+消长］义、［+突显］义、［+限制］义、［+激发］义、［+损害］义 9 种，语义类型也是随着时间的变化而不断丰富。受“十分”修饰的动词或动宾词组的语义类型虽然比较丰富，但由于受到“十分”使用频率的影响和搭配条件的限制，“十分”主要与积极意义的词语搭配，而且主要与双音节动词组合，所以说，与同量级的“很”比较起来，用例的数量就要少一些。

此格式宾语的构成成分也在不断发展，由最初的 4 种发展到 7 种，而且宾语的形式更长，结构更显复杂。“十分+动宾词组”除了不能做主语，其余 5 种成分都可以充当。它的否定形式主要是“不/没/没有”或“不敢/不能/未曾”等用在“十分”前构成，相当于“比较”的意思。它还能用于“在……上”这样的介词结构和“是……的”句式中。

从对这一形式的历史考察我们知道，它出现在宋代，元明清时期继续发展，但近代汉语阶段的句法功能和结构类型都较单一。到了现代汉语阶段，这种格式依然存在，而且数量也越来越多，句法功能也更加完备。总体来看，“十分+动宾词组”格式的发展趋势是上升型发展，而且三个阶段的发展情况比较平稳。

# 第六章

# “有点（儿）”类程度副词+动宾词组的发展演变

本书“有点（儿）”类程度副词包括“有点（儿）”和“有些”，它们都是比较常见的表示低量级的程度副词。通过对古代汉语和现代汉语的考察我们发现，“有点（儿）”和“有些”都可以带由一般动词构成的动宾词组，因此，本书把它们作为这一程度量级的考察对象，探讨“有点（儿）+动宾词组”和“有些+动宾词组”在现代汉语各阶段的发展变化情况。

## 第一节 “有点（儿）”+动宾词组

### 一 “有点（儿）”简介及这一格式的历史考察

“‘有点（儿）’是由动词‘有’+量词‘点（儿）’构成的程度副词，主要用来修饰动词和形容词，表示程度低，多用于不如意的事情。它作为程度副词出现得比较晚，在《红楼梦》以前的文献中没有见到，直到《红楼梦》中才看到‘有点’作程度副词的例子。”① 在现代汉语中“有点”多用于口语，所以，使用频率比同类程度副词“有些”要高一些。

根据我们的考察，“有点（儿）+动宾词组”最早应该出现在清代，但用例比较少，例如：

---

① 王静：《“有些”“有点”的来源及其在近、现代汉语中的用法》，《宜宾学院学报》2010年第5期。

(1) 及至秋谷下台之后，走到月兰面前仔细一认，方才猛然记了起来，便对他笑道：“我瞧着就有点像你，只是有些模糊，原来到底是你。我们有二三年不见了，也不知那一阵风把你这红人儿吹到这苏州地面来了，只怕有什么事情罢？”（清《九尾龟》）

(2) 寨主说：“可有点难为他们。”智爷说：“什么人什么待承。”（清《小五义》）

在这一时期由动词“发”构成的用例比较多，如“有点发麻”“有点发怯”“有点发晕”“有点发热”等。这一格式中宾语的构成也很简单，一般是名词性成分，句法功能也较单一，主要用来做谓语。

清代与“有点”并存的还有“有点子”，做程度副词时多数修饰形容词，如：

(3) 一进屋门，先摆手道：“不行！不行！不但我不认得他，这个人来得有点子酸溜溜，还外带着挺累赘。”（清《儿女英雄传》）

“有点子”也能带动宾词组，不过很少，例如：

(4) 恶棍点头说：“这也倒罢了，倘或他是相面的，明日又有施不全来在咱景州下马，我心里有点子怀着鬼胎。怎么说咧？我素日的声名在外。耳闻施不全爱管闲事，万一他要寻着我的晦气，那却怎么样呢？……”（清《施公案》）

在现代汉语阶段这种形式的用例没有再出现。与“有点”相比，“有点子”口语色彩更浓，“子”是后缀，没有具体的词汇意义。我们认为，现代汉语阶段没有出现“有点子+动宾词组”的情况主要是因为“有点子”是三个音节，出于语言经济原则的需要，它逐渐被“有点（儿）”代替了，因此导致使用频率下降，所以，现在很少见到。我们曾经对CCL语料库现代汉语阶段的语料检索，“有点”有23767例，“有点子”有17例。虽然这里不全部是做程度副词，但基本也可以说明“有点（儿）”的出现频率要远远高于“有点子”，因此说，它逐渐被“有点（儿）”代替了。

总之，“有点（儿）+动宾词组”出现得比较晚，在清代的用例也不多，宾语的构成和句法功能都比较单一，发展得还不是很完善。

## 二 现代汉语各阶段考察

由对这一格式的历史考察我们知道，现代汉语阶段的“有点(儿)+动宾词组”应该是继承近代汉语的用法。下面我们就对这种形式在各阶段的发展变化情况做一个比较全面的梳理。

### （一）第一阶段

*1. 动词方面*

这一阶段我们考察到用于“有点（儿）+动宾词组”的动词有29个，它们是：

暗示 变 擦 嘲笑 耽误 对 带 动 发 辜负 感到 觉悟 觉得 见 记得
可怜 领会 懒得 破坏 偏 强迫 缺乏 欠 认识 认得 失 忘 误解 像

此期用于这一格式的动词比较少。其中单音节的12个，约占总数的41%，双音节的17个，约占59%。第一阶段动词中多数是中性词，如“暗示、感到、觉得、领会、认识”等，少数是带有消极意味的动词，如“嘲笑、辜负、强迫、误解”等。个别动词只在这一阶段出现了，其他阶段就没有再出现，如“觉悟”就是这样的情况。我们知道，“觉悟”后面一般不直接带宾语，但在初期现代汉语中却出现了“觉悟”直接带宾语的用例，如：

（1）你们的三月亡华论已经落了空，现在，你们想用汉奸帮助你们慢慢的灭亡中国；你们的方法变动了一点，而始终没有觉悟你们的愚蠢与错误。(老舍《四世同堂》)

（2）一会儿她觉悟自己的喉咙比不上那几扇板门，就举起手掌敲板门，同时叫唤，“贼骨头到你们家里来了！财源嫂嫂！财源嫂嫂!”（叶圣陶《晨》）

当然这样的用法很少，因此，在后两个阶段没有再出现“有点（儿）觉悟+宾语”格式。

第一阶段的动词按照是否受“有点（儿）”修饰可以分成两类，具体情况是：

A类动词（10个）：

觉悟 可怜 懒得 破坏 偏 强迫 缺乏 误解 像 耽误

B 类动词（19 个）：

暗示 变 擦 嘲笑 对 带 动 发 辜负 感到 觉得 见 记得 领会 欠 认识 认得 失 忘

B 类动词的数量要比 A 类多。A 类既有语素感染类，也有语义隐含类。前者如“破坏、偏”，后者如“觉悟、可怜、像、误解”。语义隐含类主要的语义类型是［+态度］义。

2. 动宾词组和宾语

受“有点（儿）”修饰的动宾词组主要的语义类型有 4 种，具体见表 6-1：

**表 6-1　　第一阶段动宾词组语义类型**

| 语义类型 | 举例 |
| --- | --- |
| 态度义 | 辜负你 / 嘲笑我自己 |
| 消长义 | 失了常态 / 欠周到 |
| 突显义 | 见闷热 / 发麻 |
| 知晓义 | 认识它们 / 领会“小红低唱，白石吹箫”/感到了凉意 / 认得我 / 记得五年前惯熟了的标语口号 |

这一阶段数量较多的是［+知晓］义动宾词组。

此期“有点（儿）+动宾词组”中宾语可以由名词、代词、形容词、代词、定中词组、主谓词组 6 种成分构成，例如：

（3）林大嫂：你呀，老林，有点偏心眼，偏向着他！（老舍《西望长安》）——名词

（4）今天，他反倒有点可怜他们了。（老舍《四世同堂》）——代词

（5）庭院里蚊子多，也多少有点见闷热，替祖父拿着狗皮垫褥，提了水烟袋，走到村边绕了杨柳树的场园时，咯咯说着话的地上已坐满了人了。（吴伯箫《夜谈》）——形容词

（6）我一向自负是心地最纯厚的人，只会自己吃亏，没做过亏负人的事。但是，这时在刘金宽的面前，突然使我感觉到，自己有点象旧小说里写的那种负义之徒，人家待他义重如山，向他托妻寄子，他却看不起这八拜之交，另外去和宰相尚书家里攀结亲眷了。（《人民日报》1947. 10. 02）——定中词组

(7) 我想啊：从前凌云大概有点觉得初中毕业作售货员未免屈才。这可就好了，她一看人家还有高中毕业的呢，自己还骄傲什么呢？(老舍《女店员》)——主谓词组

3. 句法功能及其他方面

第一阶段“有点（儿）+动宾词组”主要用来做谓语，除此以外还能做补语，例如：

(8)“没有。只有小章和他谈过，他已经在什么中学——咳，怪名字，记不起来，……所以昨天下午，小章就有点变样子；老王，你说呕气不呕气?”(茅盾《蚀》)——谓语

(9)“好宝贝，告诉我吧!”说得有点欠火力，我知道。(老舍《爱的小鬼》)——补语

其他方面的特点还有：

首先，出现了“有点”和其他程度副词连用的情况，例如：

(10) 她稍稍有点误解了父亲的意思，她以为父亲是要利用刘玉英来探取老赵的秘密。(茅盾《子夜》)

(11) 三脚两步往园子外面跑，爱兰师太赶上来相送，发利斯见有人来了，胆子一壮，觉得在霓喜面上略有点欠周到，因回头找补了一句道：“嫂子你别着急，别着急。”(张爱玲《连环套》)

(12) 和恋爱的放恣相比，战争是被驱使的，而革命则有时候多少有点强迫自己。(张爱玲《自己的文章》)

(13) 这一天，冶妮从点心时候起，就拖住了逸群不肯放他走开，直到两人在船栏边看完了落日，她的曝露在外面的臂上胸上微有点感到了凉意，船上头庆祝法国革命纪念的夜宴将就开始的时候，……(郁达夫《蜃楼》)

本阶段与“有点”连用的主要是表示程度低的“稍微”类副词，而且数量比较多，如“稍稍、略、多少、微”。“有点”与它们连用能降低程度，使语气更加委婉。这种现象与人们的表达心理是有关系的，前文我

们在探讨“稍微”和“略”时已经谈到，此处不再赘述。

其二，这种格式中还有与时态助词共现的用例，如：

（14）晚饭的时候陪他母亲喝酒，却醉到了好处，虽然有点动了伤感，但随后终究很舒适地熟睡了一晚的文朴，这时候也曷亨曷亨地在厚棉被里嗒醒了。（郁达夫《纸币的跳跃》）

（15）皮鞋非常的大，至少比脚大着两号儿，走道儿老有点擦着地皮，这样，叫裤子的中缝直直的立着，一点褶儿也没有。（老舍《二马》）

这些时态助词主要是表示动作的完成和持续，一般可以去掉。不过例（14）中的“了”除了表示“已然”，还能表示状态，兼有凑足音节的作用，所以就不能去掉了。

总之，第一阶段“有点（儿）+动宾词组”的主要特点是：用于这一格式的动词比较少，受“有点（儿）”修饰的主要是［+态度］义动词，受“有点（儿）”修饰的动宾词组主要是［+知晓］义、［+消长］义、［+突显］义和［+态度］义4种。此期它可以充当谓语和补语，能够与“稍微”类程度副词和时态助词共现，但没发现与能愿动词组合的情况。

**（二）第二阶段**

1. 动词方面

这一阶段考察到用于“有点（儿）+动宾词组”的动词有45个，比第一阶段多了16个。这些动词中单音节的有16个，比第一阶段多了4个，双音节的有29个，比前一阶段多了12个，单音节动词的比重有所下降。此期与第一阶段不同的动词有41个，它们是：

摆 避免 出 冲撞 担 低估 打 犯 分散 拂逆 妨碍 顾虑 怪 回避 接近
近似 夹 酷肖 类似 浪费 了解 离开 迷惑 抹杀 模仿 闹 欠 失掉 失去
损害 丧失 伤 脱离 贪 显 要求 责备 证实

这里出现了个别书面语色彩较浓的动词，如“拂逆、酷肖”。出现这样的情况主要与语体有关，因为它们只能用于庄重的书面语体，口语中很少见到。

按照是否受“有点（儿）”修饰，此期动词可以分成两类，具体见表6-2：

**表 6-2 第二阶段“有点（儿）+动宾词组”格式的动词分类**

| 种类 | 数量 | 举例 |
|---|---|---|
| A 类 | 12 | 低估 分散 类似 浪费 了解 接近 像 破坏 |
| B 类 | 33 | 避免 妨碍 感到 回避 抹杀 失去 损害 担 欠 摆 |

B 类动词的数量仍然比 A 类多。A 类中语义隐含类主要的语义类型是［+态度］义和［+背顺］义，本阶段新增加的是［+背顺］义。

2. 动宾词组和宾语

此期受“有点（儿）”修饰的动宾词组主要的语义类型有 6 种，具体情况见表 6-3：

**表 6-3 第二阶段动宾词组语义类型**

| 语义类型 | 举例 |
|---|---|
| 态度义 | 责备政委为什么把队伍撤进庄里 / 回避这种解决办法 |
| 知晓义 | 感到怀疑 / 觉得追不上 |
| 消长义 | 失掉信心 / 丧失理智 / 失去信念 |
| 突显义 | 出“常规” / 显老 |
| 背顺义 | 拂逆人性 / 离开了民族艺术的传统 |
| 损害义 | 损害共产党员的英雄形象/ 冲撞了他的绅士的安详 |

本阶段比第一阶段增加了［+背顺］义和［+损害］义，［+知晓］义的用例比第一阶段少了很多。另外，第二阶段的动宾词组有很多是带有熟语性质的，如：“伤脑筋、打官腔、犯嘀咕、摆老资格”，这也是此期比较明显的特点。

这一阶段宾语的构成成分比前一阶段有所增加，达到了 9 种，它们是名词、动词、形容词、代词、联合词组、定中词组、状中词组、动宾词组和主谓词组。与前一阶段不同的有动词、联合词组、状中词组和动宾词组 4 种，由它们做宾语的用例如：

（16）评论说，“帝国主义者和其他反动派上星期进行的阴谋活动，使人们对这次会议是否能举行，有点感到怀疑。但是，困难和障碍都幸而克服了。”（《人民日报》1962. 12. 09）——动词

（17）这种情形，有点类似强盗和骗子。（《人民日报》

1977. 12. 06）——联合词组

（18）有些同志，对个人每天能抽出的业余学习时间，也有点要求太高……（《人民日报》1956. 08. 21）——状中词组

（19）过去，我们有点避免谈技巧；实际上，写剧本并没有什么神秘，它的主要技巧就是掌握动作。（《人民日报》1962. 04. 10）——动宾词组

（20）青年司机有些胆怯，说：“天气热，机车容易燃轴，多跑了怕机车受不了。”我虽然不赞成老司机那种说法，可是心里也有点顾虑机车受不了。（《人民日报》1951. 09. 30）——主谓词组

我们发现，“有点（儿）+动宾词组”中的宾语一般不能出现数量词语。如果宾语中有数量词语，则不能用“有点”了，例如：

有点担风险 → ＊有点担一些风险

有点类似强盗和骗子 → ＊有点类似几个（一些）强盗和骗子

“有点”不能与宾语部分的数量词语以及表示量的变化形式同现，其原因可能是：“有点”是从量的角度对动词加以限制，既然已经隐含限制量的意味，也就不能与表数量的词语或形式同现了。

3. 句法功能及其他方面

第二阶段“有点（儿）+动宾词组”除了做谓语以外，还有做宾语和补语的用例出现。这在前一阶段没有发现，例如：

（21）会后，他对刘玉书说：“若是以‘三项指示为纲’，那阶级斗争往那放？”刘玉书说：“我也这样考虑，总觉得有点犯嘀咕。”（《人民日报》1976. 06. 24）——宾语

（22）只有在“被摘去顶戴花翎”的一段音乐中，这个主题在一开始陈述时，在形象特征上变得有点接近盲妹的音乐形象，表示林则徐和盲妹虽是不同的阶级，……（《人民日报》1961. 06. 07）——补语

其他的发展变化还体现在：

第一，“有点（儿）+动宾词组”可以用于“是……的”的结构中，

例如：

（23）……因此电力工业发展规划工作的初步阶段是有点属于研究性的，它的最初成品是有点近于研究论文，用以作为广征意见，建立联系和展开讨论的基础的。（《人民日报》1959.04.28）

（24）“太阳请假的时候”，只是一篇“故事”，并不是纯正的“科学文字”，在课文后的“习题”里面说是“故事性的通俗科学文字”，是有点欠妥当的。（《人民日报》1950.04.20）

这里“是……的”主要是表示强调，如果去掉，句子仍然可以成立。关于这样的情况前文已有论述，这里不再重复。

第二，“有点（儿）+动宾词组”有用于疑问句的情况，例如：

（25）如果美国人认为有再次爆发战争的紧急危险，他们会撤退他们在日本的军队吗？那么，蒋介石、李承晚和吴庭艳为什么还需要更费钱的武器呢？的确，这不是有点证实那个让亚洲人打亚洲人的旧的谣传吗？（《人民日报》1956.07.30）

（26）当然，这些展览对于改善人民生活是起了一定作用的。但是我怀疑这些展览是否有点脱离群众？（《人民日报》1956.12.20）

这两例虽然都是疑问句，但类型有所不同。前者是无疑而问的反问句，主要用来加强肯定的语气，后者是有疑而问的疑问句。这种句子类型的出现说明：“有点（儿）+动宾词组”不但能用于陈述句，还能用于疑问句，句类更为丰富。

总之，第二阶段主要的发展变化是：用于“有点（儿）+动宾词组”的动词数量增多，范围扩大；受“有点（儿）”修饰的动宾词组语义类型不断丰富，熟语性质的动宾词组比较常见；宾语的构成成分达到了9种，出现了做宾语和补语的用例，能够用于“是……的”以及疑问句中。

## （三）第三阶段

### 1. 动词方面

这一阶段我们考察到用于“有点（儿）+动宾词组”的动词有126个，比前一阶段增加了81个，数量增加的幅度很大。其中单音节的21

个，比第二阶段多了5个，双音节的105个，比前一阶段多了76个，单音节动词的比重继续下降，双音节动词的优势越来越大。此期与前两个阶段不同的动词有98个，它们是：

表现 巴结 败坏 贬低 超出 超过 挫伤 产生 成为 刺激 触犯 摧残 带动 打击 打破 打扰 得罪 抵制 懂得 颠倒 犯 费 符合 敷衍 放松 赶 改变 干扰 干涉 忽略 恢复 进入 接近 警告 践踏 降低 开 开始 靠 靠近 扩大 浪费 了解 离开 埋没 卖弄 难为 偏离 偏向 排斥 侵犯 欺负 缺 迁就 谴责 强调 认 受 耍 损坏 失去 适应 适合 熟悉 疏忽 束缚 拖 拖延 通 逃避 贴近 违背 违反 委屈 忘记 侮辱 歪曲 危害 误会 显得 享受 限制 需要 冤枉 压制 依赖 影响 责怪 糟蹋 知道 指望 照顾 追求 折腾 折磨 捉弄 阻碍 阻挡

这里有些动词同样是通过类推产生的，不同阶段之间的如“损坏”和“损害、破坏”，“失去”和“丧失、失掉、失”，“误会”和“误解”等；本阶段也有很多是同义词，如“打扰”和“干扰”，“阻挡”和“阻碍”，“压制”和“限制”等。

第三阶段的动词按照是否受“有点（儿）”修饰可以分成两类，具体见表6-4：

**表6-4　　第三阶段“有点（儿）+动宾词组”格式的动词分类**

| 种类 | 数量 | 举例 |
|---|---|---|
| A类 | 41 | 败坏 贬低 刺激 符合 降低 偏离 缺乏 强调 贴近 耽误 |
| B类 | 85 | 超出 挫伤 触犯 带 颠倒 改变 干扰 干涉 卖弄 践踏 |

B类仍然比A类多，可见，用于“有点（儿）+动宾词组”的动词主要是B类。A类还可以分成语素感染类和语义隐含类，第三阶段仍然没有出现加缀式形素感染类动词。从现代汉语各个阶段的考察结果来看，这类动词如“善于、勇于、乐于、敢于”等一般不能进入“有点（儿）+动宾词组”格式。原因主要有：首先，“有点（儿）”是低量级的程度副词，而加缀式形素感染类动词的语义中含有“已经达到”的意义，本身的程度义比较高，所以不能再受低量级的程度副词限制，否则就会产生矛盾。其次，“有点（儿）”常表示不如意的事情，而这些加缀式形素感染类动词多数是褒义词，如果搭配在一起感情色彩上也会出现矛盾。本阶段语义隐含类主要的语义类型是［+态度］义、［+消长］义和［+背顺］

义，比第二阶段增加了［+消长］义。另外，［+态度］义动词数量继续增多，如“敷衍、可怜、懒得、排斥”等。总之，此期 A 类动词的范围不断扩大。

2. 动宾词组和宾语

这一阶段受“有点（儿）”修饰的动宾词组主要的语义类型有 8 种，具体情况见表 6-5：

表 6-5 第三阶段动宾词组语义类型表

| 语义类型 | 举例 |
|---|---|
| 态度义 | 辜负广告商的巨额赞助／警告他／责怪记者／抵制这些说教／回避传媒／谴责自己／逃避过错／享受这种生活方式 |
| 知晓义 | 通人性／感到诧异／觉得自己拿不出手／记得似乎是被抬起来运到什么地方去过／认识外公／知道利害关系／懂得了“我们头顶上灿烂的星空” |
| 消长义 | 丧失自信／超出对他诗歌的喜爱／超过市场预期／抹杀我们教练们的功劳／失去耐心 |
| 突显义 | 表现消极／显得笨拙／见黑 |
| 背顺义 | 违背正统游戏规则／违反了经济带动文化的规律／离开了移风易俗，提倡勤俭的初衷 |
| 损害义 | 挫伤她后面准备好的更猛烈的进攻／侵犯我／践踏流行／糟蹋一代才女／欺负人家不识法文／侮辱赵四小姐／触犯他人隐私／摧残生命／打扰居民休息／干扰他们的观赏情绪 |
| 限制义 | 妨碍自由空间／束缚了他／限制球员的自由／压制随球上网战术／阻碍交通 |
| 变化义 | 恢复了这种印象／开始发胖／改变了自己的观点／变了样 |

此期动宾词组的语义类型又增加了［+限制］义和［+变化］义，而且表示［+损害］义、［+态度］义的增加得比较多。

这一形式宾语的构成方面没有出现太大的变化。

3. 其他方面的发展变化

第三阶段“有点（儿）+动宾词组”在充当句子成分方面也没有发现很大的变化。不过在其他方面还有一些不同，具体表现在：与“有点（儿）”连用的程度副词更多出现的是“多少”，和第一阶段相比，其他与“有点（儿）”连用的程度副词很少出现了，例如：

（27）在人们的印象中，“地下电影”往往在形式上多少有点标新立异，内容上多少有点离经叛道，操作上多少有点违背正统游戏规则，这些电影及其导演都是存在于体制之外的一个群体。（新华社

2004年新闻稿）

（28）“医不治瘫”这句话流传已久，多少有点符合实际。（《人民日报》1980.09.21）

我们认为，“多少”的主要用法之一就是与“有点（儿）、有些”连用，表示程度浅，而且“多少”与“稍微、略”等比较起来口语色彩更浓，所以，此期它与“有点（儿）”连用出现的频率更高一些。此外，像“微、微微”这样的程度副词主要用于古代汉语，它们在现代汉语阶段比较少见，尤其到第三阶段就更难见到它们与“有点（儿）”连用了。

这一阶段我们仍然没有发现“能愿动词+有点（儿）+动宾词组”的形式。结合前两个阶段的考察情况，我们认为，能愿动词一般很少与这一格式搭配。原因主要是：能愿动词主要表示能够、愿意，语义上多数含有“已然”的意思，而“有点（儿）”语义中显然带有“没有达到或实现”的意思，是未然，它们如果搭配在一起，语义上就会出现矛盾，如一般不能说“可以（能够/能/敢/应/）有点丧失自信”。

总之，第三阶段主要的发展变化是：用于这一格式的动词数量大量增加，受“有点（儿）”修饰的动词和动宾词组的语义类型更加丰富，其中［+损害］义动宾词组的数量显著增多。与“有点（儿）”连用的程度副词主要是“多少”，与“微、略、稍微”连用的情况减少。

## 三　小结

现代汉语各阶段用于“有点（儿）+动宾词组”的动词具体情况见表6-6：

**表6-6　　各阶段动词的数量及百分比**

| 时间段 \ 数量及百分比 | 总数 | A类 | | B类 | |
|---|---|---|---|---|---|
| | | 数量 | 百分比 | 数量 | 百分比 |
| 第一阶段 | 29 | 10 | 34% | 19 | 66% |
| 第二阶段 | 45 | 12 | 27% | 33 | 73% |
| 第三阶段 | 126 | 41 | 33% | 85 | 67% |

从第一到第三阶段动词的数量不断增加，前两个阶段发展得比较平稳，

但到第三阶段动词的数量迅速增加，总体呈向上型发展，如图 6-1 所示：

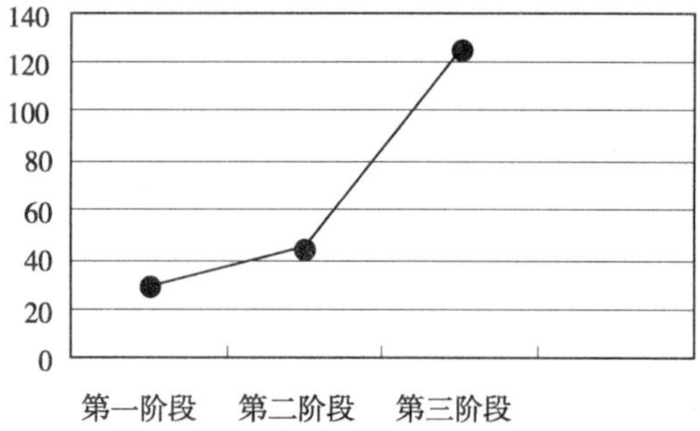


**图 6-1 各阶段动词数量变化趋势**

A 类动词和 B 类动词中后者所占的比重较大。这两类动词的数量也是不断增加，它们在各阶段所占的比重也有变化，前者呈 U 字形发展，后者呈马鞍形发展。

经过考察，我们还发现，用于“有点（儿）+动宾词组”的动词以双音节的为主，而且多数是贬义词和中性词，加缀式形素感染类很少能进入这一格式。

这种格式在各阶段其他方面的情况见表 6-7：

**表 6-7 各阶段其他方面情况**

| 具体情况 / 时间段 | A 类动词主要的语义类型 | 宾语的构成 | 动宾词组主要的语义类型 | 此格式的句法功能等情况 |
|---|---|---|---|---|
| 第一阶段 | 态度义 | 名词、形容词、代词、定中词组、主谓词组 | 态度义<br>知晓义<br>消长义<br>突显义 | 做谓语、补语，能用于否定句，可与多个“稍微”类程度副词共现 |
| 第二阶段 | 态度义<br>背顺义 | 名词、动词、形容词、代词、联合词组、定中词组、状中词组、动宾词组、主谓词组 | 态度义<br>知晓义<br>消长义<br>突显义<br>背顺义<br>损害义 | 做谓语、宾语、补语，能用于“是……的”句式和疑问句中 |
| 第三阶段 | 态度义<br>背顺义<br>消长义 | 名词、动词、形容词、代词、联合词组、定中词组、状中词组、动宾词组、主谓词组 | 态度义<br>知晓义<br>消长义<br>突显义<br>背顺义<br>损害义<br>限制义<br>变化义 | 做谓语、补语、宾语，常与程度副词“多少”连用，很少与能愿动词搭配 |

A类动词主要的语义类型是［+态度］义、［+背顺］义和［+消长］义3种。受“有点（儿）”修饰的动宾词组主要的语义类型是［+态度］义、［+知晓］义、［+消长］义、［+突显］义、［+背顺］义、［+损害］义、［+限制］义和［+变化］义8种。其他语义类型的动词或动宾词组一般很难用于这一格式，如表示［+突显］义的动词“流行、盛行”，表示［+激发］义的动宾词组“鼓舞人心、激励我们”，表示［+促使］义的动宾词组“促进生产、促使我们不断进步”等就不能和“有点（儿）”搭配。从历时角度看，每一阶段语义类型都在不断丰富。这一格式的宾语构成成分到第二阶段已经达到了9种，比近代汉语阶段和现代汉语第一阶段有了明显增加。另外，“有点（儿）+动宾词组”一般要求宾语中不能带有数量成分。这一形式能做谓语、补语和宾语，可以与“稍微”类程度副词连用，但第三阶段多数是与“多少”连用。它能够用于表示强调的“是……的”句式和疑问句中，这一形式前多数不能和能愿动词共现。

根据对“有点（儿）+动宾词组”的考察，我们认为，它虽然在清代才出现，发展的时间较短，但总体来看是呈上升的发展趋势。特别是从第二阶段开始，它就逐渐进入了较快的发展时期，第三阶段是它发展的高峰期。

## 第二节 “有些”+动宾词组

### 一 “有些”简介及这一格式的历史考察

王静曾经对“有些”的历史和来源进行过探讨，她认为：“‘有些’有两种意义和结构，一是动词义的‘有些’，即由动词‘有’和不定量词‘些’构成的动词词组，表示数量不多，后面带名词性成分，‘些’做定语，构成‘有+些NP’的动宾结构，这种用法的‘有些’在唐代的诗文中已见；二是副词义的‘有些’，它是由前者凝固虚化而来的，表示程度不深，后面带谓词性成分，构成‘有些+VP/AP’的偏正结构，这种用法的‘有些’在唐代的《敦煌变文选》里已见，用来修饰形容词性成分。在句法上对这两种用法不同的‘有些’进行区分的有效办法就是看‘有些’后面的成分是名词性的还是谓词性的。”① 本书的“有些”指的是第二种意思。程度副词“有些”的用法与“有点（儿）”相近，但程度略高，常修饰带消极意味的词语，也可以修饰中性词语，多表示不甚合意的事情，如“有些小气、有些忧郁、有些害怕”等。在现代汉语中“有些”多用于书面语，与“有点（儿）”比较起来，不如“有点（儿）”用得广泛。

根据王静的考察，“有些”作为程度副词出现在宋代。我们发现，宋代的语料中也出现了“有些+动宾词组”格式，如：

（1）又曰：曾点所见不同，方当侍坐之时，见三子言志，想见有些下视他几个，作而言曰：异乎三子者之撰。看其意，有凤凰翔于千仞底气象！（北宋《朱子语类》）

宋代的用例还非常少，而且这一时期程度副词“有些”和“有些子”共用，例如：

（2）曰：“事事都要合道理，才有些子不合道理，心下便不足。才事事合道理，便仰不愧，俯不怍。”（北宋《朱子语类》）

我们认为，“子”在这里是个词缀，没有具体词汇意义，与“有点子”的用法是一样的，到现代汉语阶段都比较少见了。

元代“有些+动宾词组”形式主要出现在元杂剧中，用例也很少，例如：

（3）（净）道是：人生七十古来稀，不去嫁人待何时？下了头髻做新妇？硗飞戏懦趄罄揲场？（末）你有些欠尊重。（元《全元曲》）

（4）官员子弟，闻名都来吃酒。只是孩儿养的娇了，一来性儿好自在，二来有些拣择人。这早晚还不起来，只怕有人来吃酒。孩儿起来罢！（元《全元曲》）

① 王静：《绝对程度副词从近代汉语到现代汉语的发展演变》，硕士学位论文，河南大学，2004年，第61—62页。

到了明清时代，“有些+动宾词组”的用例有了增加。在我们考察的语料中有 17 个动词用于这种格式，如“难为、费、认得、像、嫌鄙、晓得、株连、怪、偏护、知道、仿佛、觉、迷恋、觉得、欠、近于、侵”，举例如下：

（5）羊角大仙听见长老说他今日有些难为人，就激得他怒从心上起，恶向胆边生，掣过宝剑来，望空一撇，那口剑竟奔长老头上来。（明《三宝太监西洋记》）

（6）是老孙寻上他门，与他交战，那怪却就有些认得老孙，卓是神通广大，把老孙的金箍棒抢去，因此难缚妖魔。（明《西游记》）

（7）燕王也有些晓得他不凡，果然面奏太祖，讨了他去。后来赞成靖难之功，出师胜败，无不未卜先知。（明《二刻拍案惊奇》）

（8）薛金莲听了辛修甫的这几句话儿，也有些觉得辛修甫是有心骂他的，便抬起头来看了辛修甫一眼，把钞票放了下来。（清《九尾龟》）

（9）包公吩咐将他带下去，把庞光带上堂来。包公看了，果然有些仿佛包兴，把惊堂木一拍道：“庞光，你把假冒包兴情由诉上来！”（清《七侠五义》）

近代汉语阶段的“有些+动宾词组”主要做谓语，做其他成分的很少。这一形式中宾语的构成成分主要是名词性词语和主谓词组，与其他程度副词连用的用例也比较少，我们只考察到 1 例，如：

（10）原来太夫人自从到了上海以后，也微微有些知道秋谷在嫖场里面狠有些儿声名；又向来知道秋谷的脾气风流自喜，倜傥非常，更兼住在上海滩上，这样花天酒地的地方，自然的就有选舞征歌的兴会。（清《九尾龟》）

综上所述，“有些+动宾词组”最早出现在宋代，宋元时期用例很少，明清时期有了较大的增加，但总体来看发展还不成熟。

## 二 现代汉语各阶段考察

现代汉语中“有些+动宾词组”应该是继承近代汉语的用法，它在各个阶段都有所发展，下面我们主要针对它的发展变化情况进行探讨。

### （一）第一阶段

1. 动词方面

这一阶段我们考察到用于“有些+动宾词组”的动词有29个，它们是：

得罪 带 防范 发 妨碍 感到 感激 觉得 凌辱 懒得 类似 浪费 卖弄 闹 偏向 破坏 认识 绕 失 失去 要 脱离 误会 忘掉 像 依靠 影响 责备 皱

动词数量比较少，其中单音节的有8个，约占总数的28%，双音节的21个，约占72%。单音节和双音节动词都可以进入这一格式，但双音节动词占优势。

这些动词按照是否受“有些”修饰，可以分成两类，情况见表6-8：

表6-8 第一阶段“有些+动宾词组”格式的动词分类

| 种类 | 数量 | 举例 |
|---|---|---|
| A类 | 9 | 类似 浪费 偏向 破坏 像 误会 感激 |
| B类 | 20 | 带 发 妨碍 感到 凌辱 认识 失去 皱 |

从分类结果看，B类要多于A类。A类中既有语素感染类，也有语义隐含类。前者如“懒得、偏向、破坏”，后者如“感激、类似、浪费、卖弄、像”。后者主要的语义类型是［+态度］义、［+背顺］义，也有［+消长］义和［+突显］义，但数量很少。

2. 动宾词组和宾语

此期受“有些”修饰的动宾词组主要的语义类型有6种，具体情况见表6-9：

表6-9 第一阶段动宾词组语义类型

| 语义类型 | 举例 |
|---|---|
| 态度义 | 防范洋兵／责备老朽教子不严 |
| 知晓义 | 认识项王／感到疲倦／觉得生疏 |
| 消长义 | 失神色／失去自信 |

续表

| 语义类型 | 举例 |
|---|---|
| 背顺义 | 依靠工作组 / 脱离群众 |
| 损害义 | 凌辱妇女/ 破坏调和 / 影响三结合与大变工 |
| 突显义 | 发软 /耍脾气 |

本阶段每一种动宾词组的数量虽然不是很多，但类型还是比较丰富的。

第一阶段“有些+动宾词组”中宾语可以由名词、动词、形容词、代词和主谓词组5种成分构成，类型比较丰富，以下各举一例：

(1) 分会干部石长明自已推罐（运煤车）发现了半成罐和一成罐，同样用两个人有些浪费人力，就把半成罐减成一个人推，使每个劳动力发挥到实效。(《人民日报》1946.06.21) ——名词

(2) 要精密，当然不得不繁，但繁得很，就又变了“难”，有些妨碍普及了。(鲁迅《门外文谈》) ——动词

(3) 船泛到湖心亭，我们在那里站了些时，有些感到疲倦了，王女士提议去吃饭。(庐隐《秋光中的西湖》) ——形容词

(4) “幸而有那艺术”，他指着我的手枪，似乎有些感激它。(老舍《猫城记》) ——代词

(5) 当母亲对我说，“此后小心些，我要打你的时候，曾祖母不来劝的了！”只有这时使我有些觉得这是我的损失。(孙福熙《不死》) ——主谓词组

3. 句法功能及其他方面

本阶段“有些+动宾词组”主要做谓语，像例（1）、例（2）、例（3）、例（4）都是做谓语的。也可以做定语，不过这样的现象比较少，例如：

(6) 在这样热烈而紧张的空气里，我却发现坐在前面炉火旁边的妇救常委李凤英，她一直沉默着，瘦瘦的脸孔低垂在胸前，如同有什么深的思虑，时而，她翻动着有些带着愧羞的眼睛，偷偷的看着

我。(《人民日报》1946.05.15)

其他方面的特点还有：这种形式常与程度副词“颇”“多少”“很”连用，例如：

(7) 这是因为补色相互配合时，由于各色部分之感情，过于鲜明，颇有些破坏调和。(国家语委现代汉语语料库)

(8) 过去以为“做新闻工作吃不开”等等错误思想是改变了，倒是有很多同志害怕个人思想和能力不足以担负党报工作者的严肃任务，处处害怕别人再叫自己“客里空”，多少有些失去自信。(《人民日报》1948.05.15)

(9) 偏偏联军驻在上海，那两广总督黄宗汉，又听信地方绅士闲言，在广东练起乡团，专防洋人从粤河登岸，四门张贴告示，很有些防范洋兵，斥逐洋教的千方百计头。(李伯通《西太后艳史演义》)

此期与“有些”连用的主要是“很”类和“稍微”类程度副词，如上面的“颇”“很”是“很”类程度副词，“多少”属于“稍微”类程度副词。与“很”类连用，程度比它们单用时轻一些，因为，当用表示强程度的副词表明对象的贬义属性时，出于言语礼貌原则，用弱（或相对较弱）的程度义副词可以冲淡、弱化和调节生硬的口气。与“稍微”类程度副词连用，程度比“有些”单用时轻一些，这与“有点（儿）”和“稍微”类程度副词连用的作用是一样的。

总之，第一阶段“有些+动宾词组”主要的特点表现为：用于这一形式的动词数量较少，但受“有些”修饰的动宾词组语义类型比较丰富。这种格式可以做谓语和定语，能与“很”类和“稍微”类程度副词连用。

**（二）第二阶段**

*1. 动词方面*

这一阶段用于“有些+动宾词组”的动词有40个，比前一阶段增加了10个，数量没有发生太大的变化。其中单音节的有12个，双音节的28个，单、双音节的数量和所占比重与前一阶段相比也没有很大的变化。此期与第一阶段不同的动词有27个，它们是：

变 败坏 承认 动 耽误 放松 妨害 怪 感觉 回避 忽略 近似 见 夸大 难于 偏 缺乏 强调 欠 伤 受 挑拣 忘记 显示 显得 限制 阻碍

这些动词主要是表示消极意义的，如“败坏、耽误、妨害、夸大”等。

此期动词按照是否受“有些”修饰，可以分成两类，具体情况见表6-10：

**表6-10　第二阶段“有些+动宾词组”格式的动词分类**

| 种类 | 数量 | 举例 |
| --- | --- | --- |
| A类 | 14 | 败坏 放松 近似 夸大 难于 强调 缺乏 |
| B类 | 26 | 妨害 感觉 回避 欠 伤 受 显得 脱离 |

A类动词的数量稍有增加，其中语素感染类比语义隐含类稍多，语义隐含类主要的语义类型仍然是［+态度］义和［+背顺］义，与第一阶段比较没有变化。

2. *动宾词组和宾语*

此期受“有些”修饰的动宾词组主要的语义类型有6种，具体见表6-11：

**表6-11　第二阶段动宾词组语义类型**

| 语义类型 | 举例 |
| --- | --- |
| 态度义 | 挑拣工作/承认他们的“动机是好的”/回避思想冲突 |
| 知晓义 | 感到了自豪/觉得去之可惜/感觉年龄大 |
| 消长义 | 失去信心/欠雅 |
| 损害义 | 伤胆/影响其效果 |
| 突显义 | 显示自己/发黄/显得不很真实 |
| 限制义 | 妨碍学习/妨害了学业/限制他们的手脚/阻碍争鸣 |

这一阶段比较明显的变化是增加了一些表示［+限制］义的动宾词组，而［+背顺］义动宾词组的数量比前一阶段有所减少。

此格式中宾语的构成与第一阶段相比没有很大的变化。

3. *句法功能及其他方面*

与前一阶段相比，“有些+动宾词组”除了可以做谓语、定语，还有做状语和宾语的情况出现，例如：

(10) 伪军们放他们进入寨口之后，金环有些显示自己地对杨晓冬说：“凭他们这两条看门狗，想咬人哪！气恼了我，找他们顶头上司，把狗日的饭碗敲掉喽!”（李英儒《野火春风斗古城》）——状语

(11) 对于这种厚颜无耻的侵略和欺骗的纪录，我觉得有些难于处理。（《人民日报》1956.11.18）——宾语

这体现了它充当句子成分的能力在不断增强。

其他的发展变化还表现在以下几个方面：

第一，“有些+动宾词组”与其他程度副词连用虽然还是以“很”和“多少”为主，但有时还与“多多少少”连用，例如：

(12) 但是，正因为强调了生产队是基础，强调了生产队的当家作主，这里的大队干部看来多多少少有些放松领导。（《人民日报》1962.06.06）

用重叠形式的程度副词能够进一步弱化程度，使语气更加委婉，试比较：

多多少少有些放松领导 → 多少有些放松领导

通过比较我们认为，前者表示的程度更轻，而后者稍重一些。

第二，“有些+动宾词组”前经常出现介宾词组，如：

(13) 报纸说，“这种言词表明这个友邦处于深刻的混乱状态和对当前对峙的力量有些缺乏认识。事实上，这是十分正常的现象：西方要竭尽所能利用中印危机来削弱中国的力量、把印度置于自己控制之下而听任其摆布。”（《人民日报》1962.12.07）

(14) 对地、富、反、坏分子有些失去警惕，对少数富裕农民的歪风邪气也认识不清。（《人民日报》1960.06.22）

(15) 大家对玫瑰花这一角色的删除是毫无留恋的，但有的同志对于由她所引起的说书的情节却多少有些觉得去之可惜。（《人民日报》1964.06.05）

以上加着重号的部分我们可以分别变换成：

对当前对峙的力量有些缺乏认识 → 有些缺乏对当前对峙力量的认识

对地、富、反、坏分子有些失去警惕 → 有些失去对地、富、反、坏分子的警惕

对于由她所引起的说书的情节却多少有些觉得去之可惜 → 却多少有些觉得对于由她所引起的说书的情节去之可惜

我们认为，这些介宾词组都可以放到动词后，而且意思没有变化。把介宾词组放在“有些+动宾词组”前，主要是为了突出和强调介宾词组的宾语，使表意更明确。出现这种情况说明“有些+动宾词组”的组配能力越来越强，分布环境更加复杂。

第三，这种格式前出现了能愿动词，不过数量较少，例如：

（16）如果要指出三千六百个企业只是俄国工业中的一小部分，利润增加百分之二十五并不是如何惊人的话，那可能会有些影响其效果。（《人民日报》1967.10.23）

我们认为，能愿动词一般表示能够、愿意，从语义角度来看多数与高量级的程度副词搭配，而“有些”属于低量级的程度副词，由于两者所属的程度量级不同，所以，它们能够搭配的很少。与能愿动词搭配能够避免语言表达的绝对化，使话语留有一定的余地，而且语气更加委婉。

总之，第二阶段“有些+动宾词组”主要的发展变化是：动词的数量和范围继续扩大，受“有些”修饰的动宾词组语义类型增加了［+限制］义。句法功能不断增强，不但能做谓语和定语，还能够做状语和宾语。出现了与“多多少少”连用以及与能愿动词组合的用例，这一格式前还经常带介宾词组。

**（三）第三阶段**

1. 动词方面

本阶段考察到的动词有 88 个，比前一阶段增加了 48 个，增长的幅度较大。这些动词中单音节的有 14 个，比前一阶段稍有增加，但所占比重下降了 14%。双音节的有 74 个，比第二阶段增加了 46 个，所占比重上升了 14%。用于“有些+动宾词组”格式的主要还是双音节动词，而且此期

这类动词增加得也较快。这些动词中与前两个阶段不同的有 49 个，它们是：

帮助 背离 超出 冲击 刺激 打动 打击 扼杀 犯 费 符合 敷衍 改变 辜负 鼓舞 恢复 耗费 接近 可怜 开 靠近 冷落 了解 冒 难于 难以 难为 排斥 排挤 欠缺 缺 缺少 倾向 扰乱 适应 丧失 疏忽 违背 违反 亵渎 需要 依赖 抑制 压迫 值得 主张 折磨 知道 糟蹋

本阶段仍有一些动词与前两个阶段的意义相同或相近，如此期的“依赖”和前两个阶段出现的“依靠”，此期的“抑制”和前面出现的“限制”等。第三阶段也有这样的情况，如“排斥”和“排挤”，“欠缺”和“缺、缺少”，“违背”和“违反”等。

此期的动词按照是否受“有些”修饰可以分成 A、B 两类，具体见表 6-12：

**表 6-12　　第三阶段“有些+动宾词组”格式的动词分类**

| 种类 | 数量 | 举例 |
|---|---|---|
| A 类 | 37 | 靠近 类似 耽误 破坏 欠缺 扰乱 适应 像 卖弄 需要 |
| B 类 | 51 | 背离 冲击 打动 扼杀 改变 亵渎 显得 限制 阻碍 压迫 |

A 类和 B 类的数量都比第二阶段有所增加，但仍以 B 类为主。A 类中语素感染类的数量超过了语义隐含类。语义隐含类主要的语义类型是［+态度］义、［+背顺］义和［+消长］义，与第二阶段相比，本阶段主要增加了［+消长］义动词。

2. 动宾词组及宾语

第三阶段受“有些”修饰的动宾词组主要的语义类型是 8 种，具体情况见表 6-13：

**表 6-13　　第三阶段动宾词组语义类型**

| 语义类型 | 举例 |
|---|---|
| 态度义 | 主张自我的权利 / 责备他 / 倾向美国文化 / 辜负了大海 |
| 知晓义 | 知道谁在你的心中夺去了我的位置 / 觉得勉强 |
| 消长义 | 失去均衡 / 超出预期 / 耗费纳达尔的体力 / 丧失信心 |
| 背顺义 | 违背主人的意志 / 背离人文主义 / 违反常理 / 依靠父母 |

续表

| 语义类型 | 举例 |
| --- | --- |
| 突显义 | 发红 / 见轻 / 显得乱 |
| 损害义 | 折磨人 / 亵渎神灵 / 冲击演员本身的演出 / 打击积极性 / 得罪观众 / 扼杀了选择的多样性 / 糟蹋了大会的创意 |
| 限制义 | 妨碍视线 / 限制了他的发挥 / 抑制准车主的购买欲望 / 阻碍出行 |
| 变化义 | 变窄 / 恢复了他往日对这种人的满不在乎的态度 / 改变了乡音 |

此期出现了一些［+变化］义动宾词组，［+损害］义动宾词组的数量也有较大的增加。

第三阶段“有些+动宾词组”中宾语的构成依然没有太大的变化。

3. 句法功能及其他方面

本阶段“有些+动宾词组”能做谓语、状语、定语和宾语，与前一阶段相同。

其他方面的发展变化还表现在：

第一，与这一形式连用的程度副词除了“很”“颇”“多少”和“多多少少”以外，还出现了“稍微”，例如：

（17）职业的习惯使高素平对军装产生了一种特别的偏爱，去年冬天退伍时，她身上穿着洗得稍微有些发白的军装，只是没有领花，一步三回头地告别了绿色的警营。（《人民日报》1992. 10. 08）

通过三个阶段的考察我们发现，此期与“有些+动宾词组”连用的程度副词更多了。前文我们已经提到过“稍微”与“有些”连用的问题，所以这里不再重复。

第二，“有些+动宾词组+了”格式稍有增加。前两个阶段的用例中就曾经出现过这样的形式，但不是很多，只有 6 例，此期达到了 20 例，例如：

（18）如此说来，要求运动员在凛冽的寒风中踏在坚硬的冰面上创纪录，恐怕有些难为人了。（《人民日报》1995. 01. 22）

（19）就这样，躲躲藏藏，大约过了半个月时间，那几名干部见平安无事，满以为风头已过，便有些放松警惕了，战斗结束后也不急

于上山躲藏。(梁贤之《彭德怀大喝一声：刀下留人》)

(20) 第二局双方都有些适应对手了，丁松的削球宛如风吹杨柳，看似柔若无骨，其中却藏着转与不转的变化。(《人民日报》1995.05.12)

这里“有些”与“了”呼应，主要表示变化的程度比较轻微。这里的“了”就是吕叔湘先生所说的“了$_2$”，它在这里发挥重要作用。加上它以后，原先表示未曾出现的情况现在出现了，事情出现了变化，不过其程度极小而已。例如“有些放松警惕了”和“有些放松警惕”比较，前者表示以前没有“放松警惕”，而现在却“放松警惕”了，事情出现了变化，但后者却没有这样的意思。出现这样的情况还是与人们的语言心理有关。因为，这种形式可以降低程度，而“有些+动宾词组”又经常表达消极的意义，所以，人们就用这样的形式来尽量减少贬损的程度。

总之，第三阶段主要的发展变化是：用于“有些+动宾词组”的动词数量有了显著增加；受“有些”修饰的动词和动宾词组语义类型继续丰富；句法功能不断完善，出现了做补语的情况；与这种格式连用的程度副词更加多样，“有些+动宾词组+了”形式稍有增加。

## 三　小结

现代汉语各阶段用于“有些+动宾词组”的动词具体情况见表6-14：

**表6-14　各阶段动词的数量及百分比**

| 时间段＼数量及百分比 | 总数 | A类 | | B类 | |
|---|---|---|---|---|---|
| | | 数量 | 百分比 | 数量 | 百分比 |
| 第一阶段 | 29 | 9 | 31% | 20 | 69% |
| 第二阶段 | 40 | 14 | 35% | 26 | 65% |
| 第三阶段 | 88 | 37 | 42% | 51 | 58% |

从表6-14我们可以看到，动词的数量从第一阶段到第二阶段变化不大，第三阶段有较明显的增加，整个呈上升型发展，如图6-2所示：

A类动词和B类动词的数量都在增加，但B类在各阶段所占的比重

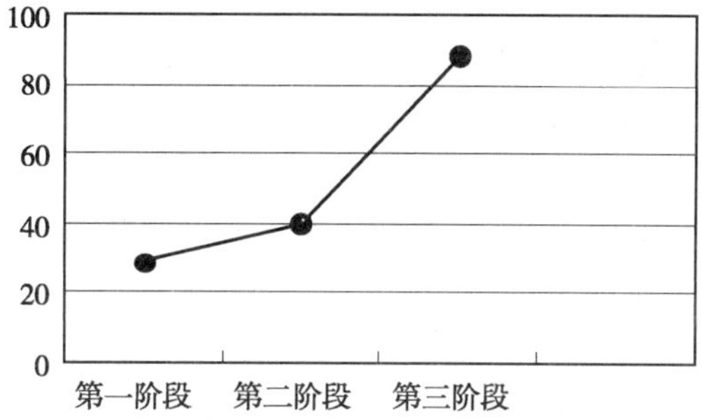


图 6-2 各阶段动词数量变化趋势

却呈下降的趋势。

从各阶段考察的结果来看，用于“有些+动宾词组”的动词多数是贬义和中性词。因为“有些”本身含有贬义，与褒义动词搭配在一起，感情色彩上往往显得互相矛盾，如不能说“他的话有些鼓舞人心”“我们有些乐于帮助他”。

这种格式在各阶段的其他情况见表 6-15：

表 6-15 各阶段其他方面情况

| 具体情况 / 时间段 | A 类动词主要的语义类型 | 宾语的构成 | 动宾词组主要的语义类型 | 此格式的句法功能等方面 |
|---|---|---|---|---|
| 第一阶段 | 态度义<br>背顺义 | 名词、动词、形容词、代词、主谓词组 | 态度义<br>知晓义<br>消长义<br>背顺义<br>损害义<br>突显义 | 可做谓语、定语，能与“很”类和“稍微”类程度副词共现 |
| 第二阶段 | 态度义<br>背顺义 | 名词、动词、形容词、代词、主谓词组 | 态度义<br>知晓义<br>消长义<br>损害义<br>突显义<br>限制义 | 能做谓语、定语、状语、宾语，介宾词组经常出现在这一格式前 |
| 第三阶段 | 态度义<br>背顺义<br>消长义 | 名词、动词、形容词、代词、主谓词组 | 态度义<br>知晓义<br>消长义<br>背顺义<br>损害义<br>突显义<br>限制义<br>变化义 | 能做谓语、定语、状语、宾语，与“有些”连用的程度副词数量更多，这一格式还经常与“了”呼应 |

经过我们的考察，A 类动词主要的语义类型是［+态度］义、［+背顺］义和［+消长］义。受“有些”修饰的动宾词组主要的语义类型是［+态度］义、［+知晓］义、［+消长］义、［+背顺］义、［+损害］义、［+突显］义、［+限制］义、［+变化］义 8 种，与受“有点（儿）”修饰的动词和动宾词组的语义类型基本是一样的。但从考察结果来看，“有些+动宾词组”的用例要少于“有点（儿）+动宾词组”。我们认为，原因主要有：首先，二者都是用于不甚合意的事情，可是“有些”表示的程度要高于“有点（儿）”，如“有些妨碍视线”和“有点（儿）妨碍视线”，前者表示的程度要大于后者。根据交际的礼貌原则和一般的语用心理，人们往往选择的是“有点（儿）”，这样更能减少对他人的贬损。其次，“有点（儿）”多用于口语，而“有些”多用于书面语，所以前者的使用频率要高一些，发展变化会更大，组配能力也就更强。

这一形式宾语的构成成分在三个阶段没有发生很大的变化，但“有些+动宾词组”充当句子成分的能力不断完善。第一阶段它只能做谓语和定语，到第三阶段发展到可以做谓语、定语、状语、宾语、补语 5 种成分。另外，“有些+动宾词组”能与“很”类和“稍微”类程度副词共现，第二阶段还经常出现介宾词组置于这一格式前的情况。它还能与“了”呼应，表示情况发生了变化，但它前面很少与能愿动词共现。

“有些+动宾词组”最早出现在宋代，明清时期数量逐渐增加，到现代汉语前两个阶段仍在不断发展，但稍显缓慢。到了第三阶段，这一形式的数量有了明显变化，句法功能不断增强，发展速度也有了较大的提高。总之，从整体上看，这种格式是呈直线前进型发展的。

# 第七章

# “暴”类程度副词+动宾词组考察

## 第一节 “暴”类程度副词概述

“超”“巨”“狂”“暴”是最近几年出现的程度副词，一般被称为“暴”类程度副词。“暴”类程度副词属于高量级程度副词，主要活跃在非正规、非官方的语用场合，特别是在网络、报刊、媒体用语中出现的频率比较高。在现代汉语中，“超”“巨”“狂”“暴”一般是做动词义或形容词义用，关于它们的语义演变问题，何可（2007）已经进行了比较详细的探讨，具体情况如下：

### 一 “超”

在古代汉语中，“超”的主要语义有4项：①本义为跳跃、跃上。《说文·走部》对“超”的释义为：“超，跳也。”②超出，胜过。③遥远。④特殊用法“超然”，一义为“高超脱俗的样子”，另有一义为“惆怅的样子”。至近代，除了沿用古汉语中的各个常用义项以外，“超”较值得注意的义项是“走路赶至人家前面”。现代汉语中，“超”的语义主要继承和发展了古义中的本义及引申义，主要义项有：“超过”；“超出（一定的程度和范围）”；“在某个范围以外，不受限制”；“在通常程度以上，超出寻常”。以上都是“超”在现代汉语中比较固定的义项。特别值得关注的是，“超”还引申出表达相当于“非常”“很”等高量程度副词的含义。

### 二 “巨”

何可认为，关于“巨”的本义，历来说法不一。《说文·工部》释

“巨”为：“巨，规巨也。”《汉语源流字典》（2003）认为，依据金文来看，“巨”，是一个成年人一手持筑杵用力夯筑之意。成年人力气大，举得动杵，故“巨”引申为大义。建筑有一定的法则，故有引申为法则、规则。为了表义清晰，于是进行了分工：用“巨”专表示大，用“矩”表示法则。《说文》所释“巨”实为“矩”的含义，是“巨”的引申义。《汉字形义分析字典》（1999）认为“巨”的本义是画方形的方尺。这个意义古代文献多写作“矩”，作“大”讲是“巨”的假借义。尽管对“巨”的本义说法不同，但可以肯定的是，在古汉语中，“巨”的常用义项是“大”。近代汉语中，“巨”表示“大”的语义被沿用。经过语义发展，“巨”还和某些名词或形容词结合，成为固定搭配，表达一些特定的含义。如“巨笔”是对人的著作的敬称，“巨眼”是指善于鉴别真伪善恶的眼力，“巨擘”则用来比喻杰出人物，“巨毒”的意思是厉害的兵器等。“巨”在现代汉语中的语义，仍然可用“大”“很大”来概括，但不难发现，“巨”可修饰的对象越来越丰富。近年来，“巨”除了表“大”义可以修饰的对象越来越丰富之外，还衍生出程度副词的用法，用以表程度之高。

## 三 “狂”

古代汉语中，“狂”的语义比较丰富，主要有 6 个义项：①《说文》释“狂”为“狂，狾犬也。”本义为狗发疯。②疯癫。③痴呆。④不受拘束，放荡。⑤形容急，猛。⑥通“诳”，义为欺骗。“狂”在近代汉语中除了运用古汉语中的各种常用义项以外，较为特别的是给“任情放荡，不受拘束”这一意义增添了褒义色彩，用来指志向高远、性情清高、不为世事所羁绊之人，如“狂夫”“狂客”等。现代汉语中，“狂”成为活跃分子，对以往的语义，既有继承，又有新的开拓。主要的义项有 4 个，分别是：①精神失常；疯狂。② 猛烈；声势大。③纵情地、无拘束地（多指欢乐）。④狂妄。在近两年，“狂”以极高的频率出现在“我为 n 狂”这种形式中，它带上了褒义的色彩，用来表达对某事物的痴迷、热爱。“狂”也在近几年出现了程度副词的用法，表达与“极”“特别”等程度副词相当的含义。

## 四 “暴”

在古代汉语中，“暴”是一个语义比较丰富的词。严格地说，它的语义有两种来源。《说文》对“暴”的解释有两种，一为《日部》：“暴，晞也。从日，从出，从廾，从米。”本义为晒，读 bào。又《夲部》：“暴，疾有所趣（趋）也。从日出夲廾之。”该释义为引申义，本义当为空手搏击，读 pù。因为本义不单一，“暴”在古汉语中的义项比较丰富，主要有以下几项：①急，猛。②凶恶。③欺凌。④损害。⑤弃车搏击。⑥晒。本来语义就已经比较复杂的“暴”，到近代又衍生出一些新含义，例如可以用来表脾气躁、火性大，此外，还有骤然增长、新、初次等含义。随着时代的发展，“暴”的语义越来越丰富。但无论词义怎么发展，都不会完全脱离它由古至今的语义发展轨道。现代汉语中，“暴”的语义主要分成三部分，第一部分是由本义“晒”引申而来的显露、暴露之义，至今仍常运用；第二部分是与“急”“猛”相关的各引申义，仍然活跃于现代汉语中，最常见的义项是“突然而且猛烈”，其次是“凶狠”“残酷”，再次是“急躁”“容易冲动”。除了以上发展比较完善的几个词义以外，“暴”也和其他几个“暴”类词一样，在近年出现了程度副词的用法，用来表程度之高。

何可认为，“‘暴’类词的本义虽然相差甚远，引申义也不尽相同，但它们的语义发展到现代汉语（在发生语义虚化之前），都有某个或某几个义项在意义上与程度有所关联，常用来与一些可以被具有量性的形容词修饰的名词和动词搭配，从而为它们向程度副词方向发展奠定了语义上的基础”；“从功能语义特征来看，‘暴’类词某些义项因为本身具有程度义，从而使与它们组合的动词和名词附上了量的含义，这成为了‘暴’类词能修饰具有量性的形容词的过渡。”①

随着“暴”类程度副词的兴起，与此相关的研究也相继出现。最早提出该语言现象的是莫莉（2002），她在《让人“狂”吃惊的校园新语》中，描述了“狂”“奇”“巨”“暴”作为程度副词在校园和网络中大受欢迎的现象，并且从“暴”类程度副词的表意功能和使用者的心理两方面分析了这类词得以流传的原因。彭小川、严丽明（2006）主要讨论了在广州话中作为状语的“超”，进而分别从共时和历时两个角度分析了准程度副词“超”的形成和发展，最后揭示了

① 何可：《“暴”类程度副词的语法化机制及组合功能》，硕士论文，辽宁师范大学，2007年。

“超”的程度副词用法正在向普通话渗透的语言事实；高娜、杨霞（2006）分析了“巨”的副词用法；周娟（2006）第一次将这几个词归为一类，称之为“暴”类程度副词，并从组合功能、形成基础和语用价值三方面对它们展开了多维的考察；何可（2007）从语义发展、结构形式变化、心理认知作用、使用频率、语用价值和方言等多方面探讨了“暴”类程度副词语法化的动因以及它们的组合功能。已有的成果虽然取得了一定的认识，但主要是侧重定性考察，定量研究比较薄弱。另外，某些观点还有商榷之处。如何可认为：“‘暴’类程度副词除了能修饰形容词以外，还能修饰某些动词和动词性成分，但比修饰形容词有更多的条件和限制，可以受‘暴’类程度副词修饰的动词主要有两类，心理动词和能愿动词。”① 其实，它们还可以修饰由一般动词构成的动宾词组，如在网络中我们还发现了“超接近实物”“巨受欢迎”等用例。基于以上因素，我们认为，对“‘暴’类程度副词+动宾词组”格式的使用情况进行定量考察是非常有必要的。这不但能够说明“程度副词+动宾词组”结构在不断发展，还能推进对“暴”类程度副词自身功能的认识，而且能对当前的相关研究有所启发。

## 第二节　“暴”类程度副词+动宾词组考察

### 一　“超”+动宾词组

通过对《现代汉语动词大词典》的考察，在新浪网的检索中我们发现有36个动词可以用于这一格式，它们是：

符合 合 花 接近 具 觉得 流行 了解 浪费 迷 耐 缺 强调 省 受
伤 适合 守 损害 听 脱离 违背 显得 显 像 享受 需要 有 依赖
影响 照顾 知道 值得 遵守 折磨 追求

这些动词中既有单音节的，也有双音节的，而且多数是褒义词和中性词。它们主要的语义类型见表7-1：

---

① 何可：《“暴”类程度副词的语法化机制及组合功能》，硕士论文，辽宁师范大学，2007年。

表 7-1 “超+动宾词组”的动词语义类型

| 语义类型 | 例词 |
| --- | --- |
| 背顺义 | 符合 合 适合 听 脱离 遵守 违背 |
| 消长义 | 省 花 缺 浪费 |
| 知晓义 | 觉得 了解 知道 |
| 突显义 | 流行 显得 显 |
| 态度义 | 照顾 享受 追求 |
| 损害义 | 伤 损害 影响 折磨 |
| 具有义 | 有 具 |

“超+动宾词组”中宾语可以由名词、形容词、动词、代词、定中词组、动宾词组构成，例如：

(1) 侯佩岑有一套独特的敷面膜方法，遇到不忙时，她会把整套保养品涂好，最后才以面膜敷盖，“这方法是做脸阿姨教我的，脸蛋敷起来超有弹性”。(瑞丽女性网) ——名词

(2) 近期，一款超耐磨、耐刮擦的实木复合地板由北美枫情成功研发，即将全面上市。(新浪新闻 2007. 12. 29) ——动词

(3) 在那么一两秒的时间里，我超觉得委屈，都不知道那么累是为了个什么，为了这么一份烂工作，我有必要吗？越想就觉得越头疼，干脆就不想了。(新浪博客 2010. 11. 09) ——形容词

(4) 10 年相处的日子不算短暂了，自信满满的以为超了解他，实则不然，突然感觉根本不知道他是一个怎样的人，就像不了解自己一样！(新浪博客 2010. 11. 09 ) ——代词

(5) 今年超流行这样的迷你小挎包！(新浪博客 2011. 03. 07) ——定中词组

(6) 我这个人是一阵阵的抽风，比如前段时间超迷做饼干，几乎把君之博客里的方子全做了一遍。(新浪博客 2011. 03. 08 ) ——动宾词组

“超+动宾词组”能做谓语、定语和宾语，例如：

(7) 一双排扣领口窝钉修身机车爆炸皮夹克，超具英伦气质！(新浪博客 2011. 03. 07) ——谓语

(8) 白菜便于储存，是人们冬季经常食用的蔬菜，更是一款超值得推荐的祛痘良品！(新浪博客 2011. 03. 08) ——定语

(9) 对于动物园的感情，姐真得是难以定论，每次去完就超后悔，觉得超浪费时间，但下次还是会去。 (新浪博客 2011. 04. 19) ——宾语

个别用例出现了与能愿动词搭配的情况，例如：

(10) 人都是这样，一旦和父母生活在一起就会超依赖他们的。(新浪博客 2010. 11. 08 )

在考察到的用例中没有出现否定形式。

## 二 “巨”+动宾词组

我们考察到用于这一格式的动词有 24 个，它们是：

合 花 接近 觉得 夸 了解 流行 浪费 配 缺乏 听 伤 受 适合 像 显

享受 需要 有 依赖 影响 值得 遵守 折磨

这些动词主要的语义类型与“超+动宾词组”的相同，只是数量不如前者多。

“巨+动宾词组”中宾语可以由名词、动词、定中词组、动宾词组和主谓词组构成，例如：

(11) 我发现其实这也是一件巨需要勇气的事情，…… (新浪博客 2010. 03. 16) ——名词

(12) 周末我去买办公室穿的稍微正式点的衣服，巨受打击。(新浪博客 2011. 03. 07) ——动词

(13) 又过了一阵，天气回暖，那竹节吊坠的颜色和绳的颜色都巨配我换的衣衣，于是想，也许前些天是巧合吧，于是又戴上。(新浪博客 2010. 05. 01) ——定中词组

(14) 这点我比较安心，而且巨适合做这个蹄冻，因为它做起汤来几乎不消耗水分的，水面也不会沸腾。(新浪博客 2010. 12. 21) ——动宾词组

（15）我喜欢穿着有品味，个子高条件好，长得帅的男人，我和那些只是花瓶的女生没什么区别，我巨觉得自己很糟糕，自己都不知道自己想要什么，……（新浪博客 2010.02.27）——主谓词组

它主要是做谓语和定语，做谓语的情况如例（12）、（13）、（15），做定语的如例（11），再如：

（16）可是，台上巨有艺术范儿的指挥阿拉姆·加拉贝肯，却迟迟不愿为浙江交响乐团第27期定期音乐会画上句号，反复上下台三次、多数观众都把巴掌拍疼之后，才献出了返场曲《匈牙利舞曲》，实在够矜持。（《钱江晚报》2010.10.15）

我们考察到的用例中没有出现“巨+动宾词组”的否定形式，也没有与能愿动词搭配的情况，甚至也没有其中的动词带时态助词的现象。

## 三 “狂”+动宾词组

用于“狂+动宾词组”的动词有19个，它们是：

费 合 花 具 觉得 夸 流行 浪费 缺 受 伤 适合 像 显 享受 需要 依赖 影响 值得

其中单音节的有10个，双音节的有9个，单、双音节的动词大体相当。这些动词主要的语义类型与前两种格式也相同。

“狂+动宾词组”中宾语的构成成分明显不如“超+动宾词组”丰富，它可以由名词、动词、定中词组构成，例如：

（17）我一直对我的头发不是特别满意，或者说特别不满意。颜色枯黄是一方面，这是我头发颜色的本来面目，染发据说狂伤头发，我也几乎没有这方面的经历。（新浪博客 2010.07.19）——名词

（18）当时，思想界和文化界在酝酿着一场巨大的变革；政治的格局也阴晴不定；毕加索的作品狂受追捧；印象派的时代也才过去了没多久。（新浪博客 2011.03.08）——动词

（19）刚进去，很难想象这是个酒吧呀，狂像个大食堂，……（新浪博客 2011.02.17）——定中词组

“狂+动宾词组”可以做谓语、定语和补语，以上各例都是做谓语的情况。做定语、补语的如：

(20) 原本是打算把这棵豹纹蛋拔了种冈萨罗的，可是发现在远处出了一棵新苗，狂具恻隐之心的我不忍现在痛下杀手了，先等小苗长起来再把老的灭掉吧……（新浪博客 2009.12.10）——定语

(21) 你太宠我，你一来我就会变得狂依赖你，在你走的时候我又狂舍不得，……（新浪博客 2009.12.10）——补语

这种格式没有否定形式出现，没有与能愿动词搭配的情况，也同样没有带时态助词的现象。

## 四 “暴”+动宾词组

用于“暴+动宾词组”的动词很少，只有 14 个，它们是：

打击 合 具 觉得 夸 流行 浪费 缺乏 受 适合 显 有 遵守 值得

这些动词主要的语义类型与前 3 种“暴”类程度副词带动宾词组的相同，也是 7 种。

“暴+动宾词组”中宾语的构成成分有 6 种，它们是名词、动词、形容词、联合词组、定中词组、主谓词组，例如：

(22) 在社会瞬息万变中长大的，暴具个性的 90 年代渐行渐长，他们的成长，有着教育 80 年代所总结的经验；他们的成长，有了更充分的社会物质储备。（新浪博客 2008.04.11）——名词

(23) ……如果有一部耐用、通话质量好的手机就不错了，因此只能打电话发短信的平民手机暴受欢迎，于是诺基亚乘风而起。（新浪博客 2011.03.04）——动词

(24) 以后，中国又多了一名优秀的人民教师了，真是一件暴值得高兴的事情。（新浪博客 2008.10.19）——形容词

(25) 网络上暴流行凤凰男和孔雀女的故事。我不幸也身在其列。按照故事的发展，凤凰男家里一切大事小情，我都责无旁贷，都首当其冲。（新浪博客 2009.08.13）——定中词组

(26) 看了著名的教堂，又在广场和 SHOPPING MALL 走了一圈

后，暴觉得自己在浪费时间。（新浪博客 2007. 05. 27）——主谓词组

它主要是做谓语和定语，做谓语的情况如例（23）、（25）、（26），做定语的如例（22）、（24）。

“暴+动宾词组”也没有出现否定形式，不能与能愿动词和时态助词共现。

# 第三节 语用价值及发展趋势

## 一 语用价值

“暴”类程度副词的产生可以说是现代汉语程度副词发展变化的有力证据。它们的出现有其独特的语用价值，关于这一点周娟（2006）曾经进行了比较详细的论述，文章认为，“暴”类程度副词的语用价值在于以下三个方面：

1. 细节的显现功能

现代汉语的程度副词尽管大都由古汉语的实体词演变而来，然而发展到现在，由于虚化程度不断提高，因此，当其修饰动词、形容词以及名词性词语时，我们只能模糊地评价到被描述对象的性状在程度上的轻重、深浅。这种程度是抽象的，它往往只注重宏观的整体描述，而不能从微观上对该程度进行细致、形象的把握。作为新兴的程度副词，“暴”类副词在跟相关形容词或动词性词语组合时，只有其程度义得到凸显，但这种程度义，毕竟是与其属性义纠合在一起的，因此，当它们做状语修饰形容词或动词性词语时，不仅能向人们展示被描述对象性状的整体程度，而且该程度的细节也能得到一定的显现。

2. 程度的凸显功能

“暴”类词的细节显现功能，直接导致了该类词对高程度量的凸显。因为所谓的细节显现，其实就是该类词程度的具体化和强化。受话人对细节的体味过程，也就是对该类词“高程度”义的评价过程。至于传统的加强型程度副词如“十分”“非常”“很”“挺”等，原本也是隐含了一个相对的高程度量的，但在长期的使用过程中，由于虚化程度不断加深，使用泛化，原有的高程度量发生了磨损。这种“锋芒已失”的程度副词，

当然不再能满足人们对高程度表达的需求。这样，为了弥补这种表达空位，人们会自觉不自觉地创造和使用新的手段。

3. 强烈的表情功能

在语言的演变过程中，程度副词是很容易被更新的，这是不同语言表现出来的共性。作为新兴的程度副词，“暴”类副词之所以能在短时期内流行开来，跟其强烈的表情功能也是有很大关系的。

周文还指出：“‘暴’类副词的细节显现功能、程度凸显功能和强烈的表情功能，使得该类词不同于传统的加强型程度副词，它们不仅能表示对高程度的确认，而且还能让人体味到程度的某些细节和说话人强烈的情绪与情感，正因如此，在现代汉语的程度副词系统中，它们就显得时尚而另类。而这些，正与当今年轻一族和网络一族对新潮与时尚的追求以及对情感的夸张性宣泄是相吻合的。它们是年轻人使用这类新兴程度副词的外在动力，也是这类词在现代汉语程度副词系统中凸显个性的根本。”①

我们认为，这样的观点同样适用于说明“‘暴’类程度副词+动宾词组”格式的语用价值。下面我们可以通过与传统的程度副词带动宾词组格式的比较来看，例如：

(27) 对于动物园的感情，姐真的是难以定论，每次去完就超后悔，觉得超浪费时间，但下次还是会去。(新浪博客 2011. 04. 19)

(28) 表哥说大一一定要学好，我相信他的话，就像高中一样，高一没有学好，后面追起来真是一个巨折磨人的过程！（新浪博客 2010. 09. 30)

以上两例如果换成“十分/非常”这样传统的程度副词，就变成：

(27′) 对于动物园的感情，姐真的是难以定论，每次去完就超后悔，觉得十分（非常）浪费时间，但下次还是会去。

(28′) 表哥说大一一定要学好，我相信他的话，就像高中一样，高一没有学好，后面追起来真是一个十分（非常）折磨人的过程！

① 周娟：《“暴”类新流行程度副词的多维考察》，《修辞学习》2006 年第 6 期。

作为传统程度副词，“十分”和“非常”所传递的程度义是笼统而模糊的，但是，把它们用“暴”类副词来替换，情况就不一样了。“超浪费时间”不仅有“十分浪费时间”“非常浪费时间”的意思，而且它还让人觉得，这种“浪费时间”是“超出一切的”，是在一般所认为的“浪费时间”的限度之外的。例（28）“巨折磨人”也不仅有“十分折磨人”“非常折磨人”的意思，而且它还让人体味到，这种“折磨人”是“大而猛”的，是超乎寻常的。所以说，“‘暴’类程度副词+动宾词组”格式比传统的程度副词带动宾词组格式更具有细节的显现功能。这一格式还具有程度的凸显功能，与“十分”“非常”等程度副词带动宾词组比较，“十分”“非常”的程度义在较长时间的使用中程度已经发生了磨损，而新兴的“暴”类程度副词则不然，如“超浪费时间”和“十分（非常）浪费时间”相比，前者感觉程度更高，“浪费的时间”更多。除此以外，二者在情感的凸现上也存在差异。具体说来，例（27′）、（28′）情感是比较平淡的，而例（27）、（28）的情感则要强烈得多，前两例更让人体会到说话人的不满，或者是抱怨，而后两例则没有这样的表达效果。

## 二 发展趋势

“暴”类程度副词的使用，是近些年来新出现的语言现象。它比传统的程度副词更加新鲜、更具有表现力。但就目前的使用情况来看，这类程度副词带动宾词组的形式只限于年轻人和网络爱好者的口语表达或网络交际。它们的发展态势是昙花一现还是蓬勃发展以至成为全民语言的一部分，还有待观察。不过，我们认为，在当代，随着社会的不断进步，人们的思想观念更加开放，更加喜欢求新、求变，对于新鲜事物和现象也更容易接纳，加上通信越来越发达，人们交流起来更加便捷，这样，随着使用频率的不断提高，它们也很可能进入到全民语言中，成为人民大众经常使用的对象，从而使我们的语言更加丰富，更具特色，更有表现力。

## 三 小结

通过对 4 种“‘暴’类程度副词+动宾词组”格式的考察，我们得出了以下认识：

第一，用于这 4 种形式的动词数量能够表现 4 个程度副词的搭配能力。动词数量的排列次序见表 7-2：

**表 7-2 各种“‘暴’类程度副词+动宾词组”的动词数量对比**

| 排序 | 种类 | 数量 |
|---|---|---|
| 1 | “超”+动宾词组 | 36 |
| 2 | “巨”+动宾词组 | 24 |
| 3 | “狂”+动宾词组 | 19 |
| 4 | “暴”+动宾词组 | 14 |

搭配动词数量的多少一定程度上也反映出这 4 个程度副词组配能力的强弱，由此我们认为，它们组配能力的强弱依次为：超>巨>狂>暴。

第二，用于“‘暴’类程度副词+动宾词组”的动词主要的语义类型比较丰富。共有 7 种，它们是：［+背顺］义、［+消长］义、［+知晓］义、［+突显］义、［+态度］义、［+损害］义、［+具有］义。其他语义类型的动词一般不能用于这样的形式，如表示［+激发］义和［+变化］义等类型的动词，像“鼓舞”“促进”“激励”“改变”等。另外，即使是具有以上语义特征的某些动词也不一定能够用于这种格式，如表示［+消长］义的“增加”“减少”“降低”“提高”等，表示［+突显］义的“见、表露、显示”等。我们认为，虽然进入这一格式的动词或动宾词组要具有抽象的［+性状］义，但由于“超”“巨”“狂”“暴”的虚化程度不高，所以，一般要求与它们搭配的成分抽象度更高，即张谊生先生所说的“VP 反映的语义关系越抽象，越容易被程度副词修饰，相反，VP 所反映的语义关系越具体，比如一些具体的动作行为，就越不易被程度副词修饰”①。因此，即使有些动词具备上述语义特征，但由于受到抽象度原则的制约，仍然不能用于这样的格式。

第三，从它们的句法功能方面看，主要是做谓语和定语，个别有做宾语和补语的情况。这几种格式一般没有否定形式，不能与能愿动词搭配，而且其中的动词往往不能带时态助词。

总之，由于“超”“巨”“狂”“暴”用作程度副词的时间比较短，虚化程度不是很高，加上使用范围的限制，所以，与传统的程度副词比较起来，整体的组配能力还比较低，用例比较少。

① 张谊生：《现代汉语副词探索》，学林出版社 2004 年版，第 35 页。

# 第八章

# “程度副词+动宾词组”成立的条件及发展变化的原因和规律

如前所述，不是所有的一般动词都可以进入“程度副词+动宾词组”形式，这种格式能够成立是有条件的，我们首先针对这个问题进行探讨。

## 第一节　成立的条件

以前学界的普遍认识是，程度副词经常修饰的是形容词，此外还有部分心理动词和少数名词，不能修饰非心理动词或非心理动词构成的动词性词组。如吕冀平认为：“程度副词有一个不同于其他副词的特点，那就是它只能修饰形容词和一些表示心理活动的动词，不修饰一般的动词”。[①]还有赵元任，他说：“动词本身不受程度副词修饰”[②]，等等。事实证明，程度副词带非心理动词构成的动宾词组是客观存在的。不过这种格式要想成立往往需要一定的条件。它的条件主要是：受程度副词修饰的动词或动宾词组一般没有很强的动作性，在语义上都具有［+性状］和［+程度］的语义特征，或者在一定的语境中获得了这样的语义特征。目前，学者们对此已经达成了共识。下面我们就性状义和程度义分别进行说明。

### 一　性状义

用于“程度副词+动宾词组”框架的动词或动宾词组在语义上一般都具有抽象的性状义。所谓“抽象的性状义”是指能够进入这一格式的动词或动宾词组都没有具体的动作性，或者说，它们一般都是非动作性的，

---

① 吕冀平：《汉语语法基础》，商务印书馆2000年版，第130页。

② 赵元任：《汉语口语语法》，商务印书馆2001年版，第314页。

如“接近”“卖弄”“巴结”“流行”“明确”等。从认知语法的角度看，这些动词都属于无界动词[①]，在“名词—形容词—动词”连续统中处于比较接近形容词的一端，是动词词类中的非典型成员，因而部分地具有形容词的语义特征。[②] 也就是说，它们带有一定的性状义，所以，这些动词能够进入“程度副词+动宾词组”格式。不能进入这一框架的动词像“抬”“喊”“拉”“流动”“融化”“闪烁”等一般没有抽象的性状义，它们往往有比较具体的动作性，所以不具备进入这种格式的条件。

以上这种情况是属于自身带有“性状义”的，还有一种情况是动词独立存在时这种语义特征不明显，但带上宾语以后可能就获得了“性状义”，如“讲”“伤”“擦”“挂”等。这些动词都有多个义项，如“擦”有 5 个义项：①摩擦；②用布、手巾等摩擦使干净；③涂抹；④贴近、挨近；⑤把瓜果等放在礤床上来回摩擦，使成细丝儿。“讲”和“伤”也有 5 个义项，“挂”有 9 个义项。它们单独存在时表示性状义的语义特征不明显，所以一般不能受程度副词修饰，如不能说“十分讲”“很伤”“稍微挂”“有点儿擦”。当它们组成动宾词组变成“讲卫生”“伤感情”“挂了颜色”“擦着地皮”以后，动词的意义也就明确了，整个动宾词组具有了性状义，所以，它们能够受程度副词修饰，如我们可以说“十分讲卫生”“很伤感情”“稍微挂了颜色”“有点儿擦着地皮”。当然，也不是说只要组成动宾词组就可以受程度副词修饰，像“拿衣服”“摆桌子”就不能受程度副词修饰，说成“很拿衣服” “最摆桌子”，就是因为“拿衣服”“摆桌子”这些动宾词组没有抽象的性状义，表示的还是一个具体的动作行为，所以不能进入这一框架。

## 二 程度义

这里的“程度义”主要是指在程度上有可伸缩性。它可以分成两种：

---

① 所谓“无界动词”指在时间上没有起始点和终止点，或只有起始点没有终止点的动词。例如“我跑到学校”这个动作，开始跑是动作的起点，到学校是动作的终止点，这个动作因此是一个“个体”动作或“有界”动作。相反“我很想家”这个动作，我们不能确定一个起始点和终止点，这个动作因此是一个“非个体动作”或“无界”动作。沈家煊：《“有界”与“无界”》，《中国语文》1995 年第 5 期。

② 郝琳：《动词受程度副词修饰的认知解释》，《佳木斯大学社会科学学报》1999 年第 5 期。

一种是固有的，像“费”“配”“伤”“缺”“提倡”“了解”等动词本身在程度上就具有伸缩性，它们除了能和“很”搭配以外，一般还能和“不太”“比较”“非常/相当”搭配，如“不太配—比较配—很配—非常/相当配”，“不太了解—比较了解—很了解—非常/相当了解”。我们可以看到，这些动词在语义上都存在程度的差异。还有一些动词如“讲”和“摆”，不带宾语时一般不能受程度副词修饰，如不能说“非常讲”“很摆”，也就是说，没有程度的差异。当它们组成动宾词组以后，如“讲道理”“摆架子”，它们就具有了程度的伸缩性，像我们可以说“不太讲道理—比较讲道理—很讲道理—非常/相当讲道理”，所以就能够受程度副词修饰了。还有些动词，如“看”和“买”，本身也是没有“程度义”的，但当它们与含有不定量的数量成分或量词组成动宾词组，如“看了几场电影”“买了几本书”以后，动宾词组因为含有不定量的数量词组或量词，这样，就间接地具有了某种程度义，所以，前面可以出现“很”等程度副词，如“很看了几场电影”。①

另外一种是在一定的语境中获得的，像“背离”不带有“程度义”，但它组成的动宾词组能受“更”修饰，例如：

> 该文会使人以为中国是我们的敌人，需要加以遏制。再没有比这更背离事实真相的说法了。(《人民日报》1995. 08. 14)

这是因为“更”具有强烈的比较义，它一旦在句中出现就会赋予语境强烈的比较义。即使“比”字结构或者比较项不出现，“更”字句也会给人规定性推导出这种比较的句法意义，因此，受“更”修饰的动宾词组本身不一定需要具有程度性，它可以在相比的过程中获得程度递进义。只要动宾词组所表示的意义可以作为一项特征被用以比较，就可以受“更”修饰。

综上所述，只有当这些一般动词或者是由一般动词构成的动宾词组带有了性状义，而且还有程度上的差异，它们才能受程度副词修饰。

---

① 这是因为“一定的数量会反映一定的程度，一定的程度有时也需要用一定的数量来说明”，或者说数量也是程度的一种表现。张谊生：《现代汉语副词探索》，学林出版社 2004 年版，第 68 页。

## 第二节　发展变化的原因和规律

推动这种形式发展变化有多种动因，它的发展变化也是有规律可循的，对此我们分别进行讨论。

### 一　发展变化的原因

经过考察我们发现，每种“程度副词+动宾词组”形式从现代汉语初期到第三阶段都或多或少地发生了一些变化。如果上溯到它们产生之初，那么发展变化可能就更大了。究其发展变化的原因，我们认为主要有以下几点：

第一，社会的发展和进步是促使这一格式发展变化的主要因素。语言是随着社会的产生而产生，随着社会的发展而发展的。“程度副词+动宾词组”这种语言现象也是如此，它是随着社会的发展和进步而不断完善的。因为伴随着社会政治、经济、文化、科技等各个方面的发展和进步，就会出现新事物和新现象，为了指称和表述这些事物和现象，人们就要创造出一些新词，而当这些新词在语义上满足了进入这一格式的条件时，就可以不断扩大动词的范围，从而促进它的发展。从考察结果来看，每一种“程度副词+动宾词组”中的动词从第二到第三阶段都有一些第一阶段没有出现的。当然并不能说明这些动词全部是在后两个阶段产生，但至少可以保证的是，这里有很多是新出现的，如“呵护”“崇尚”“抹杀”“缺失”“看好”“契合”“排挤”“耗费”“迁就”“认同”“抗拒”“美化”等。所以说，社会的发展是促进这一格式发展的重要原因。

第二，便捷的通信和传播手段提高了一些动词的使用频率，这是促进这一形式发展变化的又一动力。从现代汉语初期到第三阶段，通信手段不断革新，人们的交流方式和获取信息的渠道越来越多，也更便利。从初期只能依靠书信、口耳相传发展到电视、电话、报纸、网络，即使你足不出户，但依然能够获取到很多信息，这是科技进步带给我们的便利。正是具备了这样便捷的条件，才使人们的交流越发方便。如果一种语言现象产生以后不能得到有效的、一定范围的使用，那么它必然发展得很慢，甚至是走向退隐。而“程度副词+动宾词组”从产生到现在，尤其是第三阶段为什么发展得更快，就是因为在第三阶段我们拥有了便捷的交际、交流方式，能进一步扩大它的传播区域和使用范围，提高了它的使用频率，所以才促使其不断发展。

第三，人们求新、求变的语言心理也是这种形式发展变化的有力保证。一般认为，程度副词经常修饰的是形容词和心理动词，不能修饰一般动词和一般动词构成的动词性词组，有些语法书也将能否被程度副词修饰作为区别动词与形容词的主要特征之一。事实证明，与程度副词修饰形容词和心理动词相比这种现象可能要少一些，但程度副词是可以修饰一般动词以及由一般动词构成的动词性词组的，并且这种语言现象正处于不断地发展壮大之中。从一开始很少得到认可到现在使用得越来越频繁，我们认为，这样的变化是与人们求新、求变的语言心理分不开的。随着我国实行改革开放的政策，传统的思想观念和行为方式也受到了很大的冲击，人们不再故步自封，一成不变。他们更喜欢尝试新鲜的事物，接纳新思想，这样的思想观念也促使语言心理发生了变化，人们在交际中更喜欢追求富有个性和表现力的语言，而“程度副词+动宾词组”格式一定程度上能够满足人们的需要，所以它得到了更多的认可和使用。

第四，程度副词本身也在不断发展变化之中，客观上也推动了这一形式的发展。沈家煊曾把语法化规律总结为九大原则，其中之一就是单向性循环原则。所谓“单向性循环原则”是指一般情况下语法化总是遵循着由实到虚、由虚到更虚的方向进行的，直至一个成分虚化到极限后又跟实词融合在一起，自身变为“零形式”。[①] 程度副词基本上都是由实词虚化而来的，按照语法化的单向性原则，程度副词应该继续向更虚的方向虚化，而程度副词虚化的机制之一就是泛化，即造成自身适用范围的扩大。从考察结果来看，每一种程度副词后所带的动宾词组的语义类型基本上都是不断增加，我们认为，这与程度副词处在虚化之中有关。另外，程度副词虽然是封闭的一类词，但自身也有发展，那就是近几年出现了第一、二阶段没有出现的“暴”类程度副词。它们也可以带动宾词组，即使它们的使用受到一定的限制，也可以证明这样的格式是在不断发展变化的。

第五，类推机制是促使“程度副词+动宾词组”不断发展变化的重要因素。所谓“类推”就是“比照某一事物的道理推出跟它同类的其他事

---

① 沈家煊：《“语法化”研究综观》，《外语教学与研究》1994 年第 4 期。

物的道理”。本书主要是指意义相同或相近的动词往往都可以进入“程度副词+动宾词组”格式，前文我们已经论述过。本书考察的结果显示，用于这种形式的动词基本上都是“前少后多”，也就是呈现递增的趋势。而增加动词的主要方式就是增加了意义相同或相近的词，例如我们在考察“有些+动宾词组”时发现，第三阶段出现的“依赖”与第一阶段的“依靠”是同义词，第三阶段的“抑制”和前面出现的“限制”是同义词，等等。而且在同一时期内很多都是意义相同或相近的动词，像“有些+动宾词组”里第三阶段的“欠缺”“缺”“缺少”等。这种机制在我们研究的格式中都有体现，而且通过这样的方式新增加的动词也是占多数的，这说明类推具有一定的普遍性。

第六，部分动词随着使用频率的提高，自身的功能不断增强，逐渐能够进入这种格式，从而使动词的数量越来越丰富。前文我们已经提到，郭锐认为，词频与词的句法功能有相关性。他指出，“变化总是在使用中发生，使用越频繁的成分发生变化的可能性也就越大，越容易衍生出新的意义和用法；使用越少，出现变化的可能性越低。那些最不可能发生变化的成分是已经不用的成分”。[①] 我们发现，有些动词在第一阶段或前两个阶段都没有考察到，到第三阶段的时候出现了，原因就是后来的使用频率提高了。因为使用得越频繁，它越容易出现新的用法，也就可能出现用于这种格式的情况，所以后来就比较常见。我们在前文论述“太+动宾词组”时提到过“束缚”一词，它就是这样的情况。再比如“节约”和“节省”，在第一阶段和第二阶段的语料范围内我们很少发现它们用于这种格式，尤其是在第一阶段，虽然有带宾语的用例，但没有带宾语后还能受程度副词修饰的现象。到了第三阶段，这种现象就比较普遍了，说明它们的语法功能也在发展变化。我们认为，应该还有更多的动词属于这样的情况。

第七，这种形式不断发展还是语言效率原则的贯彻和体现。在语言使用中人们希望用最简洁的语言来经济高效地传递信息，语言学上把这称为语言的效率原则或经济原则。当前，人们更加追求表达效益的最大化，而相比于其他同义形式来说，这种形式有的还是比较简约高效的，如：

---

① 郭锐：《词频与词的功能的相关性》，《语文研究》2001 年第 3 期。

(1) 正是这种英雄式的感染力以及由此激发出的少女的浪漫主义想象，促使她放弃了在城市中找个舒服工作的机会，去考了动荡的、随时潜伏着危险却又十分具有魅力的空中小姐职业。(王朔《空中小姐》)

(2) 包括西方人都很认同情报学的发祥地在中国，但在现代商战中，系统地将商业情报应用于企业经营战略上，兵法家孙子的后代们却已落后于西方企业家同行，以诸葛亮的“神机妙算”为代表的中国传统智慧，正在受到西方系统的现代情报学和先进手段的挑战。(《人民日报》2003.04.08)

以上两例如果用同义的形式来变换，可以说成：

(1′) 正是这种英雄式的感染力以及由此激发出的少女的浪漫主义想象，促使她放弃了在城市中找个舒服工作的机会，去考了动荡的、随时潜伏着危险的空中小姐职业，(这种职业) 却又十分具有魅力。

(2′) 包括西方人都 (对) 情报学的发祥地在中国 (这一说法) 很认同，但在……

变换后显然要比原句用词多，不如原句简洁、经济。

总之，“程度副词+动宾词组”的发展不是毫无理由的，也不是某一种因素起作用的结果，而是几种因素相互作用，共同推动了这种格式的不断发展。

## 二 发展变化的规律

经过对12种“程度副词+动宾词组”的考察，我们认为，这些形式的发展不是杂乱无章的，而是有规律可循的，这些规律主要是：

1. 丰富性

对12种“程度副词+动宾词组”的分阶段考察证明，这些格式发展变化的主要规律就是越来越丰富。这种丰富性主要体现在四个方面：其一，进入这一格式的动词数量不断增加，范围不断扩大，如用于“最+动宾词组”的动词在第一阶段有70个，第二阶段有112个，第三阶段有198个，数量越来越多。A类动词由表示［+态度］义、

[+消长]义、[+背顺]义和[+突显]义4种发展为[+态度]义、[+消长]义、[+背顺]义、[+突显]义、[+知晓]义和[+损害]义6种，动词的范围不断扩大。其二，受程度副词修饰的动宾词组语义类型不断丰富，而且各种类型的用例数量也在增加。如“越发+动宾词组”中动宾词组的语义类型在第一阶段只有[+消长]义、[+突显]义和[+激发]义3种。到了第三阶段发展到[+态度]义、[+消长]义、[+突显]义、[+背顺]义、[+具有]义、[+激发]义、[+损害]义、[+变化]义和[+知晓]义9种，语义类型增加了6种。部分语义类型的用例数量也在增加，如“越发+动宾词组”中[+突显]义动宾词组由第一阶段的4个，增加到11个。其三，这种形式中宾语的构成成分种类不断增加，结构更加复杂。比如“有点(儿)+动宾词组”中宾语的构成由第一阶段的5种发展到第三阶段的9种；“稍微+动宾词组”中由3种发展到8种。有些宾语的构成成分还是由复杂词组来充当的，以“十分+动宾词组”为例，如“(十分适合)当时生产力水平尚不高的祖先们生存”“(十分流行)分期付款购买耐用消费品、汽车和房子”“(十分需要)继续积极开展和深化国际经济技术交流与合作”“(十分珍视)世界上爱好和平与追求进步的国家和人民共同奋斗得来的和平国际环境”等，宾语的结构都比较复杂。其四，句法功能不断完善，组配能力不断提高。很多“程度副词+动宾词组”格式最初一般只能充当谓语、定语，而到第三阶段，除了主语，大部分句法成分都能充当。还有的形式在初期能够连用的程度副词不是很多，或者是能带时态助词的情况不多，或者是否定形式和出现的句式比较单一，但到第三阶段它们的组配能力都得到了不同程度的提高。

2. 不平衡性

不平衡性指的是每种“程度副词+动宾词组”的发展速度不一致，数量的多少也不同。虽然它们的整体发展趋势是呈向上型发展，但从发展速度来看还是有差异的。我们这里考察每种格式的发展速度主要是依据第一与第三阶段动词数量的变化，数量变化大的说明发展的速度快一些，数量变化小的，说明发展速度慢一些。按照这样的标准本书得出了它们发展速度的排序，具体见表8-1：

**表 8-1　　各类“程度副词+动宾词组”格式发展速度排序**

| 排序 | 种类 |
| --- | --- |
| 1 | 最+动宾词组 |
| 2 | 越发+动宾词组 |
| 3 | 稍微+动宾词组 |
| 4 | 有点（儿）+动宾词组 |
| 5 | 很+动宾词组 |
| 6 | 过于+动宾词组 |
| 7 | 太+动宾词组 |
| 8 | 更+动宾词组 |
| 9 | 十分+动宾词组 |
| 10 | 有些+动宾词组 |
| 11 | 略+动宾词组 |
| 12 | 顶+动宾词组 |

当然由于受到语料的限制，上面的结论未必全面、准确，但至少能从一个侧面反映出每种“程度副词+动宾词组”发展变化的倾向性。另外，这 12 种格式用例数量的多少也不一样，经过我们统计，各种形式的用例情况见表 8-2：

**表 8-2　　各类“程度副词+动宾词组”格式用例情况**

| 排序 | 种类 | 用例数量 |
| --- | --- | --- |
| 1 | 更+动宾词组 | 273 |
| 2 | 很+动宾词组 | 263 |
| 3 | 最+动宾词组 | 227 |
| 4 | 太+动宾词组 | 170 |
| 5 | 有点（儿）+动宾词组 | 168 |
| 6 | 越发+动宾词组 | 164 |
| 7 | 十分+动宾词组 | 161 |
| 8 | 稍微+动宾词组 | 160 |
| 9 | 过于+动宾词组 | 149 |
| 10 | 略+动宾词组 | 123 |
| 11 | 有些+动宾词组 | 106 |
| 12 | 顶+动宾词组 | 32 |

由表 8-2 可以看出，数量比较多的是“更+动宾词组”“很+动宾词组”“最+动宾词组”“太+动宾词组”，数量较少的是“有些+动宾词组”“略+动宾词组和顶+动宾词组”。所以说，它们的数量也存在差异。

3. 频率主导性

语言单位在言语中出现有一定的频率，如虚词的出现频率很大，单义的专门术语的出现频率很小，多义词使用频率中等。不同的程度副词的使用频率也是不同的，根据《现代汉语频率词典》统计，本书涉及的 12 个程度副词的使用频率按照从多到少的顺序排列依次是：

很 > 最 > 更 > 太 > 十分 > 有点（儿） > 有些 > 略（顶） > 稍微 > 过于 > 越发

根据我们考察，一般情况下使用频率高的程度副词如“很”“最”“更”“太”往往带动宾词组的用例也很多，发展得也比较成熟；使用频率低的，带动宾词组的用例也少一些，发展得还不够完善。当然这一规律也有例外情况，如“越发”的使用频率最低，但“越发+动宾词组”的数量在 12 个程度副词中却是排在第 6 位。

4. 虚化度

我们所说的虚化度规律指的是程度副词虚化度的高低一定程度上决定了这种格式用例的多少，发展得是否完备。有些程度副词虚化程度较高，如“很”“最”“太”“越发”“更”，它们都只能做虚词；有些虚化程度就不是很高，或者说刚刚开始虚化，如“顶”“略”“暴”类程度副词，它们一般除了虚词用法，还有一些实词用法，甚至有的是实词用法占主要位置。考察结果显示，虚化程度高的程度副词带动宾词组的用例数都比较多，像“很+动宾词组”有 263 个，“最+动宾词组”有 227 个。另外，它们的句法功能都比较完备，如“太+动宾词组”到第三阶段可以做谓语、定语、宾语、补语；“很+动宾词组”到第三阶段除了不能做主语，其他的句子成分都可以充当。相反，虚化程度不高的带动宾词组的用例数量就比较少。如“略+动宾词组”有 123 个，“暴”类程度副词带动宾词组的用例就更少了，它们的句法功能也相对薄弱，所以说，程度副词虚化度的高低对每种格式用例数量的多少以及发展得是否成熟有很大的影响。这些虚化程度高的程度副词往往也是使用频率较高的，因为，虚化的程度跟使用频率成正比，使用频率越高，也就越容易虚化。[①] 而使用频率高的程度副词也越容易发生变化，其组配能力也就越强，所以用于“程度副词+动宾词组”格式的动词就越多。

5. 渐变性

我们知道，语言的发展不是突变的、革命式的，而是渐变的过程，是人们在使用时不知不觉地发生的。这种发展变化是个潜移默化的过程，也是个约定俗成的过程。“程度副词+动宾词组”的发展从整个现代汉语阶段来看，也是逐渐变化的过程。如“有些+动宾词组”，首先，从动词的数量来看，它的变化是从 29→40→88，数量是逐渐增加的；其次，从动宾词组的语义类型来看，是由 6 种增加到 7 种再增加到 8 种，增加的幅度不是很大，不是一下从 6 种增加到 10 种；最后，从句法功能来看，从做谓语和定语发展到做谓语、定语、状语和宾语，最后发展到能做谓语、定语、状语、宾语、补语，而不是一下从做谓语和定语发展到除了主语都可以做的情况。因此，“程度副词+动宾词组”的发展是逐渐发生的，这是符合语言发展变化规律的。

综上所述，事实证明，只要是符合语言发展规律和人们交际需要的语言形式就会有强大的生命力，“程度副词+动宾词组”就是这样的形式。它们在近一个世纪的发展过程中，并没有出现衰退的趋势，而是进入了更加繁荣的发展阶段。

① 沈家煊：《“语法化”研究综观》，《外语教学与研究》1994 年第 4 期。

# 结　语

## 一　本书的结论

本书从现代汉语史的角度对12种“程度副词+动宾词组”格式进行了较为细致的考察，通过考察我们得出了以下认识：

第一，程度副词后面出现由一般动词构成的动宾词组是客观存在的，而且有些“程度副词+动宾词组”的用例还比较丰富。程度副词主要修饰形容词和心理动词是已被学界公认的，但程度副词修饰一般动词和由一般动词构成的动词性词组是近些年来才被普遍关注的问题。本书考察了12个程度副词带动宾词组的发展变化情况，用充分的事实证明了这种形式是客观存在的，而且数量还不是很少。前面我们已经统计过每种格式的用例情况，从统计结果看，前几种的用例数量还是比较丰富的。

第二，“程度副词+动宾词组”往往是继承古代的用法并有所发展。这种现象并不是在现代汉语中才出现的，它们有的是出现于古代汉语阶段，如“最+动宾词组”“更+动宾词组”“略+动宾词组”，但多数是在近代汉语阶段产生的，如“越发+动宾词组”“稍微+动宾词组”“过于+动宾词组”“很+动宾词组”“十分+动宾词组”“有点（儿）+动宾词组”“有些+动宾词组”和“顶+动宾词组”。因此，“程度副词+动宾词组”不能说是新产生的语言现象，它是对古代汉语或近代汉语的继承和发展。

第三，每种“程度副词+动宾词组”产生时间的长短与发展的快慢并不一定成正比。通过对12种格式的来源与历史进行考察，虽然不能非常精确地界定它们产生的时间，但大概的出现时间还是可以了解的。我们发现，这些形式产生的时间长短与发展变化的快慢并不完全成正比。如“越发+动宾词组”“很+动宾词组”主要出现于明代，“稍微+动宾词组”

"有点（儿）+动宾词组"产生于清代，它们出现的时间都比较晚，但发展速度却较快，在12种格式中都是排在前几位；"略+动宾词组"产生于汉代，"十分+动宾词组"和"有些+动宾词组"出现在宋代，比较而言，时间较早，但这些格式的发展速度却较慢，基本位于最后几位。所以说，产生的时间早，不一定发展的速度就快；产生的时间晚，发展的速度就慢。我们认为，它们发展的快慢主要与程度副词的使用频率、虚化程度和语体色彩等有关。如"很+动宾词组"虽然出现得比较晚，但发展的速度很快，到现代汉语初期就考察到100个用例，句法功能方面可以做谓语、定语、宾语和补语等，已经比较完备。产生这样的情况主要是"很"在此期的使用频率很高，前面我们曾经统计过本书考察的11个程度副词在第一阶段的使用情况，"很"居于首位。由于使用的次数多，那么虚化得就快，能够组配的成分就会越来越多，因此，发展得就会更加完善一些。有些格式可能由于语体色彩等方面的原因使用频率不高，所以发展得就慢一些，如"略+动宾词组"。这一格式的书面语色彩较浓，很多口语词一般就不能进入这一格式再加上"略"对所搭配动词的音节数量有限制，所以，这一形式使用的频率比较低，据前文统计，它的使用情况在现代汉语初期11个程度副词中位于第7位，因此，发展得就慢一些。

第四，"程度副词+动宾词组"格式整体的发展方向是向上型发展或者说是直线前进型发展，趋新是发展的主要特征，第三阶段是发展的高峰期。我们探讨的12种格式发展的速度虽然有差异，但从整体来看是呈不断丰富的发展趋势。每一阶段都会有不同于前一阶段的用例出现，所以说，趋新是这种形式发展的主要特征。另外，每一种"程度副词+动宾词组"到第三阶段都是用例最多，句法功能等最完备的时期。即使有些形式在前两个阶段发展得比较平缓，可是到了第三阶段用例增加的幅度也显得格外明显。如"越发+动宾词组"，第一阶段只有25个用例，第二阶段有45个，第三阶段就发展到137个；又如"太+动宾词组"，第一阶段有57个用例，第二阶段有71个，第三阶段发展到138个。所以说，第三阶段是"程度副词+动宾词组"格式发展的高峰时期。

第五，绝大多数"程度副词+动宾词组"中的动词以双音节为主，而且呈递增趋势。我们在探讨每一种格式时，都要对各个阶段不同音节结构的动词进行统计。统计结果表明：绝大多数都是双音节动词占绝对优势，并且每种都存在双音节动词比重递增的现象。为了说明这一点，我们把 11 种[①]格式中单、双音节动词的使用情况进行了汇总，具体情况见表 1：

**表 1　各阶段不同音节结构的动词使用情况**

| 种类 | 第一阶段 | | 第二阶段 | | 第三阶段 | |
|---|---|---|---|---|---|---|
| | 单音节动词比重 | 双音节动词比重 | 单音节动词比重 | 双音节动词比重 | 单音节动词比重 | 双音节动词比重 |
| 最+动宾词组 | 41% | 59% | 28% | 72% | 22% | 78% |
| 更+动宾词组 | 22% | 78% | 13% | 87% | 13% | 87% |
| 越发+动宾词组 | 28% | 72% | 11% | 89% | 7% | 93% |
| 稍微+动宾词组 | 41% | 59% | 14% | 86% | 12% | 88% |
| 略+动宾词组 | 100% | 0 | 93% | 7% | 78% | 22% |
| 太+动宾词组 | 33% | 67% | 18% | 82% | 17% | 83% |
| 过于+动宾词组 | 14% | 86% | 5% | 95% | 6% | 94% |
| 很+动宾词组 | 42% | 58% | 39% | 61% | 36% | 64% |
| 十分+动宾词组 | 13% | 87% | 14% | 86% | 13% | 87% |
| 有点+动宾词组 | 41% | 59% | 36% | 84% | 17% | 83% |
| 有些+动宾词组 | 28% | 72% | 30% | 70% | 16% | 84% |

由表 1 可以看到，除了“略+动宾词组”在各阶段以单音节动词为主以外，其他都是双音节动词占优势。另外，从各阶段单、双音节动词比重的变化来看，双音节动词在后两个阶段基本都是逐渐增加。产生这样的情况主要是因为：现代汉语初期是“文言与白话交替和转换的时期”[②]，也就是说，文言与白话并存。而文言文中词以单音节为主，由此导致这一时期的词汇单音节词的比重要比其他阶段高一些，从而也使用于“程度副词+动宾词组”的单音节动词与后两个阶段相比多一些。从第二阶段开始，党和国家越来越重视现代汉语的规范和普及，不断增强规范化工作的力度，这样促使一些文言成分逐渐退出了历史舞台，单音节词的数量也随之减少，进而也影响了用于“程度副词+动宾词组”的动词。另外，词的双音化也是产生这种情况的重要因素。“汉语词汇的发展呈明显的双音化趋势，现代汉语词汇以双音节为主”这是人们的共识。换句话说，就是

① 由于“顶+动宾词组”的动词数量很少，比较时我们把它排除在外了。

② 刁晏斌：《初期现代汉语语法研究》，辽海出版社 2007 年版，第 327 页。

很多单音节词逐渐变成了双音节的，如“感”变为“感到”或“感觉”等，“需”变为“需要”等，因此，到第二阶段和第三阶段双音节动词的比重就会越来越大。

第六，每种“程度副词+动宾词组”中A类和B类动词的比重是不同的，两类动词的发展态势也并不完全一样。我们按照是否受程度副词修饰把用于每种格式的动词分成了A类和B类。这两类动词所占的比重也有差异，多数形式中都是B类所占的比重大一些，A类所占的比重小一些。两类动词在各阶段的发展模式也有所不同。以A类动词为例，有向上型发展，如“有些+动宾词组”，A类动词由31%→35%→42%；有向下型发展，如“十分+动宾词组”，A类动词由62%→56%→45%；有马鞍形发展，如“太+动宾词组”，A类动词由37%→ 48%→38%；还有U字形发展，如“略+动宾词组”，A类动词由5%→2%→15%。

第七，受程度副词修饰的动词语义类型有6种，动宾词组的语义类型有14种，它们的共同特点是具有［+性状］义和［+程度］义；受不同量级程度副词修饰的动词和动宾词组语义类型方面会有一些共性，此外还有一些不同之处。

首先，我们统计了受程度副词修饰的动词和动宾词组的语义类型，情况如表2：

**表2　受程度副词修饰的动词和动宾词组语义类型**

| 受程度副词修饰的动词语义类型（6种） | 受程度副词修饰的动宾词组语义类型（14种） |
|---|---|
| 态度义、消长义、背顺义、突显义、知晓义、损害义 | 知晓义、态度义、背顺义、具有义、突显义、损害义、活动义、变化义、激发义、促使义、述说义、限制义、位置义、趋向义 |

当然，不是说只要属于这些语义类型的动词或动宾词组，就都可以用于“程度副词+动宾词组”。像［+激发］义、［+促使］义动宾词组一般就不能进入“太+动宾词组”、“过于+动宾词组”、“有点（儿）+动宾词组”和“有些+动宾词组”。因为这些形式中的程度副词要求所修饰的成分具有消极意义，而［+激发］义、［+促使］义的动宾词组往往表示的是积极意义，如“促进了两国在各领域的合作”“鼓舞了刀美兰的心情”，由于二者在语义上存在矛盾，所以不能搭配。

这些语义类型共同的特征就是具有抽象的［+性状］义和［+程度］

义。像“了解”，既有“知道得很清楚”这样的［+性状］义，又有［+程度］义，如我们可以说“不了解—很了解—最了解”。因此，无论语义类型有多少，是什么，最根本的条件就是具有［+性状］义和［+程度］义。

其次，为了揭示动词和动宾词组的语义类型在不同量级程度副词之间的共性和差异，我们还对各个量级中动词和动宾词组的语义类型进行了比较。通过比较我们发现：被各量级程度副词修饰的动词共同的语义类型是［+态度］义、［+背顺］义和［+消长］义，被各量级程度副词修饰的动宾词组共同的语义类型是［+态度］义、［+背顺］义、［+消长］义、［+知晓］义和［+突显］义。除了这些通用的语义类型外，各量级还表现出一些差异，具体情况见表3：

**表3 受各量级程度副词修饰的动词和动宾词组语义类型对比**

| 种类 | 动词的语义类型 | 动宾词组的语义类型 |
| --- | --- | --- |
| “最”类 | 突显义、知晓义、损害义 | 具有义、损害义 |
| “更”类 | 突显义 | 具有义、损害义、激发义、变化义、促使义 |
| “稍”类 | | 具有义、变化义、活动义 |
| “太”类 | | 具有义、损害义 |
| “很”类 | 突显义、知晓义 | 具有义、损害义、激发义、限制义 |
| “有点（儿）”类 | | 损害义、限制义、变化义 |

表3中空白的地方表示除了共同的语义类型外，没有其他的类型了。从表3可以看到，各个量级适用的语义类型还是有一些差异的。

第八，动词能用于哪种类型的“程度副词+动宾词组”，除了受到语义特征的限制以外，还要受到音节数量、感情色彩、语体色彩和语用心理的影响。从我们考察的结果看，大多数“程度副词+动宾词组”中双音节动词居多，单音节动词占少数，但有的则倾向于和单音节的搭配，否则就可能不成立，这样的情况如“略+动宾词组”。第一阶段我们考察到的动词有43个，它们全部是单音节动词；第二阶段有42个，93%是单音节的；第三阶段有86个，78%是单音节的。有时即使是同义的双音节动词也不能进入这种格式，如我们可以说“略感不适”“略显不快”，如果替换成同义的双音节动词一般就不能成立了，如不能说“略感觉不适”“略显得不快”。这与程度副词“略”自身的语体色彩和韵律是有关的，前文已经谈到，这里就不再赘述了。另外，有些动词能否进入“程度副词+动宾词组”还要受到自身感情色彩的限制。如“太+动宾词组”“过于+动宾词组”“有点（儿）+动宾词组”和“有些+动宾词组”，它们一般要求其中的动词是贬义词或中性词，所以，像“勇于、善于、促进、称赞”等褒义词就不能进入这些形式了。除此之外，语用心理也是制约某些动词的重要因素。邹韶华认为：“社会的发展，从小到大，从低到高，从弱到强，从少到多；人类不断追求完善，从坏到好，从丑到美。这是起主导作用的社会心理。”① 这种社会心理投射到语言上就是：人们在表达积极的意思时，往往向大里说、好处说；在表达消极的意思时则尽量往小里说、坏处说。因此像“很、最”等一些高量级的程度副词就很少与表示消极意义的动词搭配，因为这样会进一步增强贬损的程度，如一般不说“很贬低他的人格”“最辜负我们的期望”，要说成“有点贬低他的人格”“有点/有些辜负我们的期望”。

第九，动词程度义的伸缩度一般决定了它能进入哪种量级的“程度副词+动宾词组”格式。我们认为，程度义的伸缩性是有大有小的，我们称之为伸缩度。有的动词程度义的伸缩度大一些，那么与它搭配的程度副词的量级范围就宽；有的小一些，那么与之搭配的程度副词的量级范围就窄。如“觉得、了解、像、值得”等动词程度义的伸缩度就大一些，所以，它们能够与“有点、有些、稍微、更、十分、很、最”等较多不同量级的程度副词搭配；而“列举、涉及、增加、震动”等动词程度义的伸缩度小一些，所以，能够与它们搭配的不同量级的程度副词就少，如它们只能与“稍微、有点、更”等程度副词搭配。再如“善于、勇于、乐于、利于”等加缀式语素感染类，由于它们自身表示的程度义就比较高，所以，程度的伸缩度也比较小，因此，它们一般只与高量级的“程度副词+动宾词组”格式组合。程度义伸缩度的大小一般又与词义抽象程度的高低有关。词义越抽象、越概括，一般这个词的伸缩度就大一些；词义越具体，这个词的伸缩度就小一些。我们认为，表示态度、消长、知晓、突显和背顺意义的动词一般抽象度高一些，所以，它们的伸缩度就大；而表示变化、限制、激发、促使、趋向、活动意义的动词抽象度低一些，所以，它们的伸缩度就小。

① 邹韶华：《语用频率效应研究》，商务印书馆2007年版，第25页。

第十，不同量级的“程度副词+动宾词组”格式的发展变化情况不同，即使是同一量级的发展变化也会不同。我们在选择研究对象时，基本上是按照不同的量级来选择的，如“最、顶、更、越发、太、过于、很、十分”都属于高量级的程度副词，“稍微、略、有点（儿）、有些”属于低量级的程度副词。从我们考察的结果来看，除了“顶”以外，高量级程度副词带动宾词组的用例多数要比低量级的丰富一些，如“最+动宾词组”的用例有227个，“更+动宾词组”有273个，“太+动宾词组”有170个，“很+动宾词组”有263个；而低量级程度副词如“稍微”“略”“有点（儿）”“有些”的用例数量分别为160个、123个、168个和106个。因此，我们说，不同量级的“程度副词+动宾词组”形式的发展变化情况不同。另外，同一量级的程度副词带动宾词组的情况有的也会不同。如“最”和“顶”都属于最高量级，但二者的情况完全不同。“最+动宾词组”的用例很丰富，我们共考察到227个，使用频率很高，发展变化也比较快，但“顶+动宾词组”的用例很少，我们考察到的只有33个，使用频率很低，发展也很缓慢。再如“有点（儿）”和“有些”，它们都属于低量级的程度副词，二者的情况也有差异。前者的用例数量是168个，要多一些，使用频率更高一些，宾语的构成成分达到了9种，更为多样。而后者的数量是106个，比前者少一些，使用频率也低一些，宾语的构成成分只有5种，相对单一。

我们认为，产生上述情况主要与程度副词的使用频率和语体色彩有关。高量级程度副词的使用频率一般都比低量级的高，所以它们的组配能力要强一些。同一量级的程度副词带动宾词组的情况不同主要是与程度副词的使用频率以及语体色彩有关。这有两种情况：一是，同一量级的程度副词语体色彩也相同，但发展情况也可能不同。如“很”与“十分”，这种情况主要与程度副词自身的使用频率有关，二者虽然属于同一量级，语体色彩也相同，但据《现代汉语频率词典》统计，“很”的使用频率比“十分”要高，所以它带动宾词组的用例多一些。二是，属于同一量级的程度副词但语体色彩不同，发展情况也不同。这样的情况如“稍微”和“略”，前者的用例为160个，后者的为123个，前者更多一些，使用更频繁。这是因为：二者虽然属于同一量级，但前者的口语色彩浓一些，后者的书面语色彩浓一些，由于现代汉语口语化的程度越来越高，所以适用于口语的当然比适用于书面语的发展快一些。

## 二　从这一格式的发展看现代汉语的发展

通过对 12 种“程度副词+动宾词组”格式进行分阶段考察，我们认为，现代汉语阶段这种形式的发展路向是直线前进型的。它的主要表现就是：用例数量越来越多，结构类型愈加丰富，句法功能更为完善，组配能力不断增强。这种格式的发展路向一定程度上也反映了现代汉语中某些要素或形式的发展状况。比如现代汉语中词的数量就是呈不断上升的趋势，从《现代汉语词典》的不同版本收录的词条数目就可以证明这一点。《现代汉语词典》第 1 版出版于 1978 年，共收录了 5. 6 万个词条，到 2005 年第 5 版出版时，收录的词条是 6. 5 万条，在短短二十几年的时间里数量就增加了近万条。又如，“五四”运动后新产生的介词“关于”，它的使用频率也是不断上升的。我们分别从三个阶段的自建语料库中选取相同的语料范围（约 178 万字）对“关于”进行检索，考察的结果见表 4：

**表 4　“关于”各阶段使用情况**

| 阶段 | 用例数 | 词频（%） |
|---|---|---|
| 第一阶段 | 105 | 0. 0059 |
| 第二阶段 | 125 | 0. 0070 |
| 第三阶段 | 279 | 0. 0157 |

从结果可以看出，介词“关于”各阶段的用例数量不断增加，使用频率也在不断提高，它的发展态势也是呈直线前进式的。

现代汉语中某些形式的发展情况可能并不是这样，如刁晏斌先生曾经考察过“程度副词+名词”、人称代词带定语的情况，它们是属于螺旋式发展的。我们认为，这种直线前进型发展模式也应该是现代汉语中某些形式的主要发展方式之一。毕竟现代汉语是由很多要素和单位构成的，这些要素和单位的发展情况不可能千篇一律，这就有待于我们进一步研究和探索了。

综上所述，经过分阶段考察 12 种“程度副词+动宾词组”格式的发展变化，我们发现，只要是符合语言发展规律和规范并能满足人们交际需要的形式，应该就会有蓬勃的生命力，它们的丰富和完善也会促使我们的现代汉语更加生动、灵活、富有表现力。

# 附　　录

## 各类“程度副词+动宾词组”格式的常用词表

### “最”+动宾词组

B—表现 逼近 暴露 表示 败坏

C—触动 触犯 刺激 摧残

D—带 懂得 锻炼 耽误 打击 打动 抵制 得罪 调动 懂得 动摇

E—扼杀

F—发 费 负 妨碍 富有 符合 服从

G—感激 感到 鼓舞 鼓励

H—耗费 轰动 花 忽略

J—见 忌讳 接近 具 具有 急需 解决 精通 具备 节约 节省 加强

K—靠近 看好 看重

L—流行 了解 乐于 利于 浪费

N—耐 难为

P—配 排斥 配合 偏向 破坏

Q—缺少 缺乏 清楚 起 强调 欠 迁就 欺负

R—热衷

S—受 适宜 善于 说明 盛行 赏识 省 适合 守 伤 伤害 丧失 熟悉 适应 损害 束缚

T—提倡 通晓 脱离 贴近

W—违背 维护 侮辱 危害 违反

Y—像 需要 晓得 孝敬 吸引 享受 习惯 消耗 显 牺牲 限制 有 依赖 影响

Z—注重 值得 折腾 折磨 糟蹋 增长 振奋 震动 追求 照顾 遵守 阻碍

## “顶” +动宾词组

D—懂得

F—费 符合

J—具备

L—浪费 了解 流行

S—伤 适合 受 守 熟悉

X—需要 吸引 享受

Y—依赖 有

Z—照顾 折磨 值得

## “更” +动宾词组

A—挨近

B—便利 巴结 背离 逼近

C—促进 刺激 冲淡 侧重 触犯 摧残

D—调动 断绝 打动 锻炼 得到 调动 对 懂得 带 带动 耽误 打破

F—富有 符合 费 方便

G—感到 鼓舞 巩固 鼓励

H—花费 耗费

J—加重 加深 加速 加强 加剧 接近 具有 具备 降低 激励 减轻 节省

K—靠近 看好 看重 扩大

L—乐于 了解 流行 利于 懒得 浪费

M—密切 明确

P—偏重 偏向

Q—缺乏 缺少

S—适合 适应 熟悉 善于 伤 省 损害 适宜

T—突出 贴近 推崇 提高 体现 推动 凸显 脱离

W—侮辱 危害 违背

X—显得 吸引 像 需要 削弱 限制

Y—远离 压缩 依靠 依赖 影响 有

Z—注重 追求 值得 增强 增加 增长 增添 折磨 制约 助长 阻碍

## “越发”+动宾词组

B—暴露

C—刺激 崇尚 促进

D—带有 打击 导致 懂得 耽误 点燃 动摇 毒化

F—反映 符合

G—感到 关注 巩固 鼓舞 鼓励

H—呼唤 获得

J—加重 加剧 加大 加强 加深 加紧 具有 具备 觉得 接近 减少 降低

K—看重 肯定 靠近 扩大

L—懒得 了解

M—抹杀

P—排斥 破坏

Q—牵动 青睐 缺乏 缺少 缺

S—受 丧失 适应 说明 熟悉

T—凸显 突出 体现 脱离 提高

W—歪曲

X—显得 像 需要 吸引 享受

Y—有 引起 依赖 依靠 远离 赢得 影响

Z—增添 增加 增强 值得 彰显 追求 阻碍 助长

## “稍微”+动宾词组

C—超出 刺激 触犯

D—懂得 打破 抵消 耽误 颠倒

F—放松 发现 发觉

G—感觉 感到 改变 改进 改动 更改

H—缓解 恢复

J—降低 减少 减轻 减弱 接近 加快 觉得

K—扩大 靠近

L—了解 流露

P—偏离 破坏
Q—欠缺 强调
S—涉及 熟悉 丧失 缩小 疏忽
T—提高 拖延 调整 脱离
W—违背 违反
X—显得 限制 削弱 削减 需要 像
Y—压缩 有 影响
Z—增加 增大 转变

## “略”+动宾词组

B—变 表
C—呈 超
D—带 动
F—费 泛 发 放
G—感 改
H—含 获 花
J—觉得 觉 尽 具 见
K—靠 开 靠近
Q—起 缺
S—受 生 伤 省 熟悉
T—通 添
X—显 现 像 需 需要
Y—有 影响

## “太”+动宾词组

B—败坏 贬低 逼近
C—崇尚 刺激 触犯 摧残 侧重
D—低估 打击 带 耽误 懂得 打扰 得罪 锻炼
E—扼杀
F—费 富有 妨碍 放纵
G—干扰 干涉 鼓舞 辜负
H—耗费 花 忽略

J—具 具有 具备 接近 节约 坚持 讲 解决
K—靠近 靠 夸大 看重
L—浪费 了解 懒得 流行
M—埋没 卖弄 漠视
N—难为
P—便宜 破坏 偏向 偏重 排斥
Q—缺乏 缺少 缺 欺负 迁就 强调
S—善于 熟悉 伤 伤害 受 适合 适应 损害 损坏 省 束缚
T—抬举 贪图 脱离 拖延
W—侮辱 违背 违反 委屈 危害
X—显露 需要 像 吸引 享受 限制 向往
Y—有 影响 依赖 依靠 压迫 冤枉 优待
Z—捉弄 值得 追求 糟蹋 照顾 折磨 在乎 在意 阻碍

## “过于”+动宾词组

B—逼近 暴露 贬低
C—刺激 猜疑 崇尚 侧重
D—低估 得罪 打扰 毒化
F—富有 放松 放纵 妨碍
H—花费
J—接近 拘泥 坚持 讲 降低 加重 简化
K—看重 考虑 夸张 夸大 靠近 靠
L—浪费 了解
M—卖弄 美化 冒犯
P—偏袒 偏重 偏向 盘算 便宜
Q—强调 亲近 迁就 侵犯 缺少 缺乏 倾向 欺侮
R—热衷
S—损害 丧失 疏忽 熟悉 束缚 缩小
T—突出 脱离 推崇 推迟 贪图 提倡 提高 挑剔
W—为难 违背 违反 维护
X—渲染 削弱 牺牲 需要 吸引 享受 限制
Y—依赖 依靠 抑制 压抑 压制 倚重 影响

Z—在乎 追求 追究 责怪 指责 指望 遵守

## “很”+动宾词组

A—挨近

B—巴结 表示 保护

C—憧憬 崇拜 刺激 摧残

D—懂得 打动 打击 带 得 动 锻炼 耽误 提防

F—符合 犯 方便 费 服从 反感 负 富有

G—感到 感觉 感激 鼓励 鼓舞

H—花 耗费 呵护

J—具 具备 具有 坚持 见 接受 接近 解决 警惕 忌讳 节约 节省 精通 解决

K—抗拒 看好 看重 靠 靠近 夸奖

L—懒得 浪费 了解 流行 乐于

N—耐 难为

P—配合 配 破坏 排斥 偏袒

Q—契合 启发 起 迁就 强调 缺乏 缺少 清楚 欺骗 欺负

R—认可 认同 扰乱

S—伤 伤害 省 适合 适应 守 受 熟悉 说明 善于 损害

T—贴近 提倡 听从 脱离

W—违反 维护 挖苦

X—吸引 有 显得 需要 享受 像 晓得 习惯 向往

Y—影响 依赖 优待 有 依靠 赢得

Z—在乎 在意 糟蹋 照顾 值得 折磨 遵守 振奋

## “十分”+动宾词组

B—逼近 巴结

C—崇尚 衬合

D—锻炼 打击 懂得 耽误 抵制

F—符合 富有 方便 妨碍 服从 费

G—感激 关照 鼓舞

H—耗费 花

J—接近 接受 具有 节省 警惕 精通 具备 近似

K—看好 看重 肯定 靠近 酷似

L—了解 流行 浪费

N—难为 虐待

P—配合 排挤 破坏 排斥

Q—强调 契合 清楚 缺乏 缺少 迁就

S—熟悉 适合 适宜 适应 受 善于 伤 省 守 说明 损害

T—推崇 贪图 突出 抬举 提倡 体现 脱离 通晓

W—污染 违背 违反 维护 危害 侮辱

X—需要 吸引 向往 享受 限制 响应 晓得 像

Y—有 依靠 依赖 影响

Z—值得 照顾 折磨 折腾 指望 追求 振奋 阻碍 遵守

## “有点”+动宾词组

B—巴结 摆 败坏 贬低

C—挫伤 刺激 触犯 摧残 嘲笑

D—打击 打扰 耽误 得罪 抵制 懂得 低估

F—反感 犯 发 费 妨碍 放松 分散

G—辜负 感到 干扰 干涉

H—忽略

J—接近 觉得 降低 见 近似

K—靠近 扩大

L—类似 浪费 懒得 了解

M—埋没 卖弄 抹杀

P—偏离 偏向 排斥 破坏

Q—侵犯 欺负 缺乏 迁就

S—丧失 损害 损坏 伤 适应 适合 熟悉 疏忽 束缚

T—拖延 脱离 逃避 贴近

W—违背 违反 歪曲 危害 误会 误解

X—显得 显 像 限制 需要

Y—冤枉 压制 依赖 影响

Z—糟蹋 知道 折腾 折磨 阻碍 阻挡

## “有些”+动宾词组

B—背离 败坏
C—承认 冲击 刺激
D—打动 打击 耽误 得罪
E—扼杀
F—发 犯 放松 费 符合 妨碍 妨害
G—感到 感觉 辜负 鼓舞
H—回避 耗费 忽略
J—近似 见 接近
K—夸大 靠近
L—类似 冷落 浪费 了解 懒得
M—卖弄
P—偏向 破坏 排斥 排挤
Q—缺乏 缺少 强调 倾向
R—扰乱
S—伤 受 丧失 疏忽
T—脱离
W—违背 违反 误会
X—亵渎 显得 像 需要 限制
Y—依靠 依赖 抑制 压迫 影响
Z—值得 折磨 责备 糟蹋 阻碍

# 参考文献

## 论文部分


1. 陈群：《“很+VP”考察》，《四川师范学院学报》1998年第3期。

2. 储泽祥、肖扬、曾庆香：《通比性的“很”字结构》，《世界汉语教学》1999年第1期。

3. 柴世森：《“最”只能修饰形容词吗》，《语文教学通讯》1980年第8期。

4. 常国萍：《程度副词“很”的非程度义》，《科技信息》2008年第21期。

5. 崔绍范：《鲁迅作品中的“很”》，《内蒙古民族师范学院学报》1988年第1期。

6. 刁晏斌：《试论“程度副词+一般动词形式”》，《世界汉语教学》2007年第1期。

7. 刁晏斌：《“程度副词+动词性词组”论略》，《伊犁师范学院学报》2006年第1期。

8. 刁晏斌：《略论程度副词修饰动词性词语》，《锦州医学院学报》2005年第1期。

9. 杜晓萍：《能够进入“很VP”结构的非心理动词》，《文教资料》2007年第11期。

10. 杜晓萍：《“很VP”结构研究述评》，《柳州职业技术学院学报》2005年第4期。

11. 段永华：《很+VP式句法语义之我见》，《汉中师院学报》1993年第1期。

12. 董航：《现代汉语中新出现的程度副词“巨”、“超”（超级）》，《科技信息》2010 年第 10 期。

13. 段晓平：《程度副词“有点”的用法》，《浙江广播电视高等专科学院学报》1999 年第 2 期。

14. 范继淹、饶长溶：《再谈动词结构前加程度副词》，《中国语文》1964 年第 2 期。

15. 郭振红：《“很+V（P）”及其否定式的句法与语义分析》，《浙江海洋学院学报》2003 年第 4 期。

16. 郭锐：《词频与词的功能的相关性》，《语文研究》2001 年第 3 期。

17. 郭继懋：《谈动宾语义关系分类的性质问题》，《南开学报》1998 年第 6 期。

18. 高苗红：《“程度副词+失败”的合理性——关于程度副词+动词》，《语言应用研究》2006 年第 11 期。

19. 高育花：《汉语“很”类双音节程度副词发展演变概述》，《语言文字探索》2009 年第 4 期。

20. 高云玲：《“更”、“更加”和“越发”》，《内江师范学院学报》2006 年第 5 期。

21. 高娜、杨霞：《“巨”的副词用法探微》，《汉字文化》2006 年第 3 期。

22. 高晓芳：《稍微和略微》，《唐山师范学院学报》2009 年第 4 期。

23. 关敏：《试谈程度副词“很”与“非常”功能的异同》，《语言文字应用》2006 年第 2 期。

24. 贺阳：《“程度副词+有+名”试析》，《汉语学习》1994 年第 2 期。

25. 韩容洙：《现代汉语的程度副词》，《汉语学习》2000 年第 2 期。

26. 郝琳：《动词受程度副词修饰的认知解释》，《佳木斯大学社会科学学报》1999 年第 5 期。

27. 洪成玉：《〈史记〉中的程度副词“颇”》，《首都师范大学学报》1997 年第 2 期。

28. 黄盛璋：《谈程度副词》，《语文学习》1957 年第 4 期。

29. 黄誉娇：《“非常”与“特别”的多角度分析》，《三峡大学学报》

2009年（增刊）。

30. 胡丽珍：《再论三个程度副词“巨”“狂”“奇”》，《修辞学习》2008年第3期。

31. 侯立睿：《〈国语〉程度副词研究》，硕士学位论文，山西大学，2003年。

32. 蒋于花：《小议程度副词连用》，《吉林省教育学院学报》2009年第7期。

33. 吕叔湘：《“稍微”“多少”》，《中国语文》1965年第4期。

34. 陆俭明：《“更加”和“越发”》，《语文研究》1981年第1期。

35. 李临定：《宾语使用情况考察》，《语文研究》1983年第2期。

36. 李宇明：《能受“很”修饰的有X结构》，《云梦学刊》1994年第1期。

37. 李宇明：《程度和否定》，《世界汉语教学》1999年第1期。

38. 李宇凤：《程度副词句法语用特点的调查研究——兼论程度副词量性特征与其句法语用特征的对应》，《汉语学习》2007年第2期。

39. 李春林、余立人：《程度副词修饰动词能不受限制吗》，《中国语文》1958年11月号。

40. 李树：《现代汉语“很”+谓词性成分研究》，硕士学位论文，上海师范大学，2009年。

41. 李永斗：《程度副词“很”“极”“死”“坏”研究》，硕士学位论文，上海师范大学，2005年。

42. 李圃、王玥雯：《受程度副词修饰的动词的语义特点探析》，《长江学术》2009年第2期。

43. 李林浩：《〈战国策〉程度副词研究》，硕士学位论文，暨南大学，2007年。

44. 林文金：《程度副词不可以修饰动词吗》，《语文教学》1957年11月号。

45. 林娟：《现代汉语程度副词修饰动词性成分研究》，硕士学位论文，北京大学，2005年。

46. 林雪：《〈吕氏春秋〉程度副词研究》，《西华师范大学学报》2008年第6期。

47. 刘宁生、钱玉莲：《“最”的语义指向与“最”字句的蕴含》，

《汉语学习》1987 年第 5 期。

48. 刘云、李晋霞：《“动宾式动词+宾语”的变换形式及宾语的语义类型》，《江汉大学学报》1998 年第 5 期。

49. 刘玉杰：《动宾式动词与所带宾语之间的语义关系》，《汉语学习》1993 年第 4 期。

50. 刘晓梅：《汉语贬义“很”类程度副词的历时更替》，《语文学刊》2004 年第 3 期。

51. 刘佳慧：《论程度副词“颇”的历史演变》，《语言研究》2009 年第 9 期。

52. 刘冰：《现代汉语程度副词“很”的多角度研究》，硕士学位论文，上海师范大学，2010 年。

53. 刘伟乾：《现代汉语程度副词的范围界定状况考察》，《现代语文》2009 年第 3 期。

54. 刘牧：《关于副词能否修饰副词的问题》，《天津师大学报》1984 年第 6 期。

55. 刘冬青：《现代汉语副词研究综述（1949—2009 年）》，《河南理工大学学报》2009 年第 4 期。

56. 栾倩倩：《程度副词“很”与“怪”之比较》，《语文学刊》2010 年第 7 期。

57. 蔺璜、郭姝慧：《程度副词的特点范围与分类》，《山西大学学报》2003 年第 2 期。

58. 卢惠惠：《近代汉语程度副词“十分”的语法化及其特殊用法》，《语言研究》2005 年第 2 期。

59. 马真：《程度副词在表示程度比较的句式中的分布情况考察》，《世界汉语教学》1988 年第 2 期。

60. 马真：《“稍微”和“多少”》，《语言教学与研究》1985 年第 3 期。

61. 马真：《普通话里的程度副词“很、挺、怪、老”》，《汉语学习》1991 年第 2 期。

62. 马真：《说副词“有一点儿”》，《世界汉语教学》1989 年第 4 期。

63. 马清华：《强程度标记的叠加》，《华东师范大学学报》2003 年第

2 期。

64. 马碧：《汉语“更”类副词的历史考察》，硕士学位论文，湖南师范大学，2004 年。

65. 马洪波：《谈谈汉语中的程度副词“很”》，《黑龙江科技信息》2008 年第 34 期。

66. 孟建安：《修饰动词性成分的“很”》，《语文教学与研究》1997 年第 3 期。

67. 彭燕：《副词“怪、很、十分、太、非常”之比较》，《三门峡职业技术学院学报》2009 年第 1 期。

68. 庞丽丽：《“程度副词+VP”研究》，硕士学位论文，上海外国语大学，2009 年。

69. 彭利贞：《说“很有 NP”》，《语文研究》1995 年第 2 期。

70. 齐春红、罗耀华：《谈新程度副词“爆”“超”“巨”》，《语言教学与研究》2007 年第 4 期。

71. 饶继庭：《“很”+动词结构》，《中国语文》1961 年第 8 期。

72. 任淑宁：《再论“程度副词+动词”》，《贵州教育学院学报》2007 年第 3 期。

73. 沈家煊：《“有界”与“无界”》，《中国语文》1995 年第 5 期。

74. 沈家煊：《“语法化”研究综观》，《外语教学与研究》1994 年第 4 期。

75. 沈家煊：《实词虚化的机制——〈演化而来的语法〉评介》，《当代语言学》1998 年第 3 期。

76. 石兴惠：《程度副词“稍微”和“多少”比较》，《大家》2010 年第 14 期。

77. 宋玉珂：《程度副词“最”和“很”的用法》，《杭州大学学报》1980 年第 1 期。

78. 时卫国：《“稍微”+动词+响应成分》，《枣庄师专学报》1998 年第 4 期。

79. 时卫国：《“有点”的意义用法》，《安徽教育学院学报》1997 年第 4 期。

80. 单韵鸣：《副词“真”和“很”的用法比较》，《汉语学习》2004 年第 6 期。

81. 唐善生：《“有+ NP”的结构语义特征与程度副词选择》，《绥化学院学报》2005年第1期。

82. 唐善生：《“程度副词+名词”与“程度副词+有+名词”结构》，《华中师范大学学报》2000年第3期。

83. 唐善生：《“有+NP”受程度副词修饰的制约因素》，《宿州教育学院学报》2005年第1期。

84. 唐善生：《修饰“有+NP”结构的程度副词》，《信阳师范学院学报》2005年第1期。

85. 唐韵：《近代汉语的程度副词“十分”》，《四川师范学院学报》1992年第4期。

86. 覃兴华：《〈庄子〉程度副词研究》，硕士学位论文，山西大学，2006年。

87. 王珏：《可受程度副词修饰的动词短语》，《解放军外语学院学报》1992年第1期。

88. 王静：《“有些”“有点”的来源及其在近、现代汉语中的用法》，《宜宾学院学报》2010年第5期。

89. 王静：《绝对程度副词从近代汉语到现代汉语的发展演变》，硕士学位论文，河南大学，2004年。

90. 王静：《绝对程度副词的发展演变概述》，《沈阳大学学报》2008年第2期。

91. 王宗联：《程度副词“很”与“最”》，《四川师范大学学报》1993年第2期。

92. 王红斌：《绝对程度副词与心理动词组合后所出现的程度义空范畴》，《烟台师范学院学报》1998年第1期。

93. 王丽洁：《〈型世言〉程度副词研究》硕士学位论文，山东大学，2007年。

94. 武振玉：《程度副词“十分”的产生与发展》，《山东教育学院学报》2004年第6期。

95. 武振玉：《古代汉语中双音程度副词的产生与发展》，《新疆师范大学学报》2005年第2期。

96. 武振玉：《程度副词“非常、异常”的产生与发展》，《古汉语研究》2004年第2版。

97. 芜崧：《“很有……”句式考察》，《长江大学学报》2006 年第 4 期。

98. 魏师兰、吴瑞生、王瑜：《程度副词的语料库比较研究》，《科技信息》2008 年第 27 期。

99. 汪智云：《现代汉语程度副词的来源研究》，硕士学位论文，湖南师范大学，2009 年。

100. 吴立红：《现代汉语程度副词组合研究》，硕士学位论文，暨南大学，2006 年。

101. 邢福义：《“最”义级层的多个体涵量》，《第六届国际汉语教学讨论会论文选》，1999 年。

102. 徐俊霞：《程度副词“非常”的来源》，《殷都学刊》2003 年第 1 期。

103. 徐建宏：《程度副词“很”与“太”的用法辨析》，《辽宁大学学报》2005 年第 2 期。

104. 徐峰：《试论副词性的“有点儿”》，《曲靖师专学报》1993 年第 1 期。

105. 肖奚强、钱如玉：《现代汉语副词研究综述》，《云南师范大学学报》2006 年第 3 期。

106. 肖奚强：《相对程度副词句法语义分析》，《南京师大学报》2003 年第 6 期。

107. 肖奚强：《谈程度副词“$太_1$”和“$太_2$”》，《零陵学院学报》2002 年第 1 期。

108. 薛扬、丁崇明：《高量绝对程度副词功能的标记性考察》，《求是学刊》2010 年第 3 期。

109. 夏齐富：《程度副词再分类试探》，《安庆师院社会科学学报》1996 年第 3 期。

110. 姚晶：《现代汉语绝对程度副词研究》，硕士学位论文，延边大学，2006 年。

111. 姚晶：《现代汉语程度副词句法功能研究综述》，《语文学刊》2010 年第 3 期。

112. 姚占龙：《也谈能受程度副词修饰的“有+名”结构》，《汉语学习》2004 年第 4 期。

113. 杨德峰：《“程度副词+谓词性成分”带“的”问题试探》，《暨南大学华文学院学报》2008 年第 1 期。

114. 杨德峰：《副词修饰动词性成分形成的结构的功能》，《汉语学习》1999 年第 1 期。

115. 杨荣祥：《近代汉语副词简论》，《北京大学学报》1999 年第 3 期。

116. 杨荣祥：《现代汉语副词次类及其特征描写》，《湛江师范学院学报》1999 年第 1 期。

117. 杨荣华：《“狂”类词新兴用法中的程度量级差异考察》，《修辞学习》2007 年第 5 期。

118. 杨琴：《汉语高频动词的动宾结构再分类》，《湖州师范学院学报》2008 年第 3 期。

119. 袁明军：《程度副词和动词的类》，南开大学《语言学论辑》编委会《语言学论辑》（三），南开大学出版社 2000 年版。

120. 于奉知：《“更”字句的语义语用分析》，《汉语学习》1998 年第 1 期。

121. 尹世超：《“太+非程度动词+了”格式》，《语文研究》2006 年第 2 期。

122. 张谊生、潘晓军：《“稍微”类副词的历时来源和发展演变》，《忻州师范学院学报》2007 年第 3 期。

123. 张谊生：《现代汉语副词的性质、范围与分类》，《语言研究》2000 年第 2 期。

124. 张桂宾：《相对程度副词与绝对程度副词》，《华东师范大学学报》1997 年第 2 期。

125. 张丽：《“非常”类程度副词的语法化及组合功能》，硕士学位论文，东北师范大学，2009 年。

126. 张琪昀：《“太”、“很”考辨》，《汉语学习》2002 年第 4 期。

127. 张颖：《程度副词“很”与“非常”差异探微》，《北方论丛》2006 年第 6 期。

128. 张林林：《说“有点 V”》，《江西师范大学学报》1988 年第 3 期。

129. 张亚军：《程度副词与比较结构》，《扬州大学学报》2003 年第

2期。

130. 张舸：《现代汉语程度副词研究的回顾、问题与展望》，《思想战线》2008年第1期。

131. 张智慧、李冬鸽：《相对程度副词“还”与“更”辨析》，《现代语文》2010年第3期。

132. 张颖：《相对程度副词的基本特征及其内部差异》，《汉字文化》2009年第6期。

133. 周小兵：《论现代汉语的程度副词》，《中国语文》1995年第2期。

134. 周娟：《“暴”类新流行程度副词的多维考察》，《修辞学习》2006年第6期。

135. 周丽萍：《程度副词对VP的选择性研究》，硕士学位论文，上海师范大学，2003年。

136. 周悠娟：《试说“更+动（短语）”》，《江汉大学学报》2000年第2期。

137. 周有斌、邵敬敏：《汉语心理动词及其句型》，《语文研究》1993年第3期。

138. 赵军：《极性程度副词考察》，硕士学位论文，上海师范大学，2006年。

139. 赵军：《近十年程度副词研究综述》，《语文学刊》2007年第5期。

140. 赵军：《论程度副词“最+X”与“顶+X”的差异》，《云南师范大学学报》2004年第4期。

141. 曾炜：《绝对程度副词及相关形式的应用研究》，硕士学位论文，暨南大学，2007年。

142. 朱淑君：《能受程度副词修饰的“有+名”结构》，《江南大学学报》2005年第6期。

143. 郑庆君：《说说汉语的“很”话》，《汉语学习》1997年第5期。

## 著作部分

1. 北京语言学院语言教学研究所：《现代汉语频率词典》，北京语言学院出版社1986年版。

2. 北京师范学院中文系汉语教研组：《五四以来汉语书面语言的变迁和发展》，商务印书馆 1959 年版。

3. 北京大学中文系 1955/1957 级语言班：《现代汉语虚词例释》，商务印书馆 1996 年版。

4. 陈霞村：《古代汉语虚词类解》，山西教育出版社 1992 年版。

5. 陈群：《近代汉语程度副词研究》，巴蜀书社 2006 年版。

6. 陈昌来：《现代汉语三维语法论》，学林出版社 2005 年版。

7. 陈光：《现代汉语量级范畴研究》，上海人民出版社 2010 年版。

8. 刁晏斌：《差异与融合——海峡两岸语言应用对比》，江西教育出版社 2000 年版。

9. 刁晏斌：《现代汉语虚义动词研究》，辽宁师范大学出版社 2004 年版。

10. 刁晏斌：《现代汉语史》，福建人民出版社 2006 年版。

11. 刁晏斌：《初期现代汉语语法研究》，辽海出版社 2007 年版。

12. 刁晏斌：《现代汉语史概论》，北京大学出版社 2006 年版。

13. 刁晏斌：《汉语研究初阶》，大连理工大学出版社 2010 年版。

14. 刁晏斌：《“文革”时期语言研究》，岭南大学校出版部 2011 年版。

15. 丁声树等：《现代汉语语法讲话》，商务印书馆 1999 年版。

16. 范晓：《三个平面的语法观》，北京语言文化大学出版社 1996 年版。

17. 郭锐：《现代汉语词类研究》，商务印书馆 2004 年版。

18. 高育花：《中古汉语副词研究》，黄山书社 2007 年版。

19. 顾士熙：《现代汉语常用词用法词典》，中国书籍出版社 2002 年版。

20. 黄珊：《〈荀子〉虚词研究》，河南大学出版社 2004 年版。

21. 侯学超：《现代汉语虚词词典》，北京大学出版社 1998 年版。

22. 何金松：《虚词历时词典》，湖北人民出版社 1994 年版。

23. 景士俊：《现代汉语虚词》，内蒙古人民出版社 1980 年版。

24. 蒋绍愚、曹广顺：《近代汉语语法史研究综述》，商务印书馆 2005 年版。

25. 亢世勇、刘海润：《现代汉语新词语词典》，上海辞书出版社

2009 年版。

26. 黎锦熙：《新著国语文法》，湖南教育出版社 2007 年版。

27. 吕叔湘、朱德熙：《语法研究和探索》（一），北京大学出版社 1983 年版。

28. 吕叔湘：《汉语语法分析问题》，商务印书馆 2007 年版。

29. 吕叔湘：《现代汉语八百词》，商务印书馆 1999 年版。

30. 李行健：《现代汉语规范词典》，外语教学与研究出版社、语文出版社 2004 年版。

31. 李晓琪、刘德联、牟淑媛、刘元满、杨德峰：《汉语常用词用法词典》，北京大学出版社 1997 年版。

32. 李泉：《汉语语法考察与分析》，北京语言文化大学出版社 2001 年版。

33. 李格非：《汉语大字典》（简编版），四川辞书出版社 2000 年版。

34. 林杏光、王玲玲、孙德金：《现代汉语动词大词典》，北京语言学院出版社 1994 年版。

35. 陆俭明、马真：《现代汉语虚词散论》，北京大学出版社 1985 年版。

36. 马真：《现代汉语虚词研究方法论》，商务印书馆 2004 年版。

37. 马庆株：《汉语动词和动词性结构》（一编），北京大学出版社 2004 年版。

38. 马庆株：《二十世纪现代汉语语法论著指要》，商务印书馆 2006 年版。

39. 孟琮等：《汉语动词用法词典》，商务印书馆 1999 年版。

40. 聂炎：《三一语言学导论》，宁夏人民教育出版社 2008 年版。

41. 齐沪扬、张谊生、陈昌来：《现代汉语虚词研究综述》，安徽教育出版社 2002 年版。

42. 石毓智：《语法化的动因和机制》，北京大学出版社 2006 年版。

43. 舒新城、陈望道：《辞海》（缩印本），上海辞书出版社 1999 年版。

44. 邵敬敏：《语法研究与语法应用》，北京语言学院出版社 1994 年版。

45. 王希杰：《修辞学导论》，浙江教育出版社 2000 年版。

46. 王希杰：《修辞学通论》，南京大学出版社 1996 年版。
47. 王希杰：《汉语修辞学》，北京出版社 1983 年版。
48. 王希杰：《修辞学新论》，北京语言学院出版社 1993 年版。
49. 王力：《中国现代语法》，商务印书馆 1985 年版。
50. 王力：《汉语史稿》，中华书局 1980 年版。
51. 王力：《汉语语法史》，商务印书馆 2006 年版。
52. 王均熙：《当代汉语新词词典》，汉语大词典出版社 2003 年版。
53. 魏红：《面向汉语习得的常用动词带宾情况研究》，人民出版社 2009 年版。
54. 吴福祥、洪波：《语法化与语法研究》（一），商务印书馆 2003 年版。
55. 邢福义：《动词与宾语问题研究》，华中师范大学出版社 2009 年版。
56. 向熹：《简明汉语史》（下），高等教育出版社 1998 年版。
57. 杨荣祥：《近代汉语副词研究》，商务印书馆 2007 年版。
58. 杨德峰：《面向对外汉语教学的副词定量研究》，北京大学出版社 2008 年版。
59. 余心乐、宋易麟：《古汉语虚词词典》，江西教育出版社 1996 年版。
60. 邹韶华：《语用频率效应研究》，商务印书馆 2001 年版。
61. 赵元任：《汉语口语语法》，商务印书馆 2005 年版。
62. 朱一之、王正刚：《现代汉语语法研究的现状和回顾》，语文出版社 1987 年版。
63. 朱景松：《现代汉语虚词词典》，语文出版社 2007 年版。
64. 张志公：《初级中学课本汉语第三册教学参考书》，人民教育出版社 1956 年版。
65. 张谊生、张斌：《现代汉语虚词》，华东师范大学出版社 2000 年版。
66. 张谊生：《现代汉语副词探索》，学林出版社 2004 年版。
67. 张谊生：《现代汉语副词分析》，上海三联书店 2010 年版。
68. 张谊生：《现代汉语副词研究》，学林出版社 2000 年版。
69. 张亚军：《副词与限定描状功能》，安徽教育出版社 2002 年版。

70. 周卫华：《面向中文信息处理的现代汉语动宾语义搭配研究》，华中师范大学出版社 2009 年版。

71. 中国社会科学院语言研究所古代汉语研究室：《古代汉语虚词词典》，商务印书馆 2000 年版。

72. 中国社会科学院语言研究所：《句型和动词》，语文出版社 1987 年版。

73. 中国社会科学院语言研究所词典编辑室：《现代汉语词典》（第 5 版），商务印书馆 2005 年版。

# 后　记

本书是一部从现代汉语史的角度对部分程度副词带由一般动词构成的动宾词组格式进行探索的著作。学界虽然对程度副词修饰心理动词或者能愿动词这方面的研究比较成熟，而且也有学者对程度副词修饰一般动词的结构做过一些探讨，但是对本书提出的这种格式还只是小范围的、举例性的研究，对其总体情况的认识还很不深入。另外，从历史演变的角度对其进行系统研究的成果笔者目前还没有见到，因此，我们认为，从现代汉语史的角度对这种格式进行定性与定量、描写与解释相结合的考察是非常有必要的。通过从大规模语料库中对这一格式进行筛选，我们发现，它并不是偶发的语法现象，而且在历时过程中有所发展，确实是一种具有“史的内涵”的形式。笔者希望通过本书的出版能够引起学界对程度副词带由一般动词构成的动词性词组的关注，并能重新认识部分程度副词的语法功能。同时，也希望学界同人对现代汉语史这一新的分支学科有更深入的了解。

在本书付梓之际，我要特别感谢我的博士导师刁晏斌教授。是先生首先提出了现代汉语史这一新的研究方向，而且近些年来一直致力于这方面的研究，成果颇丰！笔者能够遇此良师，如沐春风。先生博学多思，治学严谨，孜孜不倦，待人宽厚，其为学为人都给我树立了很好的榜样。先生不仅教授我专业知识，而且也为我的学术研究打开了一扇新的大门，引领我进入了现代汉语史这个新的知识殿堂，使笔者茅塞顿开！本书的选题正是受到刁先生的启发，在撰写过程中也得到了先生逐字逐句地精心指导，使我受益匪浅。另外，还要感谢我的硕士导师哈森教授。先生不仅为本书提出了很中肯的意见，而且在学习和生活中也给了我慈母般的关怀和厚爱，学生没齿难忘！再次，我还要感谢我的家人，一直以来给了我很多的理解、关心和支持，没有他们做强大的后盾，我就不可能在科研的道路上顺利前行。最后还要感谢内蒙古师范大学文学院的高林广院长、科技处的王建莉老师，中国社会科学出版社的任明老师以及诸位师长、同事、同门对我的支持、关心和帮助。高院长高瞻远瞩，积极鼓励我继续深造，热心地为我的学术发展提供无私的帮助，使笔者感激不尽。中国社会科学出版社的任明老师精心策划，内蒙古师范大学科技处学术著作出版基金和文学院大力资助，这都是我的研究成果顺利出版的保障。笔者唯有不断勤勉前行，才能回报恩师、领导、亲友的深情厚谊。路漫漫其修远兮，吾将上下而求索。

由于笔者学识浅薄，水平有限，本书仍有很多疏漏，恳请各位专家、学者批评指正。

麻彩霞

2017年3月1日